진리를 찾아서 1

문광서원

Light though the word

"문서를 통해 하나님의 빛"을 전하는 문광서원(文光書院)은 복음의 불모지였던 조선을 위해 문광서원 을 세우고 최초의 한글 성경을 번역하여 보급했던 존 로스 선교사의 귀한 뜻과 정신을 이어받아 복음이 제한된 곳에 말씀을 보급하고 전하는 사명을 감당합니다.

초판발행 | 2014년 7월 28일

지 은 이 | 심주일
발 행 인 | 유석렬
발 행 처 | 문광서원
주 소 | 서울 용산구 한남동 208번지 1층
출판등록 | 제 2010-000074호
대표전화 | 02)797-8846
E - mail | lightword@gmail.com

ISBN 978-89-98232-10-8

진리를 찾아서

들어가는 글

필자는 평양에서 하나님을 알았다. 하나님을 알기 전 인간과 인류는 갈바를 모르고 허덕이면서 살아가는 것이 인생이다. 이렇게 단정할 수가 있었다. 왜냐하면 고등교육을 받으면서도 공산주의 사회는 절대로 실현될 수 없는 환상적 공상이라고 단정했지만 절대로 그 근거를 말할 수가 없었다.

그렇다고 해서 현 시점에서 물질적 풍요 속에서도 인간이 참다운 인간의 가치를 가지고 살아가지 못하는 모순된 사회가 자본주의 사회라고 과학적으로 인식하고 있는 이상 공산주의도 자본주의도 이 필자에게는 회의적이었다. 공산주의 사회건설을 노동당의 최고 강령으로 하고 있는 그 위업을 무력으로 담보하는 것은 참으로 영광스럽고 최고의 행복이었다고 생각하면서 물불을 가리지 않고 모든 것을 탕진한 그 세월을 후회하지 않을 수 없었다.

이제 어디에로 가야한단 말인가, 이러지도 저러지도 못하는 그 시점을 인간의 한계라고 이 필자는 얼마든지 말할 수 있다. 인간의 한계위에는 반드시 초월자가 있다. 그 분이 바로 하나님이심을 이 필자는 자신있게 선포한다. 인간의 한계점에서 초월자를 만나지 못한다면 사람은 죽는 것이다. 하나님의 말씀인 성경을 통해서 하나님 그분을 인격적으로 깨닫고 만나면서 북한노동당의 지도사상인 주체사상은 분명히 하나님의 말씀인 성경에서 표절된 것이라는 것을 알게 되었다.

솔직히 이 필자는 '사람이 모든 것의 주인이며 모든 것을 결정한다는 것이 주체사상의 기초입니다.' 라고 김일성이 명제한 것을 배울 때 이것은 인간의 기원문제와 함께 인간에게 주어진 필연적 속성인데 뭐가 새롭고 독창적이란 말인가 받아들일 수가 없었던 것을 성경말씀 속에서 그 답을 찾았을 때에는 내 자신이 미쳐있었다.
그때 비로서 인간과 인류에게 주어진 강령은 공산주의도 아니고 자본주의도 아니고 하나님 절대주의다. 라는 것을 알게 되었다. 분명히 인간은 하나님께로 왔고 하나님께로 가는 존재이다. 그 길이 예수 그리스도이다. 그분은 말씀하시었다. "내가 길이요 진리요 생명이나 나를 말미암지 않고는 하나님께로 갈자가 없느니라" 아멘

이 필자의 기도는 이때부터 시작되었다.
기도의 첫 제목이 "하나님 이 말씀은 저 혼자 알아서는 안됩니다. 북한의 모든 사람들이 다 알아야 됩니다. 그 일을 제가 하겠습니다." 였다.
하나님은 저의 기도를 들으시고 응답하시어 그 땅을 떠나게 하시었고 정규신학교에서 배우게 하시었고 때가 차매 하나님의 기름부음을 받아 하나님의 종으로 충성을 하고 있다.
그러면서 시종일관 "하나님 지금은 북한에 갈 수 없으니 방송으로 하나님의 진리의 말씀을 전하게 하여 주시옵소서" 그 오랜 기도가 드디어 응답되어 지금 '진리를 찾아서' 방송을 하고 있으며 이 방송을 듣지 못한 북한 영혼들을 위해 책으로 출판하여 그들의 손에 들려지기를 바라는 마음에서 책을 출판한다.

좀더 바라건데 이 책이 북한의 노동당 간부들 군관들 보위부 군관들 모든 당위원회 간부부 대상들과 비서국 대상 간부들 김정은 제1비서의 책상위에도

올라가기를 기도한다.

늘 기도에 응답하시는 하나님께 감사하며 반드시 이 책이 신학적으로 하나님을 설명한 것이 아니라 북한의 삶을 하나님의 말씀으로 조명한 것이니 이 책을 접하는 모든 사람들마다 공허하고 막연한 미신적 관념에서의 하나님이 아니라 살아서 역사하시는 과학적인 하나님을 만나기를 바란다.

그래서 제 2인생을 사는 북한의 전당, 전군, 전민이 되기를 기도하면서 이 책을 내게하신 하나님께 영원히 감사하다.

진리를 찾아서를 펴내며

심주일 **목사**

추천사

우리는 솔직히 북한을 모른다.
북한의 문화도 그들의 정서도 이해하지 못한다.
그들의 관심도 또 그들이 무엇을 생각하는지도 모른다.
그들의 고민도 이해하지 못한다.
그러면서도 우리는 그들을 용납해야 하고 이해해야 하며
또 통일을 준비한다.
바로 그런 면에서 이 책은 필자 자신이 가지고 있던 아픔과 고뇌를 북한의
주민들에게 들려주려는 열심을 보게 된다.
마땅히 알아야 할 것을 모르는 그들에게 북한인으로서 알려야 할
간절한 마음으로 그러나 너무 당연한 듯 하지만 실제로 그들의 고뇌를
알기에 들려주려는 간절함으로 들려주고 있다.
사실 이 글을 읽으면서 많은 것을 생각하게 되고 알게 된다.
그리고 북한인들을 더 긍휼한 마음으로 보게 된다.
북한 안에 북한인들에게 그리고 중국에 혹은 해외의 심지어는 한국에
정착하고 있는 모든 북한인들에게 읽혀 주어야 할 좋은 책이다.
심주일 목사님께 수고하셨다고 박수를 보낸다.

모퉁이돌선교회 대표
이삭 목사

추천사

하나님께서 우리 인간에게 주신 능력은 무한에 가깝다고 한다. 그러나 인간이 평생 동안 쓸 수 있는 능력은 하나님이 주신 능력 중에서 5%를 넘지 못한다는 것이다. 그러니 하나님께서는 얼마나 큰 능력을 우리 인간들에게 허락하셨을까?

본 추천인은 저자를 만나 동역하게 된 것을 하나님의 은혜 중의 은혜로 생각한다. 평생 동안 북한을 연구해 온 본 추천인은 저자가 북한에 있을 때 북한군 고위 정치장교로서 맡겨진 당과 수령에 충성을 바쳐 일해왔던 것을 귀가 닳도록 들었다. 그는 공산주의 사회건설을 노동당의 최고 강령으로 하고 있는 그 위업을 무력으로 담보하는 것은 참으로 영광스럽고 최고의 행복이었다고 생각하면서 물불 가리지 않았다고 했다. 그는 북한에 있을 때 맡겨진 과업에 목숨을 바쳐 일해왔고 그 열성당원의 충성에 보답, 북한 당국도 그에게 상당한 은전을 베풀었다는 것이다.

그러던 북한군 고위 정치장교였던 저자는 어느 날 하나님 말씀을 접하고 놀라운 변화를 체험한다. 하루 아침에 그는 악마의 소굴에서 벗어나 예수 그리스도를 만나 하나님 품에 안긴다. 저자가 만난 하나님은 그를 북한 땅에서 떠나게 하셨고 기름 부어 하나님의 충성스런 종으로 세우셨다.

저자는 북한 성도들을 위한 북한어 성경번역에 참여했고, 남북이 함께 드리는 '광야의 소리' 방송에서 말씀을 전하고 있으며, 창조교회를 개척해 담임목사로 헌신하고 있다. 선풍을 일으킨 '소명'이란 저서를 비롯해 몇 권의 북한선교 관련서적을 출판했고, 북한선교학교 과정을 마치고 지금은 그 학교에서 강의를 하고 있다. 또 그는 지금 북한에는 갈 수 없으니 방송으로 하나님의 진리의 말씀을 전하겠다며 '진리를 찾아서' 방송을 계속하고 있고, 이 방송을 듣지 못하는 북한 영혼들을 위해 이 책을 출판하게 되었다는 것이다. 저자는 이 책이 북한의 모든 당•정•군 고위급 간부들의 손에 들려 읽히기를 바라고 있다. 하나님께서는 저자에게 엄청난 능력을 주셨음이 틀림없다. 북한에서도 물불을 가리지 않고 충성을 바쳤던 그가 한국에 내려와 하나님의 손에 붙잡힌바 되어 큰 능력을 보이고 있다. 하나님이 주신 능력 중 5%를 뛰어넘는 하나님의 종으로써 큰 일을 담당하고 있는 것이 틀림없다.

저자는 '진리를 찾아서' 방송을 통해 하나님의 실체, 죄와 죽음, 주체사상, 진리와 자유, 참다운 인생관, 우상숭배, 인권, 애국적 신앙, 전쟁, 수령의 뇌물 등을 체계적으로 심도 있는 분석을 통해 하나님 말씀을 전해주고 있다.

저자는 이 책에서 하나님을 신학적으로 설명한 것이 아니라 북한의 삶을 하나님의 말씀으로 조명한 것이라고 했다. 그는 이 책을 접하는 모든 사람들마다 공허하고 막연한 미신적 관념에서의 하나님이 아니라 살아서 역사하시는 과학적인 하나님을 만나기를 원한다고 했다.

북한군 고위 정치장교에서 지난 모든 일들을 털어버리고 하나님의 종이 된 저자의 생생한 간증을 겸한 통찰력 있는 북한현실 분석은 북한의 실상을 좀 더 알고 싶어하고, 북한을 연구하는 모든 사람들에게 꼭 읽어야 할 필독도서로 자신 있게 추천한다.

전) 외교부 외교안보연구원 교수
유석렬 박사

목차

진리를 찾아서

첫번째

진리를 사모하라

– 북한 동포 여러분께

창세기 (1장 26-28절)
하나님이 이르시되 우리의 형상을 따라 우리의 모양대로 우리가 사람을 만들고 그들로 바다의 물고기와 하늘의 새와 가축과 온 땅과 땅에 기는 모든 것을 다스리게 하자 하시고 하나님이 자기 형상 곧 하나님의 형상대로 사람을 창조하시되 남자와 여자를 창조하시고 하나님이 그들에게 복을 주시며 하나님이 그들에게 이르시되 생육하고 번성하여 땅에 충만하라, 땅을 정복하라, 바다의 물고기와 하늘의 새와 땅에 움직이는 모든 생물을 다스리라 하시니라

마태복음 (5장 6절)
의에 주리고 목마른 자는 복이 있나니 그들이 배부를 것임이요

사랑하는 북한동포 여러분

사모하라는 말의 뜻은 몹시 생각하며 그리워한다는 것을 뜻합니다. 그렇다면 인간에게 있어서 몹시 생각하고 그리워하는 것이 무엇일까요? 그것은 한마디로 말해서 진리입니다. 인간이라면 진리를 사모하게 되어 있는 것이 인간 발생근원의 속성이기 때문입니다.

오늘부터 여러분들과 함께 진리에 대하여 그리고 진리를 사모함에 대하여, 결국 진리의 삶을 우리가 어떻게 향유할 수 있겠는가를 여러 시간에 거쳐 이야기 하려고 하는 심주일 목사입니다. 우선 저를 먼저 소개하겠습니다. 저는 북한군 (북한 식 표현으로 하면 조선인민군에서 정치군관)으로 근무하였습니다.

사랑하는 북한동포 여러분

오늘은 첫 시간이므로 진리에 대하여 각론으로 들어가 이야기를 하기보단 서론적 성격을 띠고 있는 것만큼 개괄해서 이야기를 나누려고 합니다.

그렇다면 진리란 무엇입니까. 여러분들의 이해와 거부감을 철저히 참작하여 조선 평양에서 출판한 조선말 대 사전에서 찾아보았습니다. 이 사전에 의하면 " 참된 이치, 혹은 객관적 현실과 합법칙성을 정확히 반영한 이론이나 사상"을 진리하고 정의하고 있습니다. 그러면서 실천만이 진리의 기준이라고 부연 설명을 하고 있습니다. 좀 더 해석적 차원에서 이야기 한다면 이미 죽은 김정일이 말한 바와 같이 공산주의는 파악이 없다고 하였지만 사전에서는 근로자들을 공산주의 사상으로 무장시키는데 중요한 것은 새것은 승리하고 낡은 것은 멸망한다는 진리를 깨우쳐 주는 것이다. 라고 기록하고 있습니다. 조선 평양의 조선말 대 사전에 모순이 있다는 것을 우리는 여기서 발견하게 되며 부인하지 않습니다.

저는 조선평양의 조선말 대 사전에서 진리란 무엇인가를 정의한 그 정의를 철저히 믿습니다. 다만 죽은 김정일이 공산주의는 파악이 없다고 하면서도 근로자들을 공산주의 사상으로 무장시켜야 한다는 문제에 대해서는 비판적 견지에서 갈등을 가집니다. 과연 공산주의 사상이 무엇인가요 물론 그것도 사전을 찾아보면 정의되어 있을 것입니다. 그러나 먼저 김정일이 왜 공산주의는 파악이 없다고 하였겠습니까 바로 객관적 현실과 합법칙성을 정확히 반영한 이론도 아니고 사상도 아니기 때문일 것입니다. 그리고 실천을 통해서 아무리 실현해 보려고 하였지만 결국은 아닌 것이었습니다. 공산주의는 새것도 아니었고 낡은 것도 아닌 한갓 공상에 불과한 허상이었다는 것입니다. 이론은 있지만 실천할 수 없는 이론 그것은 공상이고 허상입니다. 그러니 기준이 될 수 없었고 곧 공산주의 사상은 진리가 아니었다는 결론을 가지게 되는 것입니다. 그래서 지금 여러분들의 당국에서는 새로 자라나는 후대들 특히 소년단원들에게 "공산주의 건설의 후비대가 되기 위하여 항상 준비하자" 라는 구호를 지금은 "사회주의 조국을 위하여 항상 준비하자" 라는 구호로 바꾸어 소년단원들에게 제시하지 않았습니까?

사랑하는 북한동포 여러분

인간이 사모하는 것 중에 가장 중요한 것이 바로 진리인데 과연 그 진리가 어떻게 존재하는가 라는 문제가 중요하겠지요. 그래야 인간들은 존재하는 진리를 자신들의 것으로, 나아가 공동체의 것으로 민족과 국가의 것으로 지향하고 실천하게 될 것입니다. 진리는 어떻게 존재합니까. 진리는 철저하게 객관적입니다. 객관적이라는 것은 누가 인정을 하든 안 하든 존재한다는 것이며 또 누가 무시를 한다고 해서 무시되는 것도 아니며 변할 수 없는 것, 그것으로 인해서 인류가 공감하게 되고 한편 실천을 통해서 철저하게 검증된 것을 말하는 것입니다.

그렇다면 과연 인간이 기원하여 오늘까지 오랜 역사 속에서 스스로 객관적으로 존재하는 진리가 무엇일까요 수많은 이론과 학문과 철학들이 이것이 옳다 저것이 옳다 라고 하면서 서로의 충돌 속에 진리라고 외쳤지만 영원히 변할 수 없고 스스로 객관적으로 존재하면서 인류에게 지침이 되고 등불의 역할을 한 이론과 학문과 철학은 없었습니다. 이것은 여러분들도 인정할 것입니다. 단적인 실례로 마르크스-레닌주의적 공산주의 사상이 그렇습니다. 그 기치하에 프롤레타리아 혁명을 통해 노동계급의 정권이 이 세상에 태어나서 얼마나 많은 인류를 유혹했고 매혹시켰습니까, 과연 그것이 진리였다면 오늘 종주국이었던 러시아를 비롯하여 공산주의를 당의 최고 강령으로 규정하고 투쟁하던 많은 나라들이 마르크스-레닌주의를 수정하지 않으면 안되었겠습니까, 이러한 현실을 여러분들은 과연 어떻게 평가를 하겠습니까. 오죽하였으면 김정일이 공산주의는 파악이 없다고 했겠습니까? 그렇다고 해서 자본주의가 진리인가 그것도 아닌 것입니다. 물론 세계의 많은 나라들이 자본주의적 경제 철학에 의해 민족과 국가가 관리되고 있지만 허다한 갈등과 모순 속에 허덕이고 있고 그 갈등과 모순이 자본주의의 물질적 풍요가 진리가 아니라는 것을 반증해 주고 있는 것입니다.

사랑하는 북한동포 여러분

그렇다면 세상에는 변할 수 없고 영원 전부터 영원까지 실천을 통해 확실하게 검증된 진리는 없는가 하는 문제입니다. 현재 인류의 삶 속에는 없는 듯합니다. 그러나 진리는 반드시 존재하고 있습니다. 그것이 바로 하나님이시며 그 분이 인류에게 주신 말씀인 성경입니다. 이렇게 이야기 하면 여러분들은 깜짝 놀랄 것입니다. 한편 거부감이 올 수도 있습니다. 이것은 진리의 속성으로 인해 얼마든지 그럴 수 있습니다. 인간은 원래 죄인인 고로 진리를 영접한다는 것이 쉽지 않고 또 진리를 영접하는데 방해되는 것이 너무나도 많기 때문입니다.

여러분들은 진리가 있는가 하면 비 진리가 있다는 것을 알아야 합니다. 이것을 하나님 안에서는 진리의 영과 마귀와 사탄의 영이라고 표현하며 이야기 합니다. 마귀와 사탄의 영의 기원에 대해서는 앞으로 더 많이 이야기 할 기회가 있으므로 여러분들이 기대하셔도 좋습니다. 분명한 것은 비 진리의 영인 마귀와 사탄은 진리이신 하나님을 인간들이 영접하고 그분의 말씀을 알기 위해 애쓰며 또 그 말씀대로 살아가려는 것을 못하게 합니다. 오늘 지구상에 존재하는 더 가깝게는 평양이나 북한에 존재하는 각종 죄악들이 다 마귀와 사탄들이 저지르고 있는 죄인 것입니다.

인간은 원래 기원될 때 즉 인간이 만들어질 때 우리 인간들의 속성 안에 진리라는 영을 가지고 기원됐습니다. 그것이 양심으로 표출되기도 하고 죄를 보고 속상해 하고 미워하며 비판하는 것으로 표현되는 것입니다. 인간의 마음속에 진리의 양심이 없다면 인간들은 죄를 보고도 죄인지 모를 것입니다. 그렇다면 왜 인간은 기원될 때 진리의 영이 우리 인간들의 속성으로 심어졌습니까 그것은 바로 인간이 하나님으로부터 지음을 받았기 때문입니다. 때문에 하나님을 알면 그리고 그 분을 믿으면 이 세상의 모든 죄를 다 분별할 수 있도록 이끌어 주십니다. 오늘 북한에서 최고 존엄이라고 하는 김정은의 죄도 다 알 수 있게 되는 것입니다.

요즘에 와서 최고 존엄이란 말을 북한 당국자들이 자주 하는데 인간에게 존엄은 누구나 똑같이 있는 것입니다. 김정은만 최고 존엄이라면 2300만 북한 인민들은 뭐가 됩니까? 그들에게는 존엄이 없습니까? 하나님께서는 인간 누구에게나 꼭 같은 존엄을 주시었고 그것을 권리로 행사하도록 하시었습니다. 그러기 때문에 우리 대한민국은 5000만이 꼭 같은 존엄을 행사하고 있습니다. 한 사람만이 존엄이 있고 다른 사람들은 존엄이 없다면 인간 중심 철학이라고 하는 주체사상에 그 존엄이 있는 사람만이 인간 중심인가요. 이런 모순에 대하여 북한 당국자들과 여러분들은 분별하고 하나님께로 돌아와야 합니다.

분명히 말씀을 드리건대 공산주의도 진리가 아니며 자본주의 복지사회도 진리가 아니며 수령 유일 영도 체제도 진리가 아니며 오직 변할 수 없이 객관적으로 존재하는 진리는 하나님 절대주의입니다.

하나님께서는 성경 창세기 1장 26.27.28절에는 다음과 같이 말씀하고 계십니다.
"하나님이 이르시되 우리의 형상을 따라 우리의 모양대로 우리가 사람을 만들고 그들로 바다의 물고기와 하늘의 새와 가축과 온 땅과 땅에 기는 모든 것을 다스리게 하자 하시고 하나님이 자기 형상 곧 하나님의 형상대로 사람을 창조하시되 남자와 여자를 창조하시고 하나님이 그들에게 복을 주시며 하나님이 그들에게 이르시되 생육하고 번성하여 땅에 충만하라, 땅을 정복하라, 바다의 물고기와 하늘의 새와 땅에 움직이는 모든 생물을 다스리라 하시니라"

사랑하는 북한동포 여러분
하나님께서 말씀하신 바와 같이 인간은 하나님께로 온 존재이며 하나님의 형상과 모양으로 지음을 받아 만물의 영장으로써 하나님 다음으로 귀중한 존재입니다. 진리를 사모하는 마음이 바로 하나님의 형상과 모양 안에 있는 중요한 구성부분의 하나입니다. 그러므로 하나님께서는 그 진리를 애타게 사모하는 사람은 복이 있다고 말씀하십니다.
성경 마태복음 5장 6절에서 하나님께서는 다음과 같이 말씀하십니다.
"의에 주리고 목마른 자는 복이 있나니 그들이 배부를 것임이요"

그렇습니다. 여기서 의에 주리고, 바로 이것이 진리에 목말라 있는 인간들을 말하는 것입니다. 의는 한문으로 옳은 '의' 자를 쓰며, 절대적으로 옳은 것 즉 진리를 말하는 것입니다. 진리를 갈급해 하고 진리에 목말라 있는 영혼은 복이 있다는 것입니다. 좀 더 알기 쉽게 이야기 한다면 북한의 인민보안원이 자기의 권력을 악용하여 국가에서 준 업무를 수행하면서 뇌물을 받았다든가 아니면 어느 한 당 일군이 당권을 악용하여 탐욕의 행위를 하였다면 분명 그것은 죄인데 이것을 보고 애타하고 안타까워하는 마음을 어디에 가서 하소연할 때가 없어 한숨만 짓는 영혼은 복이 있습니다. 그러한 영혼은 하나님 앞에 나아가 그런 안타까운 행위를 기도로 아뢰면 하나님은 위로해 주십니다. 때문에 우선 하나님이 어떤 분이신지는 아직 잘 모르지만 우선은 믿겠다는 마음으로 하나님을 영접하고 늘 기도하면 그 분이 옳은 길을 살도록 인도해 주십니다. 반대로 그렇게 죄 짓는 행위를 보고도 당연한 것으로 생각한다든가 저렇게 못하는 것이 머저리인 것처럼 맨 입에는 아무것도 안 된다는 생각으로 그 악한 죄에 동참하는 인간은 하나님께서 주시는 복을 받을 수가 없습니다.

사랑하는 북한동포 여러분

오늘은 진리를 사모하는 마음이 인간의 속성이며, 인간이 기원될 때부터 진리는 반드시 객관적으로 그리고 절대적으로 존재한다는 것을 말씀 드렸습니다. 그리고 그 진리는 변함이 없을 진데 이것은 반드시 영원 전부터 영원까지 계시는 하나님께서 우리 인간들을 만드실 때 주신 가장 귀중한 하나님의 형상과 모양의 한 부분임을 말씀 드렸습니다. 이미 하나님을 영접한 분들은 오늘 말씀 한 내용이 아무런 거부감이 없겠지만 아직도 하나님을 알지 못하는 분들은 어처구니가 없어 거부감이 올 것입니다. 그러므로 앞으로 조목조목 한 부분씩 말씀을 드리려고 하니 이 방송 주파수를 잊지 말고 계속 청취함으로써 모든 의문을 풀고 하나님께서 주신 진리를 만나 복을 받는 여러분들이 되시기를 예수님의 이름으로 축원 드립니다. 아멘

다음 시간을 기다려 주십시오

두번째

하나님은 어떤 분이신가?

– 북한 동포 여러분께

창세기 (1장 26-28절)

하나님이 이르시되 우리의 형상을 따라 우리의 모양대로 우리가 사람을 만들고 그들로 바다의 물고기와 하늘의 새와 가축과 온 땅과 땅에 기는 모든 것을 다스리게 하자 하시고 하나님이 자기 형상 곧 하나님의 형상대로 사람을 창조하시되 남자와 여자를 창조하시고 하나님이 그들에게 복을 주시며 하나님이 그들에게 이르시되 생육하고 번성하여 땅에 충만하라, 땅을 정복하라, 바다의 물고기와 하늘의 새와 땅에 움직이는 모든 생물을 다스리라 하시니라

창세기 (1장 1절)

태초에 하나님이 천지를 창조하시니라

하나님은 창조주이시다.

사랑하는 북한동포 여러분
전 시간에는 "진리를 사모하라" 라는 제목을 가지고 세상과 인간의 삶과는 관계없이 진리가 객관적으로 존재하며 그 진리가 바로 하나님이심을 말씀 드렸습니다.
그렇다면 '그 하나님은 어떤 분이신가' 에 대하여 오늘은 말씀을 드리려 합니다. 우리는 누군가 알면 신뢰하게 되고 신뢰하면 믿게 되고 믿게 되면 따르게 되고 따르게 되면 신앙하게 되고 신앙하게 되면 충성하게 되어 있습니다. 이런 인식의 논리는 객관적인 세계를 개념, 판단, 추리 등의 형태로 반영하는 논리적인 사물의 현상적인 측면에 대한 인식에 머물지 않고 그의 본질적 측면을 깊이 파악하는 인간 인식의 보다 높은 단계를 말하는 것입니다. 좀 더 설명하면 사물의 존재와 발전의 기초로 되는 상대적으로 공고한 내적 측면, 요소 과정의 총체를 말하는 것입니다. 때문에 본질을 인식함에 있어서 왜곡과 거짓 형식만을 추구하는 것은 본질을 인식함에 있어서 조금도 용납되지 않는 것입니다.

사랑하는 북한동포 여러분
여러분들은 나서 자라날 때부터 '위대한 수령님은 어떤 분이신가?' '위대한 영도자 김정일 동지는 어떤 분이신가?' 지금은 '위대한 김정은 장군님은 어떤 분이신가' 부터 배우고 있습니다. 사실 배운다기 보다 북한 노동당에서 체계적으로 교육하고 세뇌되기까지 교육을 하고 있는 것이 사실입니다. 그런데 문제가 되는 것은 본질을 인식할 수 있도록 교육하는 것이 아니라 그 내용을 심히 왜곡 시키고 획일화 하여 유일 관리제 원칙에서 교육을 하기 때문에 본질을 왜곡하는 것이 문제인 것입니다. 단적인 실례로 김일성 어머니였던 강반석은 평안남도 대동군 고평면 하리 칠골에서 태어났는데도 불구하고 지금의 만경대에서 태어났다고 왜곡하고 있으며 죽은 김정일 국방위원장은 러시아에서 출생하였으나 백두산에서 출생을 했다고 심히 왜곡된 사실로 북한의 영혼들을 세뇌시키기 때문에 본질을 인식하지 못하게 하고 있습니다. 김일성과 김정일을 위대한 수령으로 인식하는데 현상적으로는 흠모하고 열광하고 신앙하고 우상하고 있는 것 같지만 본질적으로는 그렇지 않다는 것을 북한 노동당은 알아야 할 것입니다. 본질은 진리이기 때문에 왜곡할 수가 없는 것입니다.

사랑하는 북한동포 여러분

하나님을 아는 것은 본질도 현상도 다 그대로입니다. 왜곡할 수도 없고 거짓을 말할 수도 없습니다. 그것은 하나님 자신이 본질이기에 하나님 자신이 허락하지 않기 때문입니다. 여러분들은 하나님이 어떤 분이신지를 알기만 하면 누가 믿지 말라고 강요해도 믿게 될 것입니다. 바로 하나님은 그런 분이십니다. 그러면 오늘부터 몇 차례에 거쳐 하나님은 어떤 분이신가를 하나님의 말씀인 성경에 기초하여 말씀을 나누려고 하고 있습니다. 우선 말씀 드리고 싶은 것은 하나님을 영접한 분들은 은혜로 이 방송을 들을 것이고 아직 하나님을 알지 못하는 분들은 호기심을 가지고 들을 것이고 또 보위부 요원들은 악의를 가지고 듣겠지만 누구에게나 하나님은 동일한 은혜를 주시는 분이시므로 은혜를 받고 우리 다 함께 하나님을 믿고 복을 받는 여러분들이 되시기를 예수님의 이름으로 축원 드립니다.

하나님은 어떤 분이신가

오늘 첫 시간은 창조주 하나님에 대해서 말씀 드리겠습니다. 하나님께서는 창조주이십니다. 말하자면은 이 세상 모든 만물과 사람까지도 하나님이 만드셨다는 것입니다. 때문에 하나님께서는 창조주이십니다.

사랑하는 북한동포 여러분

이 세상 모든 만물, 여러분들의 철학에서는 사람도 물질적 존재로 보기 때문에 이 세상 모든 만물이라 하면 사람도 속하지만 우리는 만물과 사람을 분리해서 이야기하려고 합니다. 인간은 하나님 다음으로 가장 귀중한 존재이므로 그렇습니다.

이 모든 것 즉 모든 사물과 사람까지도 무에서 유가 된 것만은 여러분들도 부인할 수 없는 창조론적 이치가 아니겠습니까. 사람의 인식과 사유는 물질세계의 반영이므로 창조론적 이치는 과학일 수 밖에 없습니다. 그러므로 하나님의 말씀인 성경 총 66권 가운데 제일권이 창세기로부터 시작되는 것입니다.

사랑하는 북한동포 여러분

하나님의 말씀인 성경 제일권 창세기 1장 1절에서 하나님은 다음과 같이 말씀하십니다.

"태초에 하나님이 천지를 창조하시니라."

태초라는 말은 시간적 상황 속에서 맨 처음 또는 시작을 있게 된 때라는 뜻이다. 즉 이것은 역사의 시작을 의미하는 것입니다. 결국 하나님이 "태초"에 천지를 창조하셨다는 것은 천지가 하나님에 의해 그 시작을 갖게 되었고 그 끝도 있다는 것입니다.

성경은 6일 동안 하나님께서 천지 만물과 사람을 창조하셨다고 말씀하고 있습니다. 창조라는 말은 아무것도 없고 무질서한 상태인 무에서 유를 만들어 내는 것을 말합니다.

우주와 지구와 인류의 기원에 대하여 여러 학설이 있지만 그러나 성경은 그 모든 것을 하나님께서 창조하셨다고 단호하게 선언합니다. 천지창조와 인류의 기원에 대한 학설과 이론은 이 세상에 난무합니다. 그 대표적인 학설이 진화론입니다. 여러분들은 진화론을 접하였고 그 진화론에서 사람의 기원에 대하여 배우고 인식하고 있는 것으로 알고 있습니다. 저도 북한에 있을 때 원숭이로부터 사람이 진화되었다는 것을 진화론 시간에 배운 생각이 납니다. 저는 그때 배우면서도 의심을 많이 가졌습니다. 그래서 저를 가르쳐 준 지화자 선생님에게 원숭이는 또 어디에서 진화되었는가를 물어보고 또 물어보다가 욕을 많이 들은 생각이 납니다. 그러면서 의심을 가졌습니다. '왜 지금의 아프리카 원숭이는 사람이 되어 산에서 이 세상으로 내려오지 않는가?' 라고 생각하게 되었고 또 원숭이에게서 사람이 진화 되었다면 지금도 사람은 진화 과정에 있는 것인데 '그 진화의 끝은 어디인가?' 라는 의심을 가지고 살아오다 성경을 접하면서 사람의 기원문제를 정확이 알게 되었습니다.

여러분들도 지금이라도 진화론을 가르쳐 주는 선생에게 끈질기게 달라붙어 물어보아야 합니다. 이렇게 추적하다 보면 하나님께로 가게 되어 있습니다. 북한 노동당 전 국제비서였던 황장엽 선생님을 여러분들도 잘 아실 것입니다. 이 분은 대한민국으로 와서 평양에서 그토록 순수하게 펼치고 싶었던 인간 중심 철학에 대한 주체사상을 주장하며 대한민국 국민들에게도 순수한 수령론에 잡혀 있는 주체사상이 아니라 인간 존중과 인간 중심의 주체사상을 알리고 싶어했습니다. 그 분은 철학자임에는 틀림이 없습니다. 그 분이 펴낸 '인간 중심 철학원론' 이라는 책에서 이 세상 만물과 인류의 기원은 지금으로부터 35억년 전 우주의 빅뱅 즉 폭발로 인해 천지 만물이 형성됐고 빅뱅과 함께 인간으로 기원할 수 있는 생명체가 생겨났다고 서술하고 있습니다.

이 분과 많은 논쟁을 한 적이 있습니다. 왜냐하면 근거가 없었기 때문입니다. 35억년전 빅뱅에 의한 근거도 없고 특히 인간의 기원에 대한 근거는 더욱 더 명백하지 않았습니다. 이 문제는 앞으로도 계속해서 해석되어야겠지만 한마디로 황장엽 전 비서는 인간을 초월한 그 어떤 신적인 존재는 없다는 것이다. 하지만 만일 우주의 빅뱅이 있었다고 해도 우주의 빅뱅이 일어날 수 있도록 역사하신 분은 하나님 이시라는 것입니다. 원인과 결과의 쌍 범주에서 항상 원인은 하나님께 있는 것입니다. 여기서 우리가 알아야 할 것은 원인과 결과론적 이치에서 그 원인이 하나님께 있지만 원인과 결과의 사이에 마귀와 사탄의 악령들이 끼어 들어 사람들을 혼동에 빠뜨린다는 것도 여러분들은 아셔야 합니다.

사랑하는 북한동포 여러분

하나님의 창조에서 보다 주의 깊게 알아야 할 것은 인간 창조에 대한 문제입니다.

하나님의 말씀인 성경 창세기 1장 26,27,28 절에서 하나님은 다음과 같이 말씀하십니다.

"하나님이 이르시되 우리의 형상을 따라 우리의 모양대로 우리가 사람을 만들고 그들로 바다의 물고기와 하늘의 새와 가축과 온 땅과 땅에 기는 모든 것을 다스리게 하자 하시고 하나님이 자기 형상 곧 하나님의 형상대로 사람을 창조하시되 남자와 여자를 창조하시고 하나님이 그들에게 복을 주시며 하나님이 그들에게 이르시되 생육하고 번성하여 땅에 충만하라, 땅을 정복하라, 바다의 물고기와 하늘의 새와 땅에 움직이는 모든 생물을 다스리라 하시니라 아멘

다른 창조물들과 달리 인간은 하나님의 형상과 모양대로 지음을 받았습니다. 만일 여러분들은 이 방송을 들으면 '무슨 소리를 하는 거야?' 라고 생각할 사람도 있겠지만 철저하게 인간은 하나님께로부터 온 것임을 부인할 수 없습니다. 하나님의 창조론과 대치되는 이론이 위에서 이야기 한 바와 같이 진화론인데 진화론은 논리와 근거가 아주 없는 추상적인 것입니다. 인간을 하나님께로 온 영적인 존재이며 영혼을 가지고 있는 것입니다. 그리고 하나님을 만날 수 있는 존재이고 하나님을 찾는 존재에게 하나님은 아빠 아버지가 되는 것입니다.

한편 하나님은 인간을 하나님의 형상과 모양대로 지으시면서 하나님이 창조하신 천지 만물을 인간들에게 다스려 나가며 이 땅에서 번성하고 생육하며 땅을 정복하라는 축복을 주십니다. 우리 인간들은 지금 그 축복 속에서 살고 있습니다. 때문에 하나님을 인정하면 축복이 임하는 것이고 북한 노동당과 같이 하나님을 인정하지 않으면 축복이 임하는 것이 아니라 징계가 임하게 되는 것입니다.

사랑하는 북한동포 여러분
여러분들은 하나님의 말씀인 창세기 1장 26,27,28절에서 하나님이 창조하신 이 천지 만물을 이 지구 위에 거주하고 다스려 나가라고 우리들에게 하신 하나님의 축복과 명령을 놓고 생각할 때 주체사상에서 '혁명과 건설의 주인은 인민대중이며 혁명과 건설을 추동하는 힘도 인민대중에게 있다.' 라고 정의한 주체사상의 본질이 생각나지 않습니까? , 다시 말해서 혁명과 건설에서 사람이 차지하는 지위와 역할에 대해서 생각나지 않습니까? 하나님의 창조와 주체사상에서 밝힌 인간의 지위와 역할 문제에 대해서는 지금 논하지 않습니다. 오늘의 주제는 창조이기 때문입니다. 창조론과 주체사상과의 관계문제는 앞으로 여러 번에 걸쳐 다룰 것입니다. 기대 하셔야 합니다.

오늘 말씀을 마치자고 합니다.
누가 뭐라고 해도 사람은 하나님께서 만드셨고 천지 만물도 하나님께서 창조하셨다는 것입니다. 이것을 부인할 이론, 학설, 철학은 없습니다. 있다고 해도 그것은 근거가 없습니다. 황장엽 전 국제비서도 하나님의 창조론 앞에 무릎을 꿇고 인정할 수 밖에 없었습니다. 창조론을 믿는 것이 신앙의 첫 단계임을 알고 하나님을 믿고 복을 받는 여러분들이 되시기를 예수님의 이름으로 축원 드립니다. 아멘

다음 시간을 또 기다려 주십시오, 다음 시간에는 하나님은 사랑이시다 에 대해서 말씀 드리겠습니다.

세번째

하나님은 사랑이시다

– 북한 노동당 사상 사업부문 일군 여러분께

요한일서 (4장 7-11절)

사랑하는 자들아 우리가 서로 사랑하자 사랑은 하나님께 속한 것이니 사랑하는 자마다 하나님으로부터 나서 하나님을 알고

사랑하지 아니하는 자는 하나님을 알지 못하나니 이는 하나님은 사랑이심이라

하나님의 사랑이 우리에게 이렇게 나타난 바 되었으니 하나님이 자기의 독생자를 세상에 보내심은 그로 말미암아 우리를 살리려 하심이라

사랑은 여기 있으니 우리가 하나님을 사랑한 것이 아니요 하나님이 우리를 사랑하사 우리 죄를 속하기 위하여 화목 제물로 그 아들을 보내셨음이라

사랑하는 자들아 하나님이 이같이 우리를 사랑하셨은즉 우리도 서로 사랑하는 것이 마땅하도다

지난 시간에는 북한의 모든 영혼들을 대상으로 하여 "하나님은 어떤 분이신가" 의 큰 제목에서 작은 첫째 제목으로 "하나님은 창조주이시다" 라는 문제를 가지고 성경말씀에 기초하여 말씀을 드렸습니다. 오늘도 계속하여 "하나님은 사랑이시다" 는 제목을 가지고 말씀을 드리겠습니다. 우선 오늘 이 시간에 하나님께서 주시는 말씀부터 받겠습니다.

하나님께서는 요한일서 4장 7-11절에서 다음과 같이 말씀을 하십니다.

"사랑하는 자들아 우리가 서로 사랑하자 사랑은 하나님께 속한 것이니 사랑하는 자마다 하나님으로부터 나서 하나님을 알고 사랑하지 아니하는 자는 하나님을 알지 못하나니 이는 하나님은 사랑이심이라 하나님의 사랑이 우리에게 이렇게 나타난 바 되었으니 하나님이 자기의 독생자를 세상에 보내심은 그로 말미암아 우리를 살리려 하심이라 사랑은 여기 있으니 우리가 하나님을 사랑한 것이 아니요 하나님이 우리를 사랑하사 우리 죄를 속하기 위하여 화목 제물로 그 아들을 보내셨음이라 사랑하는 자들아 하나님이 이같이 우리를 사랑하셨은즉 우리도 서로 사랑하는 것이 마땅하도다" 아멘

사랑하는 당 사상사업 부분 일꾼 여러분

오늘은 여러분들과 함께 사랑에 대해서 이야기 하려고 합니다. 아마도 당 사상사업 안에 사랑이란 문제는 중요한 매개체로 작용하거나 그것을 이용하여 여러분들은 당원들과 근로자들을 당과 수령, 조국에 끝없이 충실하고 한 목숨 서슴없이 바칠 수 있는 사람들로 만들어야 하는 것이 여러분들의 임무일 것입니다.

하나님의 말씀인 성경은 분명 "하나님은 사랑이라"고 선언하고 있습니다. 이렇게 선언하는 이유는 하나님은 사랑 그 자체이기 때문입니다. 그 자체라는 개념은 절대적이라는 것입니다. 환경과 조건에 따라 사랑할 사람은 사랑하고 사랑하지 말아야 할 사람은 사랑하지 않는, 인격과 이성에 따라 사랑하는 분이 아니라 절대적인 무조건적인 사랑으로 일관된 영적인 존재, 전지전능하신

분이시라는 것입니다. 때문에 하나님의 사랑은 인생이 아니며 식언치 않습니다. 여기서 유의해야 할 점은 하나님의 사랑을 여러분들은 그 어떤 종교적 미신적 차원에서 생각하지 말아야 한다는 것입니다.

김일성은 저작선집 5권 154페이지에서 다음과 이야기 했습니다.
" 종교는 반동적이며 비과학적인 세계관입니다. 사람들이 종교를 믿으면 계급적 의식이 마비되고 혁명하려는 의욕이 없어지게 됩니다. 결국 종교는 아편과 같은 것이라고 말할 수 있습니다."

그러나 그것은 절대로 아닙니다. 김일성은 기독교 집안에서 출생했음에도 불구하고 그야말로 지금 말을 잘 못하고 있습니다. 한마디로 거짓말을 하고 있습니다. 특히 하나님을 신앙하며 하나님의 독생자 예수 그리스도를 구원의 주로 믿는 기독교는 전통적 종교와는 구별됩니다. 왜 그렇습니까? 여러분들의 철학적 대사전에서 정의하고 있는 바와 같이 진리의 기준인 실천을 통해서 검증된 하나님의 사역과 인간의 죄를 구속하기 위하여 하나님의 외아들 독생자 예수 그리스도가 인간의 모습으로 이 땅에 오셔서 사역하신, 그리고 십자가에 달려 죽으시면서 그 피로 인간의 죄를 위한 화목 제사를 하나님께 드리고 삼일 만에 부활하셔서 승천하신 이 모든 사실은 역사적 사실입니다. 우리 인간들의 눈 앞에서 펼쳐진 과학적 사실로서 그 누구도 이 세상에 부인할 사람은 없으며 또 그것을 부인할 다른 종교도 없습니다. 무신론을 주장하는 사람들과 종교를 반대하는 사람들이 그것을 부인하려고 애를 썼지만 사실을 왜곡할 수는 없었던 것입니다. 때문에 비과학적인 세계관이 아닙니다. 지금 김일성은 역사적 사실을 부인하거나 왜곡하고 있습니다. 역사적 사실을 부인하거나 왜곡하는 것 자체가 비 과학입니다. 역사적 사실을 부인하는 것은 세계를 보고 과학적으로 판단해야 하는 과학적인 세계관이 아니며 오직 증오하여야 할 대상에는 과학적인 이론이나 세계관에 관계없이 무조건 부정하고 증오하는 사랑이 전혀 없는 하나님의 사랑과는 전혀 거리가 먼 것입니다.

사랑하는 당 사상사업 부분 일꾼 여러분

하나님을 신앙하며 예수 그리스도를 구원의 주로 믿는 우리 기독교는 계급의식을 마비시키고 혁명하려는 의욕을 없어지게 한 것도 없습니다. 오히려 노동당이 주장하는 계급투쟁 방법과 혁명의 방법이 달라서 그렇습니다. 한가지 예를 들어볼까요? 하나님의 말씀인 성경 마태복음 19장 16절 이하 말씀을 보시면 부자 청년이 우리 예수님에게 찾아와서 어떻게 하면 구원받고 영생을 얻을 수 있는가 라고 물어볼 때 우리 예수님은 분명히 말씀하십니다. "예수께서 이르시되 네가 온전하고자 할 진대 가서 네 소유를 팔아 가난한 자들에게 주라 그리하면 하늘에서 보화가 네게 있으리라 그리고 와서 나를 따르라 하시니" 라고 말씀하십니다. 여러분들은 재물이 많으면 즉 소유권이 있으면 무조건 착취계급이라고 할 것입니다. 그러면 노동당의 이론대로 하면 무장하여 때려 부수고 죽이고 빼앗아 국가의 것으로 수령의 것으로 노동당의 것으로 만들어야 된다는 것이 아닙니까? 실제로 여러분들은 그렇게 했고요. 그래야 평등사회가 온다는 것 아닙니까? 그렇다면 노동당에서는 이 세상에 소유권을 가진 사람들은 다 죽여야 한다는 결론에 이르게 됩니다. 그러나 예수님은 부자도 살리고 가난한 사람도 살립니다. 그래서 하나님의 사랑은 절대적이라는 것입니다. 북한 노동당과 같이 착취계급들을 이 세상에서 다 죽여야 평등사회가 올까요? 착취계급을 다 죽일 수도 없거니와 여러분들이 죽이려고 한다면 그들은 더 강해 진다는 것을 알아야 합니다. 공산주의 사회 즉 무계급 사회를 주장하는 노동당 사상사업 부분 일꾼 여러분들의 계급투쟁 노선은 영원히 이 세상을 무계급 사회로 만들지 못합니다. 그러나 하나님의 사랑으로는 될 수 있습니다.

때문에 기독교는 사회적 인간의 지향과 염원을 환상적으로 반영하여 신성시 하여 받들어 모시는 초자연적이고 초인간적인 존재에 대한 절대적인 신앙, 또는 그 믿음을 설교하는 교리에 기초하고 있는 관념론적 세계관이 아니라 창세로부터 말씀이 계셨고 그 말씀대로 이루어진 인류의 역사를 마련하여 주신 하나님의 그 섭리에 감격과 감동을 가지고 앞으로 계속 이 세상 끝까지 하나님의 진리를 전파하여 모든 인간들의 구원과 이 세상을 정의와 공법이 하수와 같이 흐르게 해야 할 사명을 끝까지 수행할 것입니다. 전능하신 하나님의 혁명이기 때문에 꼭 승리할 것입니다. 이러한 하나님을 신앙하고 예수 그리스도를 구원의 주로 믿는 믿음 생활을 한번 해 보고 싶지 않습니까? 진정 진리와 정의를 사랑하는 양심과 그 심장으로 호흡을 한다면 또 그것을 인생의 목적으로 삼기는 했지만 어떻게 해야 할 지를 모른다면 하나님께로 나오십시오. 그러면 하나님은 안아주시고 인도해 주십니다. 그리고 당원들과 근로자들에 대한 사상교양 사업을 양심과 진리로 하십시오, 여러분들이 준비되어야 당원들과 근로자들을 준비시킬 수 있습니다.

지금 저는 여러분들과 할 말이 너무나도 많습니다.
북한 노동당 사상사업 부분 일꾼 여러분 사상이 모든 것을 결정한다는 북한 노동당의 사상론을 인정합니다. 여러분들은 사상론을 주장한다면 우리는 신앙과 믿음을 가지고 있습니다. 이 세상 최고의 정신력은 신앙입니다. 왜일까요? 우리의 신앙적 사상은 하나님과 함께 하는 사상이기 때문입니다. 오늘 말씀의 주제가 사랑입니다. 하나님의 사랑은 절대적인 사랑인가 하면 북한 노동당의 사랑의 철학은 철저하게 계급적 사랑입니다. 사랑의 본질에 대한 문제는 인류 철학 사상사에서 매우 오랫동안 연구되고 탐구되어 온 것으로 알고 있습니다. 대표적인 철학자를 말한다면 포이에르바하는 사랑을 "이성과 자연의 보편적 법칙" 좀 더 나아가 "인간과 종교의 영원하고 불변한 본질" 이라고 했습니다. 조금 부족한 데가 있지만 저는 긍정합니다. 사랑은 착취계급의 것도 아니며 무산계급의 것도 아닙니다. 다만 하나님의 것으로 하나님께서 만드신 인간에 대한 긍휼과 책임성의 발현입니다.

어떻게 사랑에 계급적 성격을 부여합니까? 원래 인간은 사랑은 물론 하나님이 만드신 이 세상 모든 만물에 계급적 성격을 부여할 권리와 권한이 없습니다. 있다면 이 세상 천지 만물과 사람을 만드신 하나님의 창조적 성격만이 부여될 수 있으며 그것은 절대적으로 이미 부여되어 있습니다. 거기에 여러분들이 계급적 성격을 부여한다면 지금 여러분들은 하나님을 테러하고 있는 것입니다. 그러니 북한 땅에 뭐가 되는 일이 전혀 없지 않습니까?

자 오늘은 이렇게 간단히 이야기 하지만 앞으로는 좀 더 구체적으로 들어갈 것입니다. 사랑하면 사랑하는 것만큼 증오하라 증오하면 증오하는 것만큼 사랑하라 원수를 사랑하며 조국을 사랑할 수 없다는 김일성주의의 사랑의 철학과 원수 까지도 사랑하라는 하나님의 사랑의 계명 중 어느 것이 완벽한 사랑입니까. 이제는 정의를 내릴 때가 됐다고 생각합니다. 그래도 여러분들은 '원수들은 모조리 죽여버려야 돼 그것이 바로 김일성 조국을 사랑하는 것이야' 라고 생각하고 있는 그 고집에서 한 순간에 헤어 나올 수는 없을 것입니다. 충분히 이해 합니다.
그러나 위에서도 이야기 했지만 만일 그렇다면 노동당의 앞에는 영원한 원수가 있을 뿐이며 북한 노동당은 그 원수를 영원히 쳐부술 수 없습니다. 여러분들이 핵을 가지고 원수들의 마지막 숨통을 끊을 수 있다고 생각한다면 정말 오산이고 좁은 생각입니다.

사랑하는 북한 노동당의 사상사업 부분 일꾼 여러분
왜 하나님이 원수까지도 사랑하라고 하셨는지 이제는 좀 알겠습니까? 성경에는 "원수도 사랑하라"는 하나님의 말씀이 있고 또 원수가 굶주릴 때에는 먹여주라는 말씀도 있고 원수가 오리를 가자면 십리를 함께 가라는 말씀도 있습니다. 이외에도 허다한 말씀이 있지만 그 말씀을 여러분들은 가볍게 생각하지 마십시오. 혁명의식과 계급의식을 마비시키는 말씀이라고 생각지 마십시오. 그 말씀 속에 담긴 하나님의 뜻에는 원수도 아군도 없는 하나님 안에서 인류가 하나, 계급도 없는 오직 사랑에 넘치는 구원받은 하나님의 백성만이 존재하는 이 세상을 만들려는 하나님의 강력하고도 혁명적인 뜻이 담겨 있다는 것을 여러분들은 깨달아야 합니다.

여러분 혁명을 왜 합니까? 왜 계급투쟁을 합니까? 결국은 하나가 되자고 하는 것이 아닙니까? 그러나 이 세상에는 인간들의 탐욕으로 만들어낸 양립될 수 없는 이념과 사상이 존재 합니다. 인간의 힘으로는 하나가 될 수 있도록 할 수 없습니다. 오직 하나님의 사랑만이 하나를 완성할 수가 있습니다. 그래서 우리 하나님은 시작이요 끝이라고 합니다. 즉 알파와 오메가입니다.

끝으로 하나님의 사랑을 인정하고 그 사랑에 잠기십시오. 위로가 되며 평온하며 형통해 집니다. 사람이 완전히 달라진다니까요? 그리고 기도 하십시오. 하나님은 응답하십니다. 하나님을 사랑하는 자 그 뜻대로 부르심을 받은 자는 복이 있을 지어다. 아멘

다음 시간에는 "하나님은 공의의 하나님이시다"에 대해서 말씀 드리겠습니다.

네번째

하나님은 공의의 하나님이시다

– 북한 노동당 조직부분 일군 여러분께

신명기 (32장 4절)

그는 반석이시니 그가 하신 일이 완전하고 그의 모든 길이 정의롭고 진실하고 거짓이 없으신 하나님이시니 공의로우시고 바르시도다 사랑하는 노동당 당 조직부분 일꾼 여러분 안녕하십니까?
오늘은 "하나님은 어떤 분이신가"에 대한 세 번째 시간으로 "하나님은 공의의 하나님이시다" 에 대하여 여러분들과 함께 솔직 담백하게 이야기 하고자 합니다.

우선 하나님께서 오늘 우리들에게 해 주시는 말씀부터 받겠습니다.
하나님께서는 하나님의 말씀인 성경 신명기 32장 4절에서 다음과 같이 말씀하십니다.
"그는 반석이시니 그가 하신 일이 완전하고 그의 모든 길이 정의롭고 진실하고 거짓이 없으신 하나님이시니 공의로우시고 바르시도다."
계속해서 하나님께서는 느헤미야 9장 33절에서 다음과 같이 말씀하십니다.
"그러나 우리가 당한 모든 일에 주는 공의로우시니 우리는 악을 행하였사오나 주께서는 진실하게 행하셨음이니이다" 아멘

"하나님은 공의로우시다". 이것이 무슨 뜻 입니까? 그분 하나님은 완전하고 진실하신 분이시라는 것입니다. 하나님께서는 결코 흔들리거나 변함이 없으신 완전하신 분으로 그 모든 것이 공평하신 분이십니다. 또한 그 분이 행하시는 모든 일은 공의롭고 정직합니다. 따라서 죄와 허물이 많은 우리가 온전히 믿고 따를 수 있으며 남녀노소 신분의 귀천에 상관없이 동일한 은총을 누리며 모든 것을 맡기고 기도드릴 수 있는 분이라는 것입니다. 좀 더 쉽게 말씀을 드리면 하나님 자신이 사랑이시라 해서 원칙이 없으신 것도 아니며 또 원칙이 있다고 해서 지혜가 없으신 것도 아니며 우리 인간들로서는 측량할 길 없는 완벽 절대자이라는 것입니다. 하나님의 인간 구원역사와 이스라엘의 역사는 절대로 떼어 놓을 수 없는 관계입니다. 이스라엘의 유대민족은 하나님께서 선택하신 선민이었습니다. 그러나 그들이 하나님의 계명을 지키지 않고 죄를 범할 때에는 그 죄를 융화하고 묵과한 것이 아니라 해당한 징계를 주었습니다. 나중에는 민족이 해체되어 세계 여러 나라 중에서 떠돌이 생활을 하도

록 내버려 두기도 했습니다. 그러다가 1948년에 와서야 비로서 지금의 이스라엘 국가가 회복될 수 있도록 역사 하였습니다.

그렇다면 하나님의 공의와 북한 노동당 당 조직부분 일꾼 여러분들의 당 조직부분 사업과 무슨 상관이 있는가 하는 문제가 중요할 것이고 역시 여러분들 또한 그렇게 생각하실 것입니다. 북한 노동당의 역사는 1926년 10월 김일성에 의해 조직되었다고 하는 타도제국주의 동맹 때로부터 라고 하고 있습니다. 누가 믿든 말든 상당한 역사를 가지고 있는 북한 노동당은 역사적으로 보나 그 업적으로 보나 백전백승의 강철의 당이라고 합니다. 하나님은 북한 노동당도 통치하십니다. 이렇게 이야기 하면 여러분들은 깜짝 놀랄 것입니다. 하나님과 북한 노동당과 무슨 상관이 있는가 하는 것이겠지요. 하나님께서 계시다는 것을 인정하지 않는 북한 노동당이 어떻게 하나님께서 우리를 통치하신단 말인가, 말도 안되는 이야기를 한다고 할 것입니다. 그러나 절대로 그렇지 않습니다.

사랑하는 북한 노동당 당 조직부분 일꾼 여러분

이제는 하나님 앞에 솔직 담백해야 합니다. 그리고 하나님께서 통치하신다는 것을 인정해야 합니다.

성경말씀 로마서 13장 1절과 2절에서 하나님께서는 다음과 같이 말씀하고 계십니다.

"각 사람은 위에 있는 권세들에게 복종하라 권세는 하나님으로부터 나지 않음이 없나니 모든 권세는 다 하나님께서 정하신 바라 그러므로 권세를 거스르는 자는 하나님의 명을 거스름이니 거스르는 자들은 심판을 자취하리라" 아멘

자 하나님께서 이렇게 말씀을 하신데도 부인하겠습니까. 이성적으로 생각할 때 그리고 당신들의 눈 앞에서 펼쳐졌던 위대한 수령님과 친애하는 지도자 김정일 동지의 정치적 신임과 배려에 의해 당 조직일꾼으로 신임을 받을 때의 그 순간을 생각한다면 '하나님께서 어디에 계시는가' 하겠지만 그 모든

것을 초월하여 하나님은 통치하고 계신다는 것입니다. 신기하지요? 신기하기 때문에 하나님이신 것입니다. 하나님의 통치하에 있다면 하나님의 뜻대로 일을 해야 합니다. 하나님께서 말씀하시지 않았습니까? 모든 권세는 하나님께서 정하신 바라고...

그래서 하나님의 뜻대로 당 조직일꾼의 간부 노릇을 해야 하는 것입니다. 그러나 여러분들은 그렇게 하지 않았습니다. 북한노동당의 역사가 1926년부터라고 해도 또 백전백승의 강철의 당이라고 해도 지금까지 여러분들은 절대로 그렇게 하지 않았습니다. 하나님의 뜻대로 일하는 것 중 가장 중요한 문제가 공의입니다. 여러분들이 공의롭게 당 조직사업을 하였더라면 그 많은 지하자원을 가지고도 그리고 자급자족할 수 있는 농업토지를 가지고도 그리고 당이 한마디 하면 한결같이 떨쳐나서는 그 순진한 노동력을 가지고도 당신들 나름대로 위대한 장군을 모시고 있으면서도 왜 경제는 활기증진 하지 못하고 있으며 수백만의 인민들을 굶겨 죽였습니까? 누가 책임져야 합니까? 불쌍한 인민들이 책임져야 합니까? 아마도 여러분들은 미국 때문이라고 할 것입니다. 이제는 그렇게 말할 때가 지났습니다. 그말을 듣고 믿을 사람은 통제가운데 꼭 갇혀 사는 북한 영혼들 밖에 없습니다.

북한 노동당의 강령에는 이렇게 명시하고 있습니다.

"조선노동당의 당면 목적은 공화국 북반부에서 사회주의 완전승리를 이룩하며 전국적 범위에서 민족해방과 인민민주주의 혁명의 과업을 수행하는데 있으며 최종목적은 온 사회를 주체사상화하며 공산주의 사회를 건설하는데 있다."

오늘 말씀을 전하는 이 심주일 목사도 한때 조선노동당의 강령에 한 없이 충성했습니다. 당원의 한 사람으로서 그리고 혁명군대의 정치일꾼으로 김일성과 조선노동당에 인생의 황금기였던 청춘을 고스란히 다 바쳤습니다. 조선노동당의 강령이 저에게는 혁명적 세계관이었고 인생관이었고 생의 목적이었습니다. 인격적으로 김일성도 너무나 좋아했습니다. 이를 위해서 직업군인이 되었고 핵심적인 당 조직부 정치 군관이 되었던 것입니다. 나의 사상도, 철학도, 지식도, 군사학적 균형과 난도 이 모든 것이 완성된 것으로 이 세상에는 이를 초월할 그 아무것도 없다고 자부하고 있었습니다. 때문에 그때의 나의 삶에는 영예와 영광만이 있었고 직업적인 혁명가의 긍지와 조국청사에 길이 빛날 번영만이 미래를 약속하고 있었습니다.

그러나 변했습니다. 변절이 아니라 변화된 삶 조국청사에 길이 빛날 번영이 지금에 와서 향유되고 있습니다. 왜입니까? 하나님을 만났고 그 하나님의 공의로 호흡하며 그 분과 함께 그 분의 세상에서 살고 있기 때문입니다.

사랑하는 당 조직부분 일꾼 여러분

전 지금도 하나님께 기도 드릴 때마다 하나님께서 깨닫게 해 주십니다. 북한 노동당의 일이 안된 이유를 말입니다. 그렇다면 하나님께서 깨닫게 해준 것이 무엇인 줄 아십니까? 아마도 여러분들은 아무리 조선혁명의 앞길에 고난과 험난이 앞을 막아서도 승리의 한길만을 걸어온 것인데 노동당의 앞길에 안된 일이 없었다고 항변할 것입니다. 그래서 저는 처음부터 솔직 담백하게 여러분들에게 말씀을 드렸던 것입니다.

하나님의 공의로 일하지 않기 때문에 노동당의 일이 잘 될 수가 없다는 것입니다. 당적 원칙을 확고히 고수했다고 생각하는 여러분들은 억울하다고 하겠지만 하나님의 공의로 일하지 않은 것이 하나님의 통치를 받지 않은 것입니다. 노동당의 당적 원칙과 하나님의 공의와 통치는 다른 것입니다.

우선 여러분들이 하나님의 공의로 당 조직부분 사업을 하지 않은 것은 당 사업의 기본에서 찾아 보아야 합니다. 당 사업의 기본은 무엇입니까 "사람과의 사업"입니다.

우선 여러분들은 간부들과의 사업을 잘하지 못했습니다. 충실성을 절대적 표징으로 그리고 구체적 표징을 잘 보고 간부들을 선발하고 보고해야 하겠으나 그렇게 하지 않았으며 지금은 간부사업에서 하나님의 공의는 완전히 실종되다시피 하였습니다. 간부들은 혁명의 지휘성원이므로 간부를 옳게 선발하고 보고하고 임명하는 것은 조선혁명의 승리를 담보하는 관권적 문제입니다. 간부들을 선발하고 임명하여 배치하는데서 여러분들이 그렇게 귀중히 보는 출신성분, 중요합니다. 사실 노동당의 역사를 보면 김일성이 당수로 있을 때에는 당의 사업전반이 깔끔했습니다. 하나님의 공의에 이루어지지는 못했지만 그래도 괜찮았다는 것이 사실이었습니다. 그러나 세대가 바뀌어 김정일 국방위원장이라는 사람이 당 총비서가 되면서부터 간부사업에서 충실성은 없어지고 안면관계, 정실관계, 뇌물관계, 사제관계, 동향동창관계 등 비원칙적인 간부사업으로 인해 북한 노동당의 간부대열은 관료화 되기 시작했고 당과 대중은 멀리 떨어지게 된 것입니다. 하나님은 우리 인간들과 가장 가까이 있습니다. 이 하나님의 자비와 공의가 여러분들의 간부사업에서는 조금도 찾아 볼 수가 없다는 것입니다. 하나님의 공의를 저버리고 간부사업을 하다 보니 충실하지 못하고 능력과 자질, 경제도덕 생활에서 청백하지 못한 사람들도 간부 자제라는 이유로 무조건 간부로 선발 보고 함으로서 노동당의 간부대열의 질적 구성이 약화 될 때로 된 것입니다. 결과 혁명과 건설에 대한 실질적인 당의 영도적 조직권은 약화되었고 반대로 당 권력만 판을 치게 된 것입니다.

다음으로 당사업을 잘 못한 것은 당원들과의 사업을 잘 못한 것입니다. 당원들과의 사업에서 가장 중요한 것이 당 장성 사업입니다. 그러나 여러분들이 당 장성 사업을 어떻게 했습니까? 역시 당 장성사업도 하나님의 공의를 멀리 떠나 조선노동당의 강령과 규약을 승인하기 전에 뇌물을 가지고 찾아오는 사람들로부터 당원증을 값없이 메워주고 있는 것이 현실입니다. 얼마전 북한군 12군단 특수 부대에서 근무한 한 청년을 만난 적이 있습니다. 이 청년은 군복무기간 후보당원으로 입당을 하였습니다. 그 입당할 때 중국 돈 3000원을 뇌물로 주었다고 합니다. 노동당 조직 부분일꾼 여러분, 당원증과 중국 돈 3000원을 바꿀 수 있습니까? 노동당원증이 그렇게도 가치가 없단 말입니까? 이런 해괴망측한 당 장성사업이 왜 생겨납니까? 하나님의 공의와 하나님의 통치를 떠나면 죄악에 떨어지게 되고 그 죄악의 열매로 바로 이런 결과를 가져오게 되는 것입니다.

세 번째로 당사업을 잘 못한 것은 군중과의 사업을 잘 못하고 있는 것입니다. 지금 북한 노동당은 군중속에 깊이 뿌리를 박지 못하고 있습니다. 여러분들이 혁명의 참모부로서 혁명과 건설 특히 인민생활 향상에 당 사업과 당 활동의 주 목적을 두고 경제부분, 사법부분, 무력건설 등 여러 분야를 제대로 장악하고 통제하고 지도하였더라면 왜 경제가 이 모양 되고 당을 어머니라고 믿고 살던 순진한 우리 인민들을 수백만명씩이나 굶겨 죽였습니까. 하나님의 공의가 그리고 하나님의 통치가 지금 여러분들에게 묻고 있습니다. 여러분들은 답변해야 합니다. 인민들은 굶어죽었지만 당 일군들은 당권을 가지고 죽지 않았습니다. 여러분들의 당 조직권이 인민들은 죽어도 나는 당권을 가지고 살아야 한다는 것이 당 조직권 입니까?

지금 노동당의 수뇌부와 아래 인민들은 완전히 분리되어 있다는 것을 여러분들이 알아야 합니다. 지금도 김정은 최고사령관은 인민들 속에 있다고 합니다. 그러나 그걸 믿을 사람은 이 세상에 없습니다.

북한의 당 사업이 이렇게 만신창이가 된 것은 하늘의 권세와 통치를 무시하고 최고 지도자를 우상숭배 하는 데서 오는 하나님의 징계임을 알아야 합니다. 이제라도 당의 자존심을 살리고 인민들 앞에 책임을 다하려면 하나님을 믿고 하나님의 공의로 당 사업을 하십시오 당장에라도 그 땅이 회복될 것입니다. 여러분들은 지금 쓸데없는 것으로 당 사업의 힘을 소진하고 있다는 것을 깨닫고 당의 강령을 하나님 절대주의로 바꾸고 하나님의 공의와 통치를 따라 늘 승리하는 당 조직부분 일꾼들이 되시기를 예수님의 이름으로 축원드립니다.

다음시간부터는 인간에 대해서 말씀드리겠습니다.

다섯번째

인간의 정체성

– 북한 노동당 사회과학 부분 일군

로마서 (10장 10-18절)
사람이 마음으로 믿어 의에 이르고 입으로 시인하여 구원에 이르느니라
성경에 이르되 누구든지 그를 믿는 자는 부끄러움을 당하지 아니하리라 하니
유대인이나 헬라인이나 차별이 없음이라 한 분이신 주께서 모든 사람의 주가 되사 그를 부르는 모든 사람에게 부요하시도다
누구든지 주의 이름을 부르는 자는 구원을 받으리라
그런즉 그들이 믿지 아니하는 이를 어찌 부르리요 듣지도 못한 이를 어찌 믿으리요 전파하는 자가 없이 어찌 들으리요 보내심을 받지 아니하였으면 어찌 전파하리요 기록된 바 아름답도다 좋은 소식을 전하는 자들의 발이여 함과 같으니라
그러나 그들이 다 복음을 순종하지 아니하였도다 이사야가 이르되 주여 우리가 전한 것을 누가 믿었나이까 하였으니
그러므로 믿음은 들음에서 나며 들음은 그리스도의 말씀으로 말미암았느니라
그러나 내가 말하노니 그들이 듣지 아니하였느냐 그렇지 아니하니 그 소리가 온 땅에 퍼졌고 그 말씀이 땅 끝까지 이르렀도다 하였느니라

사랑하는 북한노동당 사회과학부분 일꾼 여러분

인간을 과학적으로 아는 것은 사회과학부분 일꾼 여러분들에게 있어서 가장 중요한 문제일 것입니다. 물론 북한 노동당의 지도사상이라고 하는 주체사상에서 인간문제를 완전히 해명했다고 합니다. 막스와 레닌도 해명하지 못한 인간문제를 위대한 수령 김일성동지께서 주체사상에서 해명했다는 것입니다. 그래서 내놓은 명제가 "사람이 모든 것의 주인이며 모든 것을 결정한다는 것이 주체사상의 기초입니다." 소위 이 명제는 지금 북한의 주체사상탑에 박혀 있습니다. 그러면서 막스와 레닌도 해명하지 못한 인간문제를 김일성 수령이 해명했다고 해서 독창적인 사상이라고 하며 주체사상을 온 세상에 전파하기 위해 애쓰고 있는 것이 바로 여러분들입니다.

그러나 사실은 막스와 레닌도 그리고 김일성도 인간문제를 완전히 해명하지 못했습니다. 그 해명하지 못한 것은 그 당대 사회의 시대적 제한성도 있겠지만 인간이 인간문제를 해명한다는 것은 논리에 맞지 않습니다. 인간이 인간문제를 정확히 알려면 객관적으로 평가하여야 하지만 인간이 자신을 객관적으로 평가한다는 것은 있을 수 없습니다. 만일 인간이 인간을 해명할 수 있다면 수령도 필요없고 당도 필요가 없습니다. 수령도 인간이며 당도 인간들이 모인 조직체이기 때문입니다. 때문에 수령이 혁명과 건설의 뇌수가 될 수 없고 조선 노동당이 혁명의 참모부가 될 수 없습니다.

물론 막스와 레닌의 시대에 프롤레타리아 혁명을 통해 노동계급이 정권을 잡기만 하면 공산주의는 순조롭게 될 것으로 생각했습니다. 왜냐하면 공산주의 사회에 상응한 물질적 부를 생산하는 것이 바로 경제인데 이미 경제가 노동 계급의 손에 들어가 국가가 경제를 운영하면 수요에 따라 분배할 수 있는 물질이 폭포처럼 쏟아져 나올거라 내다보고 공산주의 이론을 전재한 것이 바로 그들 막스, 엥겔스, 레닌 등 이런 사람들이었습니다. 그래서 많은 사람 특히 프롤레타리아들이 이 이론에 매혹되어 미칠 듯이 달려 들었지요. 마치 공산주의가 당장이라도 눈 앞에 있는 듯 했고 그것이 현실이 되는 것처럼 흥분했던 나라들이 공산국가들이었고 자본주의 사회에서의 좌파들이었습니다.

김일성도 여기에 목숨을 걸었습니다. 그래서 북한이 그렇게 자랑하고 당, 국가, 군건설의 근간을 이루는 혁명전통이 창시되었다고 하고 있습니다. 러시아의 사촉하에 김일성이 정권을 잡고 당도 국가도 군건설도 다 이루고 본격적으로 막스 레닌주의의 기치를 따라 사회주의 제도를 수립하고 공산주의 건설을 위한 노동당의 최고 강령을 기어이 완성하려고 하였습니다. 그러나 모든 것이 안되었습니다. 안되었다기 보다 패배했다고 표현하는 것이 맞을 것입니다. 이것은 죽은 김정일도 인정한 것입니다. 생존에 그가 공산주의는 파악이 없다고 이야기 한 것이 바로 그것입니다.

그렇다면 왜 그렇게도 온 세상을 흥분시키고 "전 세계 노동자들은 단결하라 잃을 것은 철쇄요 얻을 것은 전 세계라" 의 구호로 공산주의 이론의 마침표를 찍었던 막스 레닌주의 기치가 도중에서 유명무실 되었으며 가장 혁명성이 강한 북한의 노동당은 왜 공산주의 건설을 포기 했습니까, 단 한마디로 결론을 내리면 인간은 죄인이기 때문입니다. 막스도, 엥겔스도, 레닌도, 김일성도 공산주의 이론을 내놓고 그 기치를 옹호하고 매료되었지만 보지 못한 것이 있었다면 인간의 죄문제는 보지 못했던 것입니다. 오늘 말씀의 제목이 "인간의 정체성"입니다. 오늘 말씀의 주제에 정답을 드린다면 "인간은 죄인이다"라는 것입니다. 이것이 정답인 것입니다.

인간의 정체성에 대하여 하나님께서는 성경말씀 로마서 3장 10-18절에서 다음과 같이 말씀하십니다.

"기록된 바 의인은 없나니 하나도 없으며 깨닫는 자도 없고 하나님을 찾는 자도 없고 다 치우쳐 함께 무익하게 되고 선을 행하는 자는 없나니 하나도 없도다 그들의 목구멍은 열린 무덤이요 그 혀로는 속임을 일삼으며 그 입술에는 독사의 독이 있고 그 입에는 저주와 악독이 가득하고 그 발은 피 흘리는데 빠른지라 파멸과 고생이 그 길에 있어 평강의 길을 알지 못하였고 그들의 눈앞에 하나님을 두려워함이 없느니라 함과 같으니라" 아멘

인간은 어떤 존재인가 즉 인간의 가장 정확한 정체성은 무엇인가 김일성이 주체사상을 만들면서 이야기한 "사람이 모든 것의 주인이며 모든 것을 결정한다는 것이 주체사상의 기초입니다" 가 아니라 오늘 주시는 하나님의 말씀대로 "이 인류안에 의인은 없나니 하나도 없도다" 라고 하나님이 말씀하신 대로 인간은 죄인이라는 것이 인간의 정체성입니다. 이것은 김일성도 인정한 것입니다. 김일성은 아래 일꾼들에게 특히 당 일군들에게 "완벽한 사람이 없다고" 자주 이야기 했습니다. 그래서 사상교양과 사상투쟁을 강화해야 한다고 말입니다. 완벽한 사람이 없다는 말은 무엇을 말하는 것입니까. 한마디로 인간은 죄인이라는 것입니다.

북한의 김일성과 노동당은 프롤레타리아 독재를 실시하여 생산수단을 가지고 있던 착취계급들로부터 소유권을 다 빼앗아 국가의 소유로 만들어 사회주의 제도를 완전히 수립했습니다. 공산주의 이론대로라면 경제발전의 빠른 속도와 균형적 발전이 동시에 일어나 공산주의로 가는 길이 탄탄해 져야겠으나 그렇지 못했을 뿐 아니라 오히려 반대현상이 일어나 경제는 활기 증진 할 수 있는 재정적 물질기술적 기초를 마련하지 못하고 주저 앉고 말았습니다. 이것이 현실이고 이 현실을 탈피하자고 해서 러시아 공산주의 종주국을 비롯한 많은 공산국가들이 막스-레닌주의를 수정하지 않으면 안 되었던 것입니다.

김일성과 북한노동당은 결국은 '생산수단을 누가 쥐고 경제를 운영하는가'가 문제가 아니라 결국은 인간이 문제라는 것을 알게됩니다. 사회주의와 공산

주의 건설의 주체가 사람이고 인민대중이니까요. 늦었지만 김일성과 북한 노동당은 인간이 죄인이라는 것을 알게 된 것입니다. 이때부터 북한은 사상혁명을 부르짖었고 러시와와 중국과의 사이에 끼어서 마음 고생을 많이 한 김일성은 드디어 당 사상사업에서 주체를 세워야 한다는 결심을 하게 됩니다. 그로부터 주체사상이 기원되어 결국 국제담당 비서였던 황정엽 선생을 비롯한 사회과학부분 일꾼들이 인간중심 철학이라는 주체사상을 만들어냈습니다. 여기에 더하여 김정일은 수령론을 내놓아 수령을 신격화 하면서 김일성 집안의 영구 권력화를 완성했습니다.

사랑하는 북한 노동당 사회과학부분 일꾼 여러분

이제는 인간의 정체성에 대하여 감이 옵니까? 여러분들도 다 죄인입니다. 김일성도 죄인이고 김정일은 더 죄인이고 김정은도 죄인입니다. 인간이라면 다 죄인이라는 것을 인정하고 그 죄의 문제를 해결하고 혁명을 해야 승리할 수 있습니다. 문제는 그 죄를 해결해야 하는데 어떻게 해결하는가 하는 문제입니다. 주체사상이 인간문제를 해명했다고 해서 인간의 죄 문제가 해결되는 것이 아닙니다. 김일성, 김정일, 김정은을 신격화 한다고 해서 신이 되는 것도 아니며 그들의 죄가 없어지는 것이 아니라는 것입니다. 이 죄 문제의 해결 방법은 다음 시간에 말씀 드리겠습니다.

사랑하는 북한 노동당 사회과학부분 일꾼 여러분

그러면 인간이 기원될 때부터 죄인으로 기원되었느냐 하는 문제가 제기됩니다. 그것은 절대로 그렇지 않습니다. 두 번째 시간에 '하나님은 창조주이시다'의 주제를 가지고 말씀을 드릴 때 약간 말씀을 드렸지만 인간은 하나님께서 만드셨습니다. 하나님 자신은 죄가 없으시고 전지전능하시고 영원부터 영원까지 계시는 절대적 신이십니다. 이 하나님께서 인간을 만드시면서 하나님의 형상대로 인간을 만들었습니다.

이에 대하여 하나님께서는 성경말씀 창세기 1장 27절에서 다음과 같이 말씀하시면서 증명하고 있습니다.
"하나님이 자기 형상 곧 하나님의 형상대로 사람을 창조하시되 남자와 여자를 창조하시고" 라고 말씀하십니다.

때문에 인간은 처음에 하나님으로부터 만들어질 때에는 죄가 전혀 없었습니다. 이렇게 창조된 인간을 하나님께서는 에덴동산 안에 살게 하였습니다. 그러면서 생육하고 번성하라고 하셨습니다. 그런데 이 에덴동산 안에 선과 악을 알게 하는 나무가 있었고 이 열매를 먹으면 악한 영 즉 인간 안에 죄의 영이 들어오게 되어있었습니다. 그래서 하나님은 이들에게 절대로 그 나무의 열매는 먹지 말라고 했습니다. 만일 먹으면 정녕 죽으리라고 말씀을 하셨습니다. 첫 인간의 남자의 이름은 아담이었고 여자의 이름은 하와였습니다. 하루는 악한 영인 마귀와 사탄이 이 에덴동산에서 여자인 하와를 꾀여 이 나무의 열매를 먹게 합니다. 그리고 이 여자가 자기 남편인 아담에게도 이 열매를 먹게 합니다. 이것이 문제가 되어서 인간에게는 죄가 들어왔고 죄인된 인간이 생육하고 번성하는 모든 인간들은 죄인인 것입니다. 이렇게 간단히 말하면 여러분들은 잘 이해가 안 될 것입니다. 이 문제도 앞으로 계속해서 여러분들이 깨닫도록 이야기를 계속해서 하려고 합니다.

여러분들은 다 과학부분 일꾼들이고 특히 사회과학부분 일꾼들은 김정은의 존엄과 당의 노선과 특히 선군 노선의 정당성을 글과 말로서 논증하는 분들이므로 위에서 이야기 한 문제가 무엇을 말하는지 충분히 알고도 남음이 있으리라 믿습니다. 그러나 함부로 이야기 할 수 없는 여러분들의 입장도 충분히 이해가 되고 그것은 하나님도 이해하십니다. 우선 마음속으로만 하나님을 인정하고 어려움이 있을 때마다 수시로 하나님께 도와달라고 기도하십시오. 소리 내여 할 수도 있지만 소리 내어 할 수 없을 때에는 묵상기도, 마음속 깊은 내 영혼이 하나님께 아뢰도록 하십시오. 그러시면 분명히 하나님께서는 들으시고 응답하십니다. 이 모든 것 전에 하나님을 인정해야 한다는 것을 잊지 말아야 합니다.

오늘 주제와 관련하여 결론적으로 말씀을 드리고 싶은 것은 만일 인간이 죄가 없다면 북한노동당이 그렇게도 이상했던 공산주의 사회는 얼마든지 완성할 수가 있습니다. 아니 공산주의 사회뿐 아니라 자본주의 복지 사회도 얼마든지 건설할 수가 있습니다. 물론 인간들이 만든 이념이 탐욕을 기초로 해서 만든 것이지만 죄 문제만 해결한다면 인간이 만든 이념은 문제가 되질 않습니다. 하나님 안에는 공산주의도 있고 자본주의 복지사회도 다 들어있습니다. 이것이 진리입니다. 공산주의자들이 정녕 이 땅위에 공산주의가 실현되는 것을 보려면 하나님을 믿으십시오. 그리고 자본주의 복지를 갈망하는 자들도 정녕 자본주의 복지가 실현되어 누구나 다 잘 사는 사회를 만들려면 하나님께로 오십시오. 그러면 다 이루어집니다.

때문에 인류가 가야할 길은 공산주의도 아니며 자본주의 복지 사회도 아니며 하나님 절대주의라는 것입니다. 절대로 잊지 마십시오

다음 시간에 또 뵙겠습니다.

여섯번째

죄와 죽음

– 북한 동포 여러분께

창세기 (2장 17절)
선악을 알게 하는 나무의 열매는 먹지 말라
네가 먹는 날에는 반드시 죽으리라 하시니라

사랑하는 북한 동포 여러분 안녕하십니까?
지난 시간에는 인간의 정체성 문제에 대하여 말씀을 드렸습니다. 인간의 정체성은 죄인이다. 죄가 인간에게 어떻게 들어오게 되었는지를 간단히 말씀을 드렸습니다. 오늘은 연이어 인간의 죄는 인간에게 죽음을 가져왔다는 문제에 대하여 이야기 하려고 합니다. 원래 인간은 하나님의 형상과 모양대로 하나님으로부터 지음을 받아 기원되었을 때에는 아무런 죄도 없는 완벽한 존재 었습니다. 그것은 그럴 수 밖에 없었습니다. 하나님 자신이 하나님의 형상과 모양대로 사람을 만드셨기 때문에 인간에게는 죄가 있을 수가 없었습니다. 인간에게 죄가 없었다면 인간에게 원래 죽음이란 있을 수 없었습니다.

하나님은 천지 만물을 창조하시고 6일 째 되는 날에 사람을 만드시되 남자와 여자를 만드시고 에덴동산이라는 동산에 거주시켰습니다. 여기에서 하나님과 함께 살면서 각종 실과를 따 먹으면서 행복하게 살고 있었습니다. 이때 인간은 죄가 없었고 죄가 없었기에 죽지 않고 영원히 살 수 있었습니다. 사랑하는 북한 동포 여러분 사람은 원래 이러하였던 것입니다. 즉 다시 말해서 완벽하였던 것입니다. 그러나 인간은 죄를 범하고 말았습니다. 죄를 범함으로서 죽음이 오게 되었습니다.

그러면 어떻게 되어 우리가 죄를 범하게 되었습니까.
에덴동산에는 각종 실과가 있었습니다. 이 실과는 최초의 사람이었던 아담과 하와가 마음껏 먹을 수 있었습니다. 그런데 각종 실과들 가운데는 선악을 알게 하는 실과가 있었는데 이 실과는 절대로 사람이 먹어서는 안 되는 실과였습니다.
이에 대하여 하나님께서는 하나님의 말씀인 성경 창세기 2장 17절에서 다음과 같이 말씀하십니다. "선악을 알게 하는 나무의 열매는 먹지 말라 네가 먹는 날에는 반드시 죽으리라 하시니라" 아멘

하나님께서 지으신 짐승들 가운데 뱀이 가장 간교하였습니다. 하루는 이 뱀

이 여자인 하와를 찾아와 선악과를 먹으라고 꾀였습니다. 뱀은 여자에게 이렇게 말했습니다.

"너희가 그것을 먹는 날에는 너희 눈이 밝아져 하나님과 같이 되어 선악을 알 줄 하나님이 아심이니라"

뱀에게 꼬인 여자는 그 나무를 본즉 먹음직도 하고 보암직도 하고 지혜롭게 할 만큼 탐스럽기도 하기에 그 나무의 열매를 따먹었습니다. 혼자 먹었을 뿐만아니라 남편인 아담에게도 주어서 먹게 하였습니다.

바로 이것이 인간이 하나님 말씀에 불순종한 죄였던 것입니다. 사랑하는 북한동포 여러분 인간의 죄, 이것은 하나님의 말씀에 불순종하면 바로 그것이 죄인 것입니다. 이때부터 인간 세상에는 죄가 들어오게 되었고 최초의 살인도 있었습니다. 이로 인해 하나님과 인간관계는 단절되게 되었고 결과 인간에게는 고통과 죽음이 오게 된 것입니다. 이 문제는 너무나 어려워 잘 이해가 되지 않겠지만 이 방송을 체계적으로 들으면 이해가 될 것이고 이해가 될 때에는 놀라운 체험을 하게 될 것입니다. 사랑하는 북한동포 여러분 여기에 나오는 뱀에 대해서 좀 말씀을 드리면 뱀은 마귀의 영을 상징하는 것입니다. 원래 마귀의 영은 타락한 영입니다. 타락한 영이라 함은 원래는 하나님을 섬기며 하나님의 영광만을 위해 하나님을 숭배하며 순종하던 천사들이었는데 타락하여 그 타락한 영들이 이 땅으로 떨어져 이 땅의 권세를 잡고 사람들을 죽음으로 몰아가고 있는 것입니다. 이 천사들이 타락한 원인은 그들이 교만하여 하나님처럼 되려고 한 것이 원인이었던 것입니다. 하나님께서는 하나님이십니다. 누구도 하나님의 권위에 도전하면 아무리 광명한 천사였지만 하루 아침에 마귀가 되고 맙니다. 그 다음부터는 마귀의 짓을 합니다.

문제는 하나님의 말씀에 불순종하여 죄를 지은 인간이 그 죄의 유전으로 인해 다 죄인이 되었습니다. 이세상 인류는 다 죄인입니다. 그리고 사망이라는 것이 인간에게 왔습니다. 하나님의 말씀인 성경 로마서 6장 23절에서 하나님께서는 다음과 같이 말씀하고 계십니다.

"죄의 삯은 사망이요 하나님의 은사는 그리스도 예수 우리 주 안에 있는 영생이니라"
이 말씀이 여러분들에게는 참 복잡하게 들릴 수 있습니다. 간단히 말씀을 드리면 죄의 값은 죽음이라는 것입니다. 그리고 하나님의 은사에 대해서는 앞으로 계속해서 여러분들과 이야기를 나누어야 하는 것만큼 그때 그때 말씀을 드리겠습니다. 오늘 말씀의 주제가 바로 죄에 대해서 그리고 그 죄로 인해서 인간에게 죽음이 온 것에 대해서만 말씀을 드리는 것이 복잡하지 않고 적당하기 때문임을 이해해 주시기를 바랍니다.

사랑하는 북한동포 여러분
이렇게 되어 인간에게 죄와 죽음이 왔습니다. 지금 이 문제를 어떻게 해결하는가 하는 것이 중요합니다. 말하자면 죄의 종으로부터 의의 종으로 어떻게 변화된 삶을 살 수 있는가에 대한 답을 찾는 것이 중요합니다. 천지 만물도 하나님이 창조하셨고 인간도 하나님의 형상과 모양대로 하나님이 창조하셨는데 이렇게 죄를 지은 인간에 대하여 하나님은 나 몰라라 너희들이 죄를 지었으니 너희들이 알아서 해라 라고 내버려두시지 않으셨다는 것입니다.

하나님께서는 공의로우시고 원칙적이며 사랑이 완전한 분이십니다. 이러한 하나님의 진리에 의한 논리에 따라 하나님께서는 자신이 창조하신 인간을 구원하기 위한 원칙과 계획을 세우십니다. 하나님께서는 인간구원의 원칙에 대해서 하나님의 말씀 성경 민수기 35장 33절에서 다음과 같이 천명하십니다.
"너희는 너희가 거주하는 땅을 더럽히지 말라 피는 땅을 더럽히나니 피 흘림을 받은 땅은 그 피를 흘리게 한 자의 피가 아니면 속함을 받을 수 없느니라" 아멘

이것이 하나님의 원칙입니다. 땅을 누가 더럽혔습니까? 인간들입니다. 피를 누가 흘리게 하였습니까? 인간들입니다. 그 피로 인해서 이 땅은 더럽혀졌습니다. 그렇다면 누구의 피로 더럽혀진 땅을 속함을 받을 수 있습니까? 그것도

역시 인간들의 피만이 더럽혀진 땅을 속함을 받을 수 있는 것입니다.

사랑하는 북한동포 여러분
그렇다면 인간들 중 누구의 피를 흘려야 더럽혀진 이 땅과 인간의 죄를 사할 수 있습니까? 이 세상 인간의 피로서는 도저히 더럽혀진 땅과 인간의 죄를 사할 수 없는 것입니다. 왜 입니까? 인간의 피는 죄인의 피입니다. 그러니 이 세상에는 죄 없는 사람이 없는데 누구의 피로 과연 이 땅과 인간의 죄를 사할 수 있단 말입니까. 그리하여 하나님께서는 인간구원에 대한 계획을 다음과 같이 세우셨습니다. 하나님께서 세우신 그 인간 구원의 계획의 말씀은 성경말씀 창세기 3장 15절 다음과 같이 기록되어 있습니다.
"내가 너로 여자와 원수가 되게 하고 네 후손도 여자의 후손과 원수가 되게 하리니 여자의 후손은 네 머리를 상하게 할 것이요 너는 그의 발꿈치를 상하게 할 것이니라 하시고" 아멘

이 말씀을 알기 쉽게 풀어서 말씀 드리겠습니다.
이 말씀은 하나님께서 최초의 인간이었던 아담과 하와를 꾀여서 먹어서는 절대로 안되며 먹기만 하면 정녕 죽으리라고 말씀하신 하나님의 말씀이 명백히 있는데도 여자인 하와를 꾀인 마귀의 영인 뱀에게 하신 말씀이십니다.
뱀에게 사람인 여자, 하와와 원수가 되게 하신다는 말씀이십니다. 그렇습니다. 인간이 하나님이 먹지 말라고 하신 말씀에 불순종한 것도 잘못이지만 그 여자를 꾀인 뱀에게 여자와 원수가 되게 하신 것은 너무나도 당연한 것입니다. 그러니 인간은 마귀와는 늘 원수관계에 있다는 것을 알아야 합니다.

그리고 여자의 후손과 원수가 되게 하며 여자의 후손이 네 머리를 상하게 할 것이다. 라는 말씀은 결국 하나님이 마귀와 싸워 마귀의 머리를 상하게 하여 승리한다는 것입니다.
바로 이렇게 우리 하나님께서는 그의 말씀에 불순종하여 죄를 지은 인간을 구

원하기 위한 계획을 세우셨고 실천하신 분이십니다.

사랑하는 북한동포 여러분

이제는 "여자의 후손이 누구인가?"가 문제입니다. 물론 이 세상에 살아가고 있는 인간들은 다 여자의 몸에서 태어나는 것이 사실입니다. 그러나 여자의 후손이 아니라 아버지가 되는 남자의 계보에 따라 종족을 이루고 번성하게 되어 있습니다. 특이 선민이었던 유대인들게 있어서 여자의 후손은 있을 수가 없습니다. 당대 사회에서 여자는 사람을 계수 할 때에도 포함시키지 않던 때였습니다.

하나님께서는 때가 차매 인간들이 지은 죄를 구속하기 위한 대속의 제물로 될 여자의 후손으로 하나님 자신의 독생자 외아들 예수 그리스도를 이 땅에 보내 주셨던 것입니다. 그 분이 바로 예수 그리스도시요. 하나님의 독생자이십니다. 이에 대하여 하나님께서는 하나님의 말씀인 요한복음 3장 16절에서 다음과 같이 말씀하고 계십니다.

"하나님이 세상을 이처럼 사랑하사 독생자를 주셨으니 이는 그를 믿는 자마다 멸망치 않고 영생을 얻게 하려 하심이라"

하나님께서는 지금으로부터 2000여년 전에 하나님의 외아들 예수 그리스도를 인간의 몸으로 태어나게 하시어 이 땅에 오게 하셨습니다. 바로 그날을 성탄절이라고 합니다. 북한에서는 이 성탄절을 알지 못하고 있지만 온 세상은 다 알고 있으며 인류 최대의 명절로 기념하고 있습니다. 인간의 죄를 사하시려고 이 땅에 하나님의 독생자를 인간의 몸으로 보내주신 날이기에 최대의 명절이 아닐 수 없습니다 과연 이 사건을 그대로 믿는다면 믿는 즉시 새로운 삶을 살게 되는 체험을 하게 되는 것입니다.

사랑하는 북한동포 여러분

사실상 하나님께서는 예수님을 이 땅에 보내주시기 전에도 많은 선지자들을 통해서 아들을 이 땅에 보내주신다는 말씀을 하셨습니다. 대표적인 선지자가 이사야 선지자입니다. 그는 예수님이 이 땅에 오시기 700여년 전에 예수님 곧 하나님의 독생자가 우리 죄를 사하시기 위하여 동정녀로부터 태어나 오게 되어 있다는 것을 선포했습니다. 하나님께서 이사야 선지자를 통해 말씀하신 것입니다. 이것이 우리 하나님의 인간구원의 원칙과 계획입니다.

이 땅에 오신 예수님께서는 직접적으로 공생애 사역을 시작하면서 천국복음을 선포하셨고 나중에는 십자가에 달려 죽으셨습니다. 그의 십자가 사건으로 흘린 피가 바로 인간들이 지은 죄를 대속하는 피인 것입니다. 인간들의 죄와 인간들의 죄로 더럽혀진 이 땅을 하나님 앞에 우리대신 피를 흘려 사하신 것입니다. 그 분은 죄가 없으신 분으로서 그분의 피로만 죄 사함의 대속의 피가 될 수 있었습니다.

이제 인간들은 누구든지 그 사건과 피를 믿기만 하면 즉 '예수님이 나의 죄 때문에 십자가에서 피를 흘려 대속하셨구나' 라는 고백을 하면 구원을 받고 하늘나라의 백성이 될 수 있습니다. 그 뿐 아니라 영생의 삶을 살게 되어 있습니다.

이것이 바로 회복이고 이것이 바로 변화된 삶인 것입니다. 그리고 하나님과 함께 사는 삶입니다. 예수님은 십자가에서 우리의 죄를 대속하시고 죽으셨다가 3일만에 부활하셔서 지금은 하늘에 하나님과 함께 하나님 우편에 계십니다.

사랑하는 북한동포 여러분

저는 '과연 믿을 수 있는 사연이냐' 라고 생각하실 수 있는 분들이 있을 수 있다는 것을 이해합니다. 물론 이미 믿는 사람들은 이상히 여길 일도 아니겠지만 하나님을 믿지 않는 분들은 당연히 이상하게 생각할 수 있습니다. 그러나 절대로 그렇게 생각하지 마십시오. 이것은 이 세상에 있었던 사실이며 부인할 수 없는 인간구원의 최종적 사건입니다. 그래서 예수 그리스도를 믿는 나라와 민족들이 이 세상에 많은 것입니다. 그리고 그들은 축복을 받고 살고 있습니다. 그분들이 여러분들보다 못해서 하나님을 믿고 예수 그리스도를 구주로 믿고 살아가겠습니까?

예수님을 믿고 축복받는 삶을 사십시오

오늘 여기까지 말씀을 드리겠습니다.

다음시간에는 성경과 주체사상과의 관계문제를 말씀드리려고 합니다.

기다려 주십시오

일곱번째

성경과 주체사상의 관계

– 당 사상사업부분 일군들과
사회과학자들 여러분께

창세기 (1장 26-28절)

하나님이 이르시되 우리의 형상을 따라 우리의 모양대로 우리가 사람을 만들고 그들로 바다의 물고기와 하늘의 새와 가축과 온 땅과 땅에 기는 모든 것을 다스리게 하자 하시고 하나님이 자기 형상 곧 하나님의 형상대로 사람을 창조하시되 남자와 여자를 창조하시고 하나님이 그들에게 복을 주시며 하나님이 그들에게 이르시되 생육하고 번성하여 땅에 충만하라, 땅을 정복하라, 바다의 물고기와 하늘의 새와 땅에 움직이는 모든 생물을 다스리라 하시니라

조선노동당 당 사상사업부문 일꾼들과 사회과학자 여러분

성경은 하나님과 인간과의 문제를 기록한 하나님의 말씀입니다. 한편 주체사상은 인간문제를 논한 사상입니다. 물론 더 나아가 혁명과 건설에서 수령이 차지하는 지위와 역할 문제를 언급하면서 본질에 있어 주체사상은 수령과 인간과의 문제를 논한 사상입니다. 그런데 세상 모든 사람들도 그렇고 특히 북한에서 태어나 주체사상을 배웠고 신봉하던 사람들 모두가 북한의 주체사상은 성경을 표절한 것이고 하나님의 자리에 수령이라는 존재를 옮겨 놓은 사상이라고 누구나 할 것 없이 고백하고 있다는 사실을 여러분들은 알고 있습니까? 특히 노동당에서 유일관리제 원칙에서 진행하는 사상교양 사업의 전반적 문제가 기독교의 교리를 그대로 옮겨간 것이라고 성토하고 있는 것을 알고나 있는가 말입니다. 심지어 북한에 자주 다니면서 북한의 주체사상을 공부한 자유주의 목사들도 주체사상 안에 성경이 있다고 말하고 있는 것이 현실입니다. 주체사상 안에 어떻게 성경이 있을 수 있습니까? 하나님의 말씀인 성경은 태초부터 계셨던 말씀인데 어떻게 주체사상 안에 성경이 있을 수 있는가 말입니다. 반대로 성경 안에 주체사상이 있다고 해도 안 되는 논리입니다. 알파와 오메가로서의 성경말씀은 그 어떤 다른 사상이 끼어들어도 안되며 또 절대적인 진리의 말씀으로서 다른 사상이 끼어 들 수가 없는 말씀입니다.

먼저 말씀을 드리고 싶은 것은 인간중심 철학이라는 주체사상을 만들면서 왜 하나님의 말씀인 성경을 그대로 표절했는가 하는 문제부터 여러분들이 답변을 해야 합니다. 사상과 이론은 표절해서는 안 되며 만일 표절했다면 이제라도 철회해야 합니다. 사실 성경을 표절하면서 하나님이라는 존재는 떼어 버리고 인간만을 옮겨간 것이 주체사상이며 이후 주체사상이 심화 되면서 수령론을 새롭게 내 놓고 하나님의 자리에 수령이라는 존재가 그 자리를 차지하게 된 것이 아닙니까. 때문에 이제 와서 정확히 말씀을 드리면 주체사상은 인간중심철학이 아니라 수령중심 철학이라고 불러야 정확한 것이고 북한의 정치를 신정정치라고 해야 정답인 것입니다. 그로부터 국호도 "조선민주주의 인민공화국"이 아니라 "조선 신정 독재 통치국" 이라고 불러야 아주 정확한 것입니다. 왜입니까? 중심이 누구인가의 문제이기 때문입니다. 분명히 북한의 주체사상의 중심은 사람이 아니라 신격화한 수령이라는 존재이기 때문입니다.

당 사상사업부문 일꾼들과 사회과학자 여러분

여러분들은 주체사상은 위대한 수령이신 김일성이 독창적으로 창시한 사상이라고 주장하고 있으며 그 기념으로 평양에 주체사상 탑까지 세워놓았습니다. 그러나 위에서 말씀을 드린 바와 같이 주체사상은 성경인 하나님 말씀에서 표절한 것이 분명합니다. 만일 주체사상을 만들어내고 보니 '하나님의 말씀인 성경과 비슷하네?' 라고 여러분들이 우연한 일치인 것처럼 한다 해도 주체사상은 철회 해야 합니다. 진리와 비 진리는 함께 할 수 없으며 표절한 것은 원래의 것을 절대로 대신 할 수가 없기 때문입니다.

김정일은 다음과 같이 이야기 했습니다.

"창작은 본래의 의미에서 비 반복적이며 독창적인 것입니다 독창성은 창조의 본성입니다."

여기에서 비 반복적이라는 말이 무슨 말입니까. 표절하지 말라는 것이 아니겠습니까? 이것은 비단 문학예술 작품에서뿐만 아니라 사상과 이론, 철학의 창시에서도 같은 것입니다. 독창성 이것은 생명이기 때문입니다. 주체사상은 독창적이기 전에 성경을 몰래 훔쳐다가 하나님을 떼어 버리고 인간만을 내세우면서 인간 중심 철학이라고 주장되었습니다. 생명력이 없는 사상이며, 그것도 모자라 수령론을 첨부하면서 완전한 북한식 성경으로 만들어 놓았으니 하나님이 왜 북한 땅에 저주를 내리지 않겠습니까?

불행 중 다행으로 성경을 이용한 주체사상 때문에 북한의 영혼들은 하나님의 말씀인 성경을 보면 '아 주체사상과 똑같네' 라고 하면서 하나님께로 돌아오기도 합니다. 말하자면 주체사상에 지금까지 속아서 살았다는 환멸이 한 순간에 배신으로 나타나는 것이지요 하나님은 그래서 북한에 주체사상을 만들도록 역사하셨는지도 모릅니다. 이 문제는 우리가 여기서 왈가 불가 할 문제가 아니고 전적으로 하나님의 주권 안에 있는 문제입니다. 그러니 북한의 주체사상은 북한 영혼들을 하나님께로 인도하는 몽학선생이 되고 있는 것입니다.

당 사상사업부문 일꾼들과 사회과학자 여러분. 앞으로 여러분들이 북한의 모든 당원들과 근로자들에게 주체사상 교육을 강화하면 할수록 때가 되면 하나님께로 돌아오는 북한 영혼들이 많을 것이라는 것을 알고 있어야 합니다. 그러나 여러분들이 하나님을 전파하는 국내 선교사 전도사의 역할을 지금 하고 있는 것입니다.

지금 이 시점에서 방송을 하는 이 심주일 목사도 주체사상을 처음 배울 때 놀라지 않은 점도 있었습니다. 평양의 주체사상 탑에는 "사람이 모든 것의 주인이며 모든 것을 결정한다는 것이 주체사상의 기초입니다." 라는 김일성 수령의 말을 돌에 새겨 놓았습니다. 저는 그렇게 배웠고 돌에 새겨놓은 글자를 볼 때마다 늘 이런 생각을 했습니다. 사람이 모든 것의 주인이며 모든 것을 결정한다는 것, 이것은 인간 기원의 태초부터 사람에게 부여된 지위와 역할에 관한 문제인데 김일성이 이야기 한 것이 뭐 독창적일 수가 있는가 누구도 말할 수 있는 상식이 아닌가 라는 생각을 하면서 살았습니다. 그러던 중 대학에서 공부할 때 노작을 가르쳐 주는 교원동지에게 몰래 단도직입적으로 위에서 표명한 저의 생각을 이야기하고 의문을 제기한적이 있습니다. 그러자 그 교원동지가 저에게 '아무리 상식같은 것이지만 그것을 이론화 체계화 사상화 한 것이 우리 수령님이시다' 라고 대답을 하기에 그렇게 알고만 있었습니다. 그렇다고 감탄하며 '독창적이다' 라고 인정하지는 않았습니다.

당 사상사업부문 일꾼들과 사회과학자 여러분
진심으로 다시 한 번더 묻겠습니다. 주체사상에서 사람의 기원문제는 왜 논하지 않습니까? 막스와 엥겔스도 해명하지 못한 인간문제를 주체사상에서 완벽하게 해명했다고 하는 것이 주체사상주의 자들이 고집하는 것이 아닙니까? 주체사상에서 사람 문제를 해명했다면서 사람의 기원문제는 언급하지 않습니까? 물론 진화론으로서 이 문제는 이미 해결되었다고 전제 했을 수 있습니다. 진화론 원숭이가 사람이 되었다고 가르쳐주는 진화론, 그러면 지금의 원숭이는 왜 사람으로 변하지 않습니까? 지금의 아프리카 원숭이들이 왜 사람이 되어 이 세상으로 내려오지 않습니까? 저는 지금도 기억이 생생합니다. 진화론 시간에 나를 가르쳐 준 교원동지에게 "원숭이가 사람이 되었다면 원숭이는 또 어디에서 생겼습니까?" 라면서 꼬치꼬치 물어보다가 욕만 먹은 사실을 말입니다. 그것을 명확히 알고 싶어 여러분들도 모두 잘 알고 있는 황장엽 선생님에게도 물어보았고 논쟁도 많이 했습니다. 그 분은 자존심이 있는 분이십니다. 저를 가르치려고 했지만 저는 물러서지 않았습니다. 저에게 하나님의 말씀인 성경이 있었으니까요. 그분은 35억년전 우주의 빅뱅에 의해 생명체가 생겨났다고 주장했습니다.

당 사상사업부문 일꾼들과 사회과학자 여러분, 말하자면 여러분들은 당 일꾼들이고 사회과학자들입니다. 정확히 인식해야 합니다. 만일 빅뱅이 있었다고 해도 그 빅뱅은 무슨 원인에 의해서 생긴 빅뱅입니까? 여기에 대한 이론이 또 있을 것입니다. 그러나 최종적인 원인은 창조주이신 하나님께 그 원인이 있는 것입니다. 이것을 어떻게 부인 하겠습니까? 황장엽 선생은 잠들기 전 이것을 인정했습니다. 철학자로서 한 생을 바치신 분이 말입니다.

저는 성경을 보다가 하나님을 알게 되었습니다. 인간의 기원문제에 대하여 정확한 답변을 성경에서 받았으며 혁명과 건설의 주인은 인민대중이며 혁명과 건설을 추동하는 힘도 인민대중에게 있다는 즉 이 세상에서 사람이 차지하는 지위와 역할 문제에 대하여 아주 정확한 명답을 성경에서 받았기 때문이었습니다. 이것은 그것을 깨달을 때의 그 진솔하고 솔직한 감동과 감격을 그대로 말씀을 드리는 것입니다.

여기에서 하나님의 말씀을 한 구절 인용하겠습니다. 창세기 1장 26-28절 말씀입니다.

"하나님이 이르시되 우리의 형상을 따라 우리의 모양대로 우리가 사람을 만들고 그들로 바다의 물고기와 하늘의 새와 가축과 온 땅과 땅에 기는 모든 것을 다스리게 하자 하시고 하나님이 자기 형상 곧 하나님의 형상대로 사람을 창조하시되 남자와 여자를 창조하시고 하나님이 그들에게 복을 주시며 하나님이 그들에게 이르시되 생육하고 번성하여 땅에 충만하라, 땅을 정복하라, 바다의 물고기와 하늘의 새와 땅에 움직이는 모든 생물을 다스리라 하시니라" 아멘

당 사상사업부문 일꾼들과 사회과학자 여러분.

하나님께서 이렇게 말씀을 하셨는데 어떻게 여러분들이 혁명과 건설에서 사람이 차지하는 지위와 역할 문제를 그렇게 논할 수가 있습니까? 이미 하나님이 인간들로 하여금 이 지구 위에 거주하여 어떤 지위에서 어떤 역할을 하며 살아가라고 말씀을 하셨는데 어떻게 여러분들은 감히 사람의 지위와 역할 문제를 다시 또 답습하여 논하는가 하는 것입니다. 그래서 저는 성경을 보다가 주체사상을 버리고 말았습니다. 그리고 하나님의 사상으로 그분의 위업을 위해 나머지 생을 다 바칠 것이다. 이것이 정녕 인간의 본성으로의 회복이며 영생의 길임을 알게 되었습니다.

자 이제 북한의 모든 영혼들에게 하나님을 믿게 할 것인지, 못 믿게 할 것인지 하는 문제는 이미 결론이 난 것이나 다름이 없지 않습니까? 북한 땅에 하나님의 말씀과 하나님의 사상이 전파되는 것에 대해 북한 당국에서 얼마나 놀라겠는가 하는 것도 짐작이 갑니다. 그것에 대해 용서하지 않겠지요. 지금까지 그렇게 해 왔지 않습니까? 하나님을 믿는 사람들을 잡기만 하면 처형한다는 것을 잘 알고 있습니다.

당 사상사업부문 일꾼들과 사회과학자 여러분

그러나 이것을 아셔야 합니다. 진리는 결국엔 꼭 승리하게 되어 있습니다. 하나님을 믿는 사람 중 몇 명을 잡아다가 처형한다고 해서 진리의 말씀과 사상이 전파되지 못하는 것은 절대로 아닙니다. 말하자면 여러분들이 지금 하나님과 맞서 싸워보겠다고 하는 것인데 전지 전능하신 그분을 어떻게 이길 수 있겠습니까? 명심하여 심사 숙고하기를 바랍니다. 당국이 무서워서 감히 하나님을 부르지 못할 수도 있습니다. 그러나 마음속으로나 또 기회가 주어질 때에 언제든지 하나님을 믿는다고 입으로 시인하여 고백 하십시오. 그리고 기도 하십시오 그러면 모든 것이 형통해질 것입니다. 그래서 체험 하십시오. 체험하기만 하면 그때에는 온 몸에 날개가 달립니다. 오늘은 여기까지 말씀 드리겠습니다. 다음 시간에는 성경에서의 인간과 주체사상에서의 인간에 대해서 말씀을 드리겠습니다. 기다려 주십시오.

여덟번째

성경으로 본 주체사상 1

– 당 일군들과 정치 군관 여러분께

창세기 (1장 26-28절)

하나님이 이르시되 우리의 형상을 따라 우리의 모양대로 우리가 사람을 만들고 그들로 바다의 물고기와 하늘의 새와 가축과 온 땅과 땅에 기는 모든 것을 다스리게 하자 하시고 하나님이 자기 형상 곧 하나님의 형상대로 사람을 창조하시되 남자와 여자를 창조하시고 하나님이 그들에게 복을 주시며 하나님이 그들에게 이르시되 생육하고 번성하여 땅에 충만하라, 땅을 정복하라, 바다의 물고기와 하늘의 새와 땅에 움직이는 모든 생물을 다스리라 하시니라

조선노동당 일꾼들과 정치군관 여러분 안녕하십니까?
주체사상의 독창성은 무엇입니까? 주체사상은 위대한 수령 김일성동지께서 창시하신 독창적인 사상이라고 북한 노동당은 시종일관 이야기하고 있습니다. 오늘 여러분들과 이야기해야 할 주제는 성경에서의 인간과 주체사상에서의 인간에 대해서 이야기 하자는 것입니다. 성경과 주체사상은 인간을 빼어버리면 성립될 수도 없고 사실상 존재가 무의미한 것입니다. 왜입니까? 성경과 주체사상이 다 인간문제를 해명했다고 하는 것이기 때문입니다.

주체사상이 나오게 된 배경에 대해서 우리는 잘 알고 있습니다. 그러나 북한은 혁명역사를 기록할 때 왜곡하여 기록하였습니다. 그래서 그 역사의 신뢰도는 떨어집니다. 이 사실은 잘 알려져 있습니다. 주체사상이 나오게 된 배경을 우리가 알고 있는 대로 서술한다면 대략 이러합니다. 1953년 7월 이 한반도에서 전쟁이 끝난 후 북한은 복구건설과 함께 사회제도를 수립하기 위한 산업혁명, 농업협동화 등 중공업을 우선적으로 발전시키며 경공업과 농업을 동시에 발전시킨다는 당의 방침을 내 세웠습니다. 그리하여 전체 당원들과 근로자들에 대한 사상교양교육과 함께 그들을 노동으로 불러일으켰습니다. 이 당시 김일성은 북한이 지리적으로 옛 소련과 중국 사이에 끼어있어 고생을 많이 했었습니다.

문제는 옛날에 소련과 중국이 서로 관계가 좋지 않았다는 것입니다. 그러니 김일성이 중국편을 들면 소련이 싫어하고 소련 편을 들면 중국이 싫어하는 상황을 겪었습니다. 이런 과정에 김일성이 생각한 것이 주체를 세우는 것이었습니다. 특히 사회주의 공산주의 건설의 노선에서 소련과 중국은 서로의 견해 차이가 심하였습니다. 소련에서는 사회주의 제도만 수립되면 프롤레타리아 독재가 필요 없다고 주장했고 중국에서는 공산주의의 높은 단계까지 프롤레타리아 독재는 계속되어야 한다고 주장했습니다. 이러한 차이 속에 북한은 이러지도 저러지도 못하고 속을 태웠습니다. 고민 끝에 북한은 소련과 중국 중 어느 편에도 서지 않았습니다. 그대신 북한은 프롤레타리아 독재는 사회주의 완전승리가 이루어질 때 까지라고 그 시점을 정하고 사회주의 건설을 지금까지 추진해 오고 있습니다. 이 시점은 바로 김일성이 1955년 '당 사상사업에서 주체를 세울 데 대하여' 노작을 발표할 때를 기점으로 보면 됩니다. 그러니 주체사상의 창시는 주체라는 말을 할 때부터이며 그 배경은 소련과 중국과의 관계가 좋지 않은 것이 될 수 있습니다. 이때부터 북한은 소련은 수정주의, 중국은 좌경기회주의라고 비판하기 시작했다. 이렇게 시작된 주체사상은 1970년대를 이어 계속 심화 발전되면서 지금은 고이 잠들어 있는 국제담당 비서였던 황장엽 선생에 의하여 완전히 정리 되었으며 그것을 김정일에 의해 더 심화시켜 수령론이 첨가 되어 인간 중심 철학이 수령중심 철학으로 탈바꿈하게 됩니다. 결국 본질에 있어서 혁명과 건설의 주인은 인민대중이 아니라 수령인 것입니다. 수령이 혁명과 건설의 독재 추동력으로 위엄의 혁혁함을 나타낸 존재가 되어 무섭게 군림하게 된 것이 북한의 주체사상의 창시의 동기와 배경이었고 오늘까지 기록된 그 역사였습니다.

조선노동당 일꾼들과 정치군관 여러분.

이에 대하여 부인할 것이 있습니까? 이 방송의 첫 시간부터 이야기 했지만 우리는 서로 하나님 앞에서 이야기 하고 있습니다. 그 분 앞에서는 솔직해야 합니다. 그분은 거짓말을 싫어하며 거짓말 하는 것을 속지 않고 잘 알고 계시는 전지전능하신 분이십니다.

김일성과 북한 노동당은 막스-레닌주의의 기치를 따라 사회주의 공산주의를 건설하고 있습니다. 그 과정에서 막스-레닌주의 공산주의 이론이 부족하다는 것을 인정하게 됩니다. 바로 그것이 막스와 레닌은 공산주의 이론을 제시하면서 자본주의 멸망의 불가피성과 사회주의 공산주의 건설의 승리의 필연성을 공산당 선언에서 제시하였지만 사회주의 공산주의를 건설하는 인간에 대해서는 해명하지 못했다는 것을 말해주고 있습니다. 인정합니다. 사회주의 공산주의는 무산계급인 프롤레타리아가 폭력과 테러로 유산계급을 때려부수고 그 재산을 다 빼앗아 국가의 소유로 만들어 국가가 경제를 계획적으로 운영하면 물질이 폭포처럼 쏟아져 수요에 따르는 분배가 이루어지는 것으로 보았습니다. 하지만 사회주의 공산주의 건설의 주체인 사람을 보지 못한 것이 그들이 내놓은 공산주의 학설에서 약점이었고 제한성이었습니다.

그래서 북한의 김일성과 노동당은 주체사상을 내놓으면서 막스와 레닌도 해명하지 못한 바로 사회주의 공산주의 건설의 주체인 인간문제를 해명하였다고 주장하였고 떠들었습니다. 그리하여 김일성은 주체사상탑 돌판에 다음과 같을 글을 새겨 놓았습니다. "사람이 모든 것의 주인이며 모든 것을 결정한다는 것이 주체사상의 기초입니다."

이것은 한마디로 말해서 인민대중은 혁명과 건설에서 주인다운 지위와 결정적 역할을 한다는 역할문제를 논한 것입니다. 왜입니까? 인간은 자주성과 창조성과 의식성을 가진 사회적 존재라는 인간의 본성적 속성에 대하여 해명하면 혁명과 건설에서 인민대중이 차지하는 지위와 역할 문제에 대한 이론이 힘을 얻게 되기 때문입니다.

이렇게 됨으로서 자연스럽게 사물위주의 유물론 철학이 사람의 위주의 사람중심 철학으로 바뀌게 된 것입니다.

이에 대하여 김정일은 다음과 같이 이야기 했습니다.

" 주체사상은 사람중심의 새로운 철학 사상입니다. 수령님께서 가르치신 바와 같이 주체사상은 사람이 모든 것의 주인이며 모든 것을 결정한다는 철학적 원리에 기초하고 있습니다."

조선노동당 일꾼들과 정치군관 동무들.

진보적 사상은 사회와 혁명을 발전시키는데 중요한 역할을 합니다. 진보적 사상은 새로운 사상이며 미래를 대표한 사상으로서 역사의 힘있는 사상이 될 수 있습니다. 이것은 선행 진보 사상이라고 내놓던 수 많은 사조들을 놓고 보아도 알 수 있습니다. 사회역사 발전의 합법칙성을 반영하지 못한 사조들은 당대 사회에서는 새로운 진보적인 사상인 것처럼 인간들과 인류를 매혹합니다. 그러나 그 사상들의 적용 결과가 진보가 아니라는 것을 분명히 보여줍니다. 바로 공산주의 학설이 그러했고 오늘의 주체사상이 그러하다는 것입니다.

조선노동당일꾼들과 정치군관 여러분.

'주체사상은 왜 진보적인 사상이 될 수 없으며 조선혁명의 지도사상이 될 수 없는가?' 에 대한 질문의 답을 아는 것이 중요합니다.

첫째로 주체사상은 새로운 사상이 아니라는데 중요한 원인이 있습니다.

주체사상은 하나님의 말씀인 성경을 표절한 것입니다. 그런데 성경의 내용 중 하나님을 제외하고 인간에 대한 부분만 표절했습니다. 그러다 사회과학부분의 일꾼들이 그 인간을 통치할 절대적 존재의 필요성을 느끼고 노동계급 수령의 역할문제를 내놓았습니다. 김정일의 명령으로 수령론을 완성시켜 신격화 한 주체사상은 새 것이 될 수 없습니다.

주체사상에서의 인간은 자주성과 창조성, 의식성을 가진 사회적 존재라고 밝히고 있습니다.

그렇다면 하나님은 인간에 대하여 어떻게 성경에서 말씀하는지를 여러분들이 알기를 원합니다. 하나님의 말씀 창세기 1장 26-28절을 인용해 드리겠습니다.

" 하나님이 이르시되 우리의 형상을 따라 우리의 모양대로 우리가 사람을 만들고 그들로 바다의 물고기와 하늘의 새와 가축과 온 땅에 기는 모든 것을 다스리게 하자 하시고 하나님이 자기 형상 곧 하나님의 형상대로 사람을 창조하시되 남자와 여자를 창조하시고 하나님이 그들에게 복을 주시며 하나님이 그들에게 이르시되 생육하여 번성하여 땅에 충만하라, 땅을 정복하라, 바다의 물고기와 하늘의 새와 땅에 움직이는 모든 생물을 다스리라 하시니라" 아멘 하나님은 이 말씀 속에서 이 세상에서 인간에게 주어진 지위와 역할 문제와 하나님이 이 세상을 인간들에게 주시고 다스려 나아가라는 축복 속에 이 세상을 다스려 나아갈 수 있는 능력 즉 자주성, 창조성, 의식성을 인간들의 속성에 다 부여하여 주었다는 것입니다. 하나님의 형상과 모양대로 지음을 받은 인간은 이미 하나님의 형상과 모양 안에는 자주성, 창조성, 의식성의 속성이 있었기 때문에 인간은 그대로 지음받아 인간은 자주성, 창조성, 의식의 사회적 존재가 인간창조 인간발생의 근원이 된 것입니다. 계속해서 강조하겠지만 주체사상은 아무리 분석하여도 새로운 사상이 아니라는 것입니다. 미국의 홍동근 목사라는 사람은 북한에 가서 김일성 종합대학에서도 강의를 했다고 합니다. 북한 당국자들에게 얼마나 아첨을 했는지 그리고도 목사의 양심을 저 버릴 수가 없어서 성경 안에 주체사상이 있고 주체사상 안에 성경이 있다고 책을 내놓았겠습니까. 이 자체가 분명히 주체사상은 성경에서 표절했다는 것을 증명해 주는 것입니다. 그뿐이 아니라 저를 비롯한 주체사상을 잘 알고 있는 사람들이 하나님의 말씀인 성경을 보면 하나님자리에 수령이라는 존재를 옮겨놓은 것을 그 순간 고백하게 되는 것입니다.

조선노동당 일꾼들과 정치군관 여러분.
우리는 의도적으로 여러분의 생각에 박혀 있는 주체사상을 올바른 성경적 지식으로 변화시켜 나가기 위해 방송 하는 것이 아닙니다. 이 세상에 존재하는 이념과 많은 사상과 철학들을 보고 옳은 것은 옳다고 하고 옳지 않은 것은 옳지 않다고 해야 하는 것이 아닌가요? 그리고 공산주의자들일수록 더욱더 그러해야 할 것이 아닙니까? 물론 주체사상 안에 몸을 담고 있으면서 다른 새것 옳은 것은 볼 수가 없지요. 새것을 보고 비교 연구를 하려면 하나님의 말씀인 성경을 보아야 합니다. 성경을 보고 여러분들이 판단을 하면 될 것입니다. 문제는 성경을 보는 것인데 노력만 하면 얼마든지 볼 수 있습니다.
저는 이 방송을 하면서도 주체사상이 성경에서 표절한 것이 아니고 혁명과 건설의 지도사상으로 만들어진 사상이라면 다시 주체사상으로 돌아갈 용의가 있습니다. 그러나 그런 일은 일어날수 없습니다. 주체사상은 성경에서 표절한 것이기 때문입니다. 거듭 말씀을 드리지만 저는 혁명을 사랑합니다. 혁명을 즐겨합니다. 왜냐하면 진정한 혁명은 이 세상을 하나님의 말씀으로 변화시키는 것이기 때문입니다.

다음시간에 계속해서 말씀을 드리겠습니다. 성경과 주체사상에서의 인간문제를 가지고 말씀드리겠습니다. 기다려 주십시오

아홉번째

성경으로 본 주체사상 2

– 조선노동당 일군들과 정치군들에게

로마서 (3장 23절)
모든 사람이 죄를 범하였으매 하나님의 영광
에 이르지 못하더니

로마서 (5장 12절)
그러므로 한 사람으로 말미암아 죄가 세상에
들어오고 죄로 말미암아 사망이 들어왔나니
이와 같이 모든 사람이 죄를 지었으므로 사망
이 모든 사람에게 이르렀느니라

조선노동당 일꾼들과 정치군관 여러분
지난 시간에는 주체사상이 진보적인 사상이 될 수 없으며 조선혁명의 지도 사상이 될 수 없다는 문제에 대하여 첫 번째로 주체사상은 새로운 사상이 아니라 하나님의 말씀을 몰래 훔쳐다가 만든 표절사상이라는 것에 대하여 말씀을 드렸습니다.

오늘은 연이어 두 번째로 주체사상은 인간중심 사상도 아니며 인간 중심 철학이 될 수 없다 는 것에 대하여 말씀을 드리려고 합니다.

물론 인간은 만물의 영장입니다. 이 세상 모든 사물을 고찰할 때 사람처럼 귀중한 존재가 없는 것 같습니다. 그리고 역사발전과 창조적 부의 모든 결과는 인간들의 힘과 능력에 의하여 이루어진 것처럼 보입니다. 그래서 주체사상은 인간 중심 철학이라고 말하고 있는 것입니다.
이에 대하여 이미 죽은 김정일은 〈주체철학에 대하여〉 라는 논문에서 다음과 같이 이야기 했다는 것을 우리는 잘 알고 있습니다.
"주체사상은 사람중심의 새로운 철학 사상입니다. 수령님께서 가르치신 바와 같이 주체사상은 사람이 모든 것의 주인이며 모든 것을 결정한다는 철학적 원리에 기초하고 있습니다."
사람이 모든 것의 주인이라는 것은 사람이 세계와 자기 운명의 주인이라는 것입니다. 그리고 사람이 모든 것을 결정한다는 것은 사람이 세계를 개조하고 자기 운명을 개척하는 결정적 역할을 한다는 것으로 설명되고 있습니다. 근시안적으로 보면 그렇게 개념을 정리 정돈할 수 밖에는 없습니다. 그러나 지극히 복잡한 인간사회를 초월한 존재와 세계가 있다는 것을 여러분들은 모르고 있다는 것이 참 안타깝습니다. 사실상 본질에 있어서 여러분들은 수령이라는 존재도 인간사회를 초월한 존재로 그 지위를 밝히고 있습니다. 그러면서도 모르고 있다는 것이 참 안타깝습니다. 수령이라는 존재를 신격화 하고 신의 위치에 놓아 인간 사회를 초월한 절대적 신적 존재가 계시다는 것을 인정하면서도 한편으로는 무신론을 주장하니 모를 수 밖에 없겠구나 라고 이해는 갑니다. 그렇다면 과연 북한의 수령이 인간 사회를 초월한 신으로서 존재가치가 있는가 하는 것입니다.

왜 김일성이나 김정일이 신이 될 수 없는가?

김일성이나 김정일은 죽었기 때문입니다. 신이 되려면 그 표징이 있어야 합니다.

그 첫째 표징이 신은 육체적으로 영적으로 영원히 죽지 않는 존재래야 신적 존재가 될 수 있는 것입니다. 하나님은 영원 전부터 영원까지 살아서 역사하시는 분이십니다. 이것은 하나님을 인정한 민족과 개별적인 인간들은 다 체험한 것입니다. 하나님에게는 죽음이란 있을 수 없습니다. 그래서 하나님은 절대적인 신이라고 하는 것입니다. 그러나 김일성 김정일은 죽었습니다. 물론 그들이 조선혁명에서 이룩한 위업과 정신 사상적 업적이 길이길이 남아 북한 영혼들의 마음속에 영원히 살아있다고 해도 육체는 죽었습니다. 죽을 수 밖에 없는 존재가 인간입니다. 때문에 김일성 김정일은 신이 절대로 될 수 없는 것입니다. 상징적 신은 신이 아닙니다.

둘째로 김일성, 김정일이 신이 될 수 없는 것은 죄인이기 때문입니다.

김일성, 김정일을 완벽한 존재라고 아무리 세상에 좋다는 말을 다 갖다 붙여도 그들은 죄인입니다. 그들이 지은 죄가 너무나 큽니다. 세상이 다 아는 그들의 죄를 여기서 다 나열할 필요를 느끼지 않습니다. 하나님은 다 알고 계십니다. 하나님께서는 하나님의 말씀 성경 로마서 3장 23절에서 다음과 같이 말씀하고 계십니다.

"모든 사람이 죄를 범하였으매 하나님의 영광에 이르지 못하더니"

계속해서 로마서 5장 12절에서도 다음과 같이 말씀하십니다.

"그러므로 한 사람으로 말미암아 죄가 세상에 들어오고 죄로 말미암아 사망이 들어왔나니 이와 같이 모든 사람이 죄를 지었으므로 사망이 모든 사람에

게 이르렀느니라" 아멘
하나님의 말씀에서 벗어날 사람은 이 세상에 하나도 없습니다. 김일성은 늘 일꾼들에게 사람은 완벽한 존재가 없다고 말하곤 했습니다. 완벽한 존재가 못 된다는 인간의 정체성 안에 김일성, 김정일도 들어가 있는 것입니다.

셋째로 김일성, 김정일은 전지전능하지 못하기 때문입니다,
신이 되려면 전지전능해야 합니다. 우리가 믿고 함께하는 하나님은 전지전능하십니다. 그 분은 천지만물을 창조하셨고 그리고 하나님의 형상과 모양대로 사람을 만드셨습니다. 그리고 이 인간들이 죄를 지었을 때 그 죄를 대속하시기 위하여 하나밖에 없는 아들, 독생자를 인간의 모습으로 세상에 보내신 분이십니다. 그 아들을 십자가에 달아 죽이면서 그 피로 우리 인류의 죄를 대속시키신 분이 바로 하나님이십니다. 하나님의 전지전능하신 문제는 바다를 먹물삼아 쓴다고 해도 다 쓸 수 없습니다.

그러나 김일성, 김정일은 그 어떤 전지전능성이 있는지 여러분들에게 묻고 싶습니다. 김일성, 김정일을 합쳐 조금만 이야기 한다면 김일성이 일제의 식민지 치하에 있던 조국을 해방하였다고 하는데 사실은 김일성은 조국해방을 위해 한 것이 하나도 없습니다. 해방될 당시에는 옛 소련으로 도망가 살다가 조국이 해방된 다음 9월에 원산으로 들어온 것이 아닙니까. 그때 김정일도 소련에서 출생시켰습니다. 또 미제를 때려 부셨다고 하는데 1950년 6.25는 김일성 자신이 스탈린의 사촉 하에 일으킨 전쟁이었다는 것을 세상이 다 알고 있습니다. 그리고 미제를 때려부신 것이 아니라 미국에게 혼줄이 나 중국에 까지 도망갔던 것이 아닙니까. 그 후 사회주의 공산주의를 건설한다고 하면서 지금의 북한으로 만들어 놓았습니다. 김정일도 집권기간 동안 핵실험과 인민들을 굶어 죽게 한 것밖에는 없습니다. 그런데 무엇이 전지전능 합니까. 이들은 다 죄악된 인간이며 죄인가운데서도 가장 큰 대 죄인인 것입니다. 그래서 성경말씀대로 죽은 것입니다. 그런데도 불구하고 여러분들은 애써 그들을 부

각시키기 위해 우리 민족도 김일성 민족이라고 하고 조국도 김일성 조국이라고 하고 사회주의 시조라고도 하는데 이것은 언어도단이며 하나님을 모독하는 큰 죄를 짓고 있다는 것임을 알고 있어야 합니다.

이외에도 김일성, 김정일이가 신이 절대로 될 수 없는 근거를 많이 알고 있습니다. 앞으로 계속 말씀을 전하는 과정에서 더 구체적으로 말씀을 드리기로 하겠습니다. 이런 죄인들에게서 무슨 절대적이고 진리적인 사상이 나오겠습니까. 그런데도 주체사상을 지도사상이라고 고집하고 그것을 김일성이 창시하고 김정일이 심화 시켰다고 고집하고 있는 사람들이 여러분들의 수뇌부입니다. 혁명과 건설에서 수령은 최고 뇌수라고 하지만 그저 한 인간일 뿐입니다. 사실상 주체사상은 그 밑에 있는 사회과학자들이 만들고 정리한 것이 아닙니까. 물론 그렇다고 해서 김일성이 창시하지 않았다고 말하지 않습니다. 여러분들이 이야기 하는대로 인정합니다. 그런데 대한민국 한 사람이 주체사상에 심취되어 북한군이 몰래 내려보낸 잠수함을 타고 북한에 가서 김일성을 만났을 때 김일성은 주체사상을 옳게 설명을 못했다고 합니다. 그래서 주체사상을 위해 한 목숨 바치려고 했던 그 사람은 환멸을 느끼고 지금은 북한인권을 위해 일을 하고 있습니다.

조선노동당 일꾼들과 정치군관 여러분

주체사상은 인간 중심 사상도 아니며 인간 중심 철학도 될 수 없습니다.
왜냐 하면 이 사상을 만들었다고 하는 수령들도 다 죄인이라는데 있으며 위에서 하나님께서 말씀하고 계시는 말씀을 인용도 하였지만 인간은 다 죄인이기 때문에 중심이 될 수 없는 것입니다. 중심이 되려면 죄가 없어야 합니다. 그리고 완벽한 존재라야 중심이 될 수 있는 것입니다. 온 인류가 다 함께 죄인인데 죄인들끼리 모인 집단이 어떻게 중심이 될 수 있습니까. 이 죄인된 집단인 인류를 여러분들은 계급적 성격을 부여하여 적군과 아군으로 갈라놓는데도 문제가 있습니다. 다 같은 죄인인데 아군은 죄가 없고 적에게만 죄가 있다는 것이 바른 것입니까. 여러분들에게 있어서 아군은 누구입니까 노동당과 그에 충직한 핵심계층을 말합니까. 그리고 기본계급인 노동자 농민계급을 말합니까. 그리고 나머지 인류는 다 적입니까. 그러면 아군만 가지고 주체사상의 중심이라고 말하고 있는 것입니까. 조금더 말씀드리면 주체사상이 인간중심 철학이라고 한다면 인간을 중심에 놓고 이 세상 사물을 판단하고 분석하라는 것인데 아군만을 중심에 놓고 이 세상을 판단하고 분석한다면 여러분들이 적으로 간주하는 그 많은 인류를 어떻게 하려고 합니까. 그저 한순간 핵으로 다 쓸어버릴 수 있다고 생각하십니까. 그래서 여러분들은 죄인이라는 것입니다. 하나님은 선한 사람과 악인에게도 다 같이 비를 내려주시고 햇빛을 주신다는 것을 아십시오.

하나님께서는 이 세상에 있는 모든 인류를 창조하셨고 그들로 모든 만물을 다스려 나아가라고 우리 모두에게 축복을 주신 것입니다. 인간을 적군과 아군으로 나눠서 창조하신 것이 아닙니다. 여러분들은 참 답답하고 무지하고 한편 무엇인가 착각하고 있습니다. 죄악된 인간이 자기의 창조적 본성에서 자기의 지위와 역할을 다하려면 죄가 없으신 분의 통치를 받아야 가능한 것입니다. 그렇다면 여러분, 이 세상에 죄가 없는 사람이 어디에 있습니까? 없습니다. 있을 수 없습니다. 하나님께서는 인간은 다 죄 아래 있다고 선포하셨습니다. 그래서 지난 시간에 인간의 정체성은 죄인이라고 말씀을 드렸던 것입니다.

죄가 없으신 분은 수령이 아니라 하나님이십니다. 하나님의 통치를 받아야 인간은 인간답게 살아갈 수 있습니다. 결론은 죄인된 사람은 중심이 될 수 없고 하나님만이 중심인 것입니다. 하나님 중심 사상, 하나님 중심 철학과 다른 이론과 사상 철학은 이 세상에 존재할 수가 없습니다. 때문에 하나님의 사상과 철학으로 이 세상을 보고 판단 분석할 수 있는 하나님의 철학적 세계관을 가져야 합니다.

하나님께서는 하나님의 말씀 성경 이사야 43장 21절에서 다음과 같이 말씀을 하고 계십니다. “이 백성은 내가 나를 위하여 지었나니 나를 찬송하게 하려 함이니라” 아멘

여러분들은 인간이 인간답게 살려면 자주성을 가져야 한다고 하는데 옳습니다. 부인하지 않습니다. 그 자주성이 하나님의 말씀 속에 있는 것입니다. 진정 행복하시려면 하나님을 영접하십시오. 그러면 인생은 달라집니다. 오늘은 여기까지 말씀드리겠습니다.

다음시간에는 인간은 자주성과 창조성 의식성을 가진 사회적 존재라고 하는 주체사상의 문제점에 대하여 말씀을 드리겠습니다. 다음 시간을 또 기다려 주십시오.

열번째

성경으로 본 주체사상 3

– 조선노동당 일군들과
정치군관 여러분 여러분께

창세기 (1장 28절)
하나님이 그들에게 복을 주시며 하나님이 그들에게 이르시되 생육하고 번성하여 땅에 충만하라, 땅을 정복하라, 바다의 물고기와 하늘의 새와 땅에 움직이는 모든 생물을 다스리라 하시니라

로마서 (3장 23절)
모든 사람이 죄를 범하였으매 하나님의 영광에 이르지 못하더니

조선노동당 일꾼들과 정치군관 여러분
주체사상은 사람을 중심에 놓고 세계를 보고 판단 분석해야 한다는 철학적 원리를 밝혀 주었다고 합니다. 주지하는 바와 같이 주체사상은 사람중심 철학이기 때문에 사람을 중심에 놓고 사물을 판단 분석해야 할 그 기본요구가 제기됩니다. 세상 모든 사물이 사람과 어떤 관계에 있는가 하는 문제입니다. 인간의 이익에 부합되면 좋은 것이고 그렇지 못하면 인간의 이익에 부합되게 자연이든 사회든 개조해 나아가야 한다는 것이 주체사상의 요구로 제기 될 수밖에 없는 것입니다. 주체사상은 사람을 중심에 놓았기 때문에 사람문제를 완전히 해명했다고 자부하고 있는 것입니다.

능히 그럴 수 있다고 생각합니다. 사회발전과 사물의 변화 발전과정에 분명히 사람은 중요한 역할을 합니다. 하나님의 아들인 예수 그리스도를 믿는 우리 기독교에서는 사람이 중요한 역할을 한다는 문제에 대하여 절대로 부인하지 않습니다. 때문에 사람을 만물의 영장이라고 말하고 있습니다. 하나님께서 이 세상 만물을 창조하시고 사람을 창조하실 때에는 하나님 자신의 형상과 모양대로 창조하시었다고 하였습니다. 그러니 사람이 얼마나 귀중한 존재입니까? 백번천번 이야기 해도 너무나도 부인할 수 없는 말씀입니다. 하나님 다음으로 귀중한 존재가 바로 사람입니다.

막스와 레닌은 이렇게도 귀중한 인간문제를 논하지 않았습니다. 그들은 무산자들의 삶이 고달프고 힘든 세상에서 소유권을 가진 자들의 악랄한 잉여 착취행위만을 보아온 사람들이었습니다. 그 문제 즉 착취문제만 해결하면 이 세상의 모든 문제는 다 해결될 수 있다고 생각했던 사람들입니다. 내용적으로 조금 더 설명을 하면 착취계급과 피착취계급의 모순과 갈등을 해결하는 것은 착취계급을 때려부수고 그들이 가지고 있던 재산을 다 빼앗아 소유권이 없던 피착취계급의 손에 넘겨주면 문제가 완전히 해결될 것으로 보았습니다. 그리하여 결국은 혁명을 한 것이 아닙니까? 막스와 엥겔스는 1847년, 1848년에 내놓았던 공산당 선언에서 자본주의 사회의 멸망은 필연적이며 사회주의 공산주의 사회의 승리는 필연적이라고 했습니다.

조선노동당 일꾼들과 정치군관 여러분
막스와 엥겔스 그리고 레닌도 보지 못한 것이 있습니다. 착취계급과 피착취계급과의 관계문제를 소유권이 누구의 손에 있는가에 따라 정의한 것도 잘못이지만 그 관계간에 모순과 갈등을 해결하기 위한 방법을 프롤레타리아 혁명으로 규정한 것도 잘못입니다. 만일 소유권이 있으면 착취계급이고 소유권이 없으면 피착취계급으로 프로레타리아 혁명의 동력이 된다면 오늘 북한과 같이 국가가 모든 소유권을 장악하고 있는 조건하에서 북한은 국가적인 차원에서 착취를 위한 국가라고 정의를 하여도 여러분들은 할 말이 없을 것입니다. 자본주의국가가 자본가들에 의해서 착취행위가 이루어진다면 북한은 국가에 의해 착취가 이루어진다는 것입니다. 자본가들의 착취는 제한성이 있고 또 생산에 참가하는 노동자들의 저항과 국가적 규제에 따라 그 착취행위가 없어지지만 북한과 같이 국가가 착취국가가 된다면 국가권력에 의한 착취행위는 무제한적이라는 것입니다.

막스와 엥겔스 레닌이 결정적으로 보지 못한 것이 있는데, 그것은 사람이었습니다. 이것이 가장 중요한 결함이었습니다. 그들은 무산계급에 대해서 너무나도 순진하게 생각했습니다. 무산계급에서 인간은 완성된 존재로 생각했습니다. 그래서 무산계급이 완벽하다는 생각에 마치 우상처럼 섬겼던 것 같습니다. 착취계급 구성원들뿐 아니라 무산계급 구성원들도 다 인간입니다. 인간이라면 하나님께서 말씀하신 바와 같이 죄인입니다. 그들은 인간이 죄인이라는 것을 보려고도 아니하였고 또 본래 하나님의 관점으로 보지 못했습니다. 이 무산계급에게 소유권이 넘어가면 착취행위와 불법과 불의가 더 많아질 것이라는 것을 생각하지 못했던 것입니다. 인간에게 있는 가장 나쁜 죄들 중의 하나가 탐욕입니다. 탐욕은 개인 이기주의란 말입니다. 그것으로부터 모든 죄가 시작됩니다. 오늘 북한의 상부구조에서 근무하는 간부들과 협동 농장원에 이르기까지 개인 이기주의가 없는 사람이 누가 있습니까. 그래서 "당 일꾼은 당당하게 해먹고 보위일꾼은 보이지 않게 해먹고 안전일꾼은 안전하게 해먹고 아무런 권한도 없는 사람은 도둑질 해 먹는다"는 말이 나온 것입니다. 이런 죄를 보지 못한 것이 막스-레닌주의 사상과 기치에서 가장 치명적인 결함이었습니다. 성경은 모든 인간은 죄인이라고 선언하고 있습니다.

하나님의 말씀 성경 로마서 3장 23절에서 하나님께서는 다음과 같이 말씀하고 계십니다.

"모든 사람이 죄를 범하였으매 하나님의 영광에 이루지 못하더니." 아멘 이렇게 선포하고 있습니다.

조선노동당 일꾼들과 정치군관 여러분

이 문제를 해결했다는 것이 주체사상입니다. 그래서 주체사상은 막스와 엥겔스 레닌이 보지 못한 인간문제를 보았으며 인간문제를 해결했다는 것이 주체사상입니다.

그렇다면 주체사상에서 인간문제를 해명했다면 어떤 문제를 해명했다는 것입니까?

김정일은 이에 대하여 〈주체 철학에 대하여〉 라는 노작 23페이지에서 다음과 같이 이야기 했습니다,

"주체사상의 철학적 원리는 세계에서 사람이 차지하는 지위와 역할을 밝힌 사람위주의 철학적 원리입니다. 수령님께서는 사람은 자주성과 창조성, 의식성을 가진 사회적 존재라는 것을 밝혔습니다."

여기에서 무엇보다 중요한 것은 사람이 자주성과 창조성, 의식성을 가진 사회적 존재라는 것을 밝힌 점 입니다. 물론 사람이 세계에서 차지하는 지위와 역할문제를 밝힌 것도 중요하지만 사실상 그것은 상식적인 문제입니다. 인간

은 누군가가 이론화 사상화 철학화 하지 않아도 기원자체로부터 그 지위와 역할문제가 해명되었었습니다.

김정일은 자주성을 사람이 세계와 자기 운명의 주인으로서 자주적으로 살며 발전하려는 사회적 인간의 속성이라고 정의하고 있습니다. 그리고 창조성은 목적의식적으로 세계를 개조하고 자기운명을 개척해 나아가는 사회적 존재의 속성이라고 정의하고 있습니다. 의식성은 세계와 자기 자신을 파악하고 개변하기 위한 모든 활동을 규제하는 사회적 인간의 속성이라고 정의하고 있습니다. 여기에 대하여 그 누구도 부인하지 않습니다.

조선노동당 일꾼들과 정치군관 여러분
다만 변론하고 싶은 것은 김일성과 김정일 그리고 그들에게 추종하는 사회과학부분 일꾼들은 인간이 자주성, 창조성, 의식성을 가진 사회적 존재라는 것을 밝히기 전에 인간은 죄인이라는 그 정체성부터 밝혀야 했습니다. 죄를 가진 인간이 자주적 존재로 자기의 역할과 지위를 다 하자고 해도 자주적 인간이 될 수가 없습니다. 창조성과 의식성도 같은 것입니다. 죄인으로서의 인간에 대하여 여러분들은 부인하시겠습니까? 김일성도 인간들 중에 완벽한 존재가 없다고 말했습니다. 인간이 죄인이라는 것에는 수령까지도 포함한 모든 인간을 말하는 것입니다. 인간이 죄인이라는 것은 이미 여러분들에게 여러 번 말씀을 했습니다. 하나님께서 그렇게 말씀을 하시었고 그 말씀이 성경에 기록되어 있음을 여러 번 말씀을 하였습니다. 그 문제는 계속 반복해서 앞으로도 이야기 드리겠습니다.

그리고 주체사상에서 인간문제를 논하려면 인간의 기원 문제부터 논하여야겠으나 주체사상은 인간의 기원 문제를 다루지 않고 있습니다. 그 어떤 사상이나 철학이 사상이 되고 철학이 되려면 그 기원부터 해명해야겠으나 주체사상은 그렇게 하지 않고 있습니다. 물론 이 문제도 앞으로 계속 반복적으로 변론을 하겠습니다만 분명 주체사상은 원숭이가 사람이 되었다는 진화론에 기초했을 것입니다.

조선노동당 일꾼들과 정치군관 여러분
계속해서 사람이 자주성, 창조성, 의식성의 속성을 가진 사회적 존재라고 주체사상이 밝힌 것은 더욱더 신빙성이 없는 이론이고 사상입니다.
왜 입니까? 그것은 하나님께서 인간을 만드실 때 하나님의 형상과 모양대로 만드셨습니다. 인간들은 하나님의 형상과 모양 안에서 하나님께서 창조하신 만물을 다스려 나아갈 수 있는 자주성, 창조성, 의식성 이라는 사회존재로서의 속성을 다 받았습니다. 그래서 주체사상은 신빙성이 없고 결론적으로 성경에서 표절한 것이라고 단호하게 결론을 가지는 것입니다.

그러면 하나님의 말씀을 인용하겠습니다. 창세기 1장 28절 말씀입니다.
"하나님이 그들에게 복을 주시며 하나님이 그들에게 이르시되 생육하여 번성하여 땅에 충만하라, 땅을 정복하라, 바다의 물고기와 하늘의 새와 땅에 움직이는 모든 생물을 다스리라 하시니라" 아멘

여러분. 여러분들이 의식이 있다면 이 하나님의 말씀 앞에서 주체사상을 어떻게 이해 하겠습니까. 이미 하나님께서는 우리 인간들에게 세상의 주인 위치에서 자주적으로 세상을 다스릴 수 있는 창조적 능력을 이미 부어 주었다는 것입니다. 그런데 주세사상이 뭐라고 태초부터 계셨던 하나님의 말씀을 표절까지 해가며 조선혁명의 지도사상이라는 주체사상을 만들어 놓았습니까. 여기에 대하여 여러분들은 답변을 해야 합니다.

오늘은 여기까지 말씀을 드리겠습니다. 다음 시간에는 주체사상 안에서의 자주성에 대하여 하나님의 말씀인 성경을 가지고 변론 하겠습니다. 기다려 주십시오.

열한번째

성경으로 본 주체사상 4

– 조선노동당 사상사업 부문 일군들과 정치군관 여러분께

창세기 (1장 1절)
태초에 하나님이 천지를 창조하시니라

조선노동당 사상사업 부문 일꾼들과 정치군관 여러분
지난 시간에는 "주체사상은 하나님의 말씀인 성경에서 표절한 것이다" 라는 것에 대하여 중점적으로 이야기를 했습니다. 그러면 오늘은 주체사상에서 밝혔다고 하는 인간의 자주성에 대하여 이야기를 하면서 하나님께서 주시는 은혜를 여러분들과 나누려 합니다.
김정일은 노작 〈주체철학에 대하여〉 24페이지에서 다음과 같이 이야기 했습니다.
"사회적 존재인 사람에게 있어서 자주성은 생명입니다. 사람에게 있어서 자주성을 생명이라고 할 때 그것은 사회정치적 생명을 말하는 것입니다. 사람은 육체적 생명과 함께 사회정치적 생명을 가집니다. 육체적 생명이 생물유기체로서의 사람의 생명이라면 사회정치적 생명은 사회적 존재로서의 사람의 생명입니다." 말하자면 사회정치적 생명과 육체적 생명이 있다는 것입니다.

그렇다면 우리는 여기서 자주성이 사람에게 있어서 생명이라고 하는데 왜 자주성이 생명이라고 하는지 자주성의 정의부터 이야기해야 할 것입니다. 자주성의 정의도 우선은 김정일이 이야기 한 그 이야기에서 찾아보아야 할 것 같습니다. 왜냐하면 여러분들은 김일성의 교시나 김정일의 말씀이라고 하는 사회과학자들이 써준 그 글 이외의 이야기를 하면 큰일 나기 때문입니다.
자주성에 대하여 김정일 다음과 같이 위와 같은 노작에서 이야기를 했습니다.
"자주성은 세계와 자기운명의 주인으로써 자주적으로 살며 발전하려는 사회적 인간의 속성입니다." 라고 이야기 했습니다.
너무나도 당연한 이야기입니다. 세계라하면 존재하는 모든 사물의 총체를 말합니다.
주체사상이 사람에 의한 세계의 지배와 개조 발전의 합법칙성을 독창적으로 해명하였다고 주장하고 있습니다.

조선노동당 사상사업 부문 일꾼들과 정치군관 여러분
우리 기독교에서는 세계 안에서 인간의 지위와 역할 특히 인간에 의한 세계의 지배와 개조 발전에 대한 주체사상의 논리를 부정하지 않습니다.
그러나 단도직입적으로 말씀을 드리고 싶은 것은 주체사상에서 인간과 세계를 논한 문제는 너무나도 근시안적이라는 것입니다. 근시안적이라고 하는 것은 인간과 세계를 초월한 절대적인 존재에 대하여 둔하다는 것이며 그래서 이를 이해 못하고 인정하지 않고 있는 것입니다.

우선 먼저 인간과 세계를 만든 창조주에 대해서 전혀 언급하지 않고 있다는 것입니다. 주체사상에서 특별히 떠드는 것이 인간입니다. 막스와 엥겔스 레닌은 인간을 놓고 이야기 한 것이 없고 인간 자체를 언급하지 않았는데 주체사상은 그들이 언급하지 않은 인간을 언급하였다는 것이 아닙니까. 그래서 인간은 세계의 지배자이며 주인이다. 그 주인이라는 것이 바로 자주성이다 이것이 아닙니까. 그런데 왜 그 인간과 세계가 어떻게 창조되었는지는 말하지 않습니까. 그것을 말하고 해명해야 인간은 왜 자주성을 가진 사회적 존재가 되는가, 인간이 왜 세계를 지배하고 개조해 나아가야 하는가 하는 문제가 해명될 것입니다.

하나님의 말씀인 성경은 인간도 세계도 하나님이 창조하셨다고 증언하며 선포하고 있습니다. 때문에 성경 제1장이 창세기이며 그 창세기 1장 1절에서 하나님은 다음과 같이 선포하고 계십니다.
"태초에 하나님이 천지를 창조하시니라" 아멘
첫째 날에는 빛을 창조하시고 빛을 낮이라 칭하였고 어두움을 밤이라 부르시며 하나님이 보시기에 좋았다 라고 기록하고 있습니다. 둘째 날에는 하늘을 창조하셨고 셋째 날에는 땅을 창조하시고 그 땅은 풀과 씨맺는 채소와 각기 종류대로 씨 가진 열매를 맺는 나무를 내라 하시니 그대로 되었다고 하셨습니다. 넷째날에는 두 큰 광명체를 만드사 큰 광명체로 낮을 주관하게 하시고 작은 광명체로 밤을 주관하게 하시고 이렇게 밤과 낮을 주관하게 하시어 빛과 어둠을 나누게 하시었습니다.

다섯째 날에는 모든 생물을 창조하시고 그들이 이 땅에서 생육하고 번성하며 충만하라고 말씀하시었습니다. 오늘 바다의 생물 또 공중에 날아다니는 생물 이 땅 위에 생존하는 생물이 그때 하나님의 말씀으로 창조된 것들입니다. 여섯째 날에는 드디어 하나님의 형상과 모양을 따라 사람을 만드시고 그 사람으로 하여금 하나님이 만드신 모든 세계을 다스려 나아가도록 축복을 주시었습니다.

조선노동당 사상사업부문 일꾼들과 정치군관 여러분

이 하나님의 말씀 앞에 이제 뭐 더 변론할 것이 있습니까. 이때부터 하나님께서 인간을 인간과 세계와의 관계에서 주인다운 입장에 세워주셨으며 주인으로서의 역할을 다 할수 있는 능력도 주시었습니다. 그 능력이 바로 창조성입니다. 그리고 그 당시 처음 창조된 인간에게 이 세상의 모든 짐승들을 대려다가 이름을 지으라고 한 것이 지금 짐승들의 이름입니다. 이때 인간들의 의식이 시작이 되었습니다. 이것이 의식성이 아닐까요 그리고 당신들의 철학에서 물질과 의식과의 관계에서 의식은 2차적이며 물질은 1차적이라는 논리적 근거가 바로 여기에 있는 것입니다. 이렇게 놓고 볼 때 관념론적 철학은 이 세상을 바로 보지 못한 헛된 철학입니다. 헛된 철학이라면 그것은 철학도 아닙니다.

그래서 우리는 인간이 혁명과 건설에서 주인다운 위치에 있고 결정적인 역할을 한다는 주체사상에 대하여 인정합니다. 인간의 주인다운 입장 즉 자주성을 가진 사회적 존재로서의 그 지위, 이것은 분명히 하나님이 결정한 것입니다. 그런데 주체사상은 하나님이 결정한 문제를 들고나와 다시 자주성을 가진 사회적 존재라고 주장을 하니 참 어처구니가 없을뿐더러 북한 당국자들이 뻔뻔 하다고 밖에는 생각할 수가 없습니다. 왜 하나님의 것을 가져다가 자기들의 것으로 만듭니까. 이제라도 하나님의 것을 도둑질 하였다고 인정하십시오. 그리고 하나님 앞에 회개하고 주체사상을 철회하며 '주체사상을 믿으려면 하나님을 믿으라' 라고 모든 북한 영혼들에게 선전 선동하는 것이 사상사업 부문 일꾼들의 일이라고 생각합니다.

이제는 분명히 인간이 이 세상에서 자주성을 가진 사회적 존재인 것만은 부인할 수가 없습니다. 하나님께서는 세계를 창조하셨습니다. 그리고 인간을 세계 위에 살게 하시고 관리하고 개조하며 삶에 유리하게 가꾸어 나아가라는 축복을 주셨습니다. 당연히 인간은 자주적 존재로서 그 명령과 의무를 다해야 하는 일 밖에는 없는 것입니다. 그러니 인간에게 있어서 세계를 개조해 나가고 관리해 나가는데서 중요한 문제는 주인다운 입장을 철저히 가지는 것과 하나님의 관점에서 세계를 보고 판단 분석하는 하나님의 철학적 세계관으로 철저히 무장하는 것이 가장 중요한 문제입니다. 그래야 하나님의 사상과 뜻에 맞게 세계를 다스려 나아갈 수가 있는 것입니다.

주인다운 입장은 개인 이기주의가 아닙니다. 주인다운 입장에서 세계를 다스려 나아가야 하나님께 기쁨을 드릴 수 있고 그로부터 하나님은 영광을 받을 수가 있습니다. 그 주인다운 입장이 하나님의 형상과 모양 안에 있는 한 측면의 속성이기 때문입니다. 주인다운 입장을 가지게 되려면 소유권을 확실히 해야 합니다. 세계를 지배하고 관리해 나아가는데 가장 중요한 것은 경제입니다. 경제활동을 통해서 하나님이 주신 세계를 인간들은 다스려 나아가고 있는 것입니다. 그러자면 주인다운 입장에서 경제를 운영할 수 있는 경제 체제를 만들어야 합니다. 그런데 북한 노동당은 그렇게 하지 않고 있습니다. 모든 개인들이 가지고 있던 소유권을 다 빼앗아 국가의 소유, 노동당의 소유, 수령의 소유로 만든 것은 잘못된 것입니다. 그리고 그것을 북한에 있는 모든 영혼들의 것이라고 북한의 인민들의 것이라고 말하고 있으니 북한 영혼들이 과연 주인이라는 자각을 가질 수 있겠습니까. 주인도 아닌데 어떻게 자주성이 발현 될 수가 있겠습니까.

인간은 원래 죄악 된 존재입니다. 그 죄안에 탐욕이라는 죄가 있습니다. 이 죄 문제만 해결된다면 경제 체제에서 소유권이 전 국가적 소유가 된다고 해도 과언이 아닙니다. 그러나 인간은 하나님이 될 수는 없습니다. 만일 인간에게 죄가 없다면 전 국가적 소유가 된 사회 수요에 따라 분배할 수 있는 공산주의 사회는 어렵지 않습니다. 그런데 인간은 죄인인데 어떻게 합니까. 그래서 인간이 가지고 있는 다양한 속성에 맞게 경제 체제가 병행되어야 합니다. 그것이 바로 개인들이 소유권을 가지도록 하는 것입니다. 그러면 주인다운 입장에서 사람은 자주적 속성으로서의 자기의 지위와 역할을 다 할 수 있는 것입니다. 이것이 바로 자본주의 경제체제입니다. 그리고 완전한 자유를 허락해야 합니다. 누구이든 경제체제에 참여하게 해야 합니다. 그리고 그 누구든 자기의 노력으로 창조된 소유권의 당당한 주인으로서의 법적 보호를 받아야 합니다. 여기서 소유권을 가진 사람과 소유권을 가지지 못한 사람들의 착취관계가 발생한다는 것을 알 수 있습니다. 이 문제는 사회가 발전하면서 정치의 발전, 의식의 발전, 체제의 합법적 변화, 소유권의 주인과 소유권이 없어 노동력으로 살아가는 노동자들 간의 견제와 발전과정에서 능히 해결될 수 있는 것입니다. 이렇게 되면 노동력을 가진 노동자들은 간접적 소유주가 되는 것입니다. 그러나 국가가 소유권을 가지면 전체 인민들은 주인이 될 수 없으며 국가의 독재적 착취행위는 제한이 없어지게 됩니다. 그래서 그 밑에 노동력만 가지고 있는 인민들은 노예주에 속한 노예나 다름이 없습니다. 여기에 무슨 자주성이 있겠습니까,

조선노동당 사상사업부문 일꾼들과 정치군관 여러분
그래서 여러 사람이 아는 바와 같이 북한의 공업경제나 농업경제가 발전하지

못하고 있는 것이 아닙니까. 말하자면 마음놓고 경제를 개방하지 못하고 있는 것입니다. 자주성이 사회적 존재의 인간의 속성인데 뭐가 두려워서 개방하지 못하는 것입니까. 주체사상이 진리라면 진리를 놓고 왜 개방하지 못하는 것입니까. 여러분들은 여기에서 고민을 많이 해야 합니다.

온 세상이 개혁 개방으로 경제발전과 함께 인민들의 생활을 윤택하게 만들고 있습니다. 그런데 왜 여러분들은 개방을 못하는가 하는 것입니다 자주성을 속성으로 하는 주체사상을 지도사상으로 하면서도 인민들은 굶주리고 경제는 발전하지 못하여 세상에서 제일 못사는 나라가 되었다는 것 자체가 모순이 아닙니까. 독창적인 지도사상이라는 주체사상을 가지고도 지금 북한의 현실을 만들어 놓았다는 자체가 문제가 있다는 증거입니다. 하나님의 창조적 사상과 말씀을 가져다가 가공하여 옮겨 놓은 것이 주체사상인데 어떻게 하나님께서 그 주체사상이 제대로 구현될 수 있게 가만히 보고 계시겠습니까.

여러분 이제라도 주체사상을 철회하고 하나님을 믿으십시오. 그리면 하루 아침에 달라집니다.

오늘은 여기까지 이야기 하겠습니다. 다음시간에는 창조성에 대하여 하나님의 말씀으로 변론하겠습니다. 기다려 주십시오

열두번째

성경으로 본 주체사상 5

– 조선노동당 사상사업 부문 일군들과
정치군관 여러분께

창세기 (1장 26-28절)

하나님이 이르시되 우리의 형상을 따라 우리의 모양대로 우리가 사람을 만들고 그들로 바다의 물고기와 하늘의 새와 가축과 온 땅과 땅에 기는 모든 것을 다스리게 하자 하시고 하나님이 자기 형상 곧 하나님의 형상대로 사람을 창조하시되 남자와 여자를 창조하시고 하나님이 그들에게 복을 주시며 하나님이 그들에게 이르시되 생육하고 번성하여 땅에 충만하라, 땅을 정복하라, 바다의 물고기와 하늘의 새와 땅에 움직이는 모든 생물을 다스리라 하시니라

창세기 (1장 1절)

태초에 하나님이 천지를 창조하시니라

먼저번 시간에는 주체사상에서 밝힌 사람은 자주성을 가진 사회적 존재라는데 대하여 하나님의 말씀으로 변론했습니다. 그러시면서 철저하게 주체사상은 하나님의 말씀인 성경에서 표절한 것임을 증명했습니다. 오늘은 역시 주체사상에서 밝힌 사람은 창조성을 가진 사회적 존재라는 문제에 대하여 역시 하나님의 말씀을 가지고 변론함으로서 백번 천번 주체사상은 하나님의 말씀인 성경에서 표절한 것임을 밝히자고 합니다.

김정일은 사람이 창조성을 가진 사회적 존재라는 데 대하여 김정일의 노작 '주체철학에 대하여' 24 페지에서 다음과 같이 이야기 했습니다.

"사람은 창조성을 가진 존재, 창조적인 사회적 존재입니다."

우리 기독교에서도 사람이 창조성을 가진 사회적 존재라는 데 대하여 부인하지 않습니다.

창조성은 목적의식적으로 세계를 개조하고 자기 운명을 개척해 나가는 사회적 인간의 속성입니다. 창조성으로 하여 사람은 낡은 것을 변혁하고 새로운 것을 만들어 내면서 자연과 사회를 자기에게 더욱 쓸모 있고 이로운 것으로 개변시켜 나갑니다.

창조성은 자주성과 마찬가지로 사회적 존재인 사람의 본질적 특성을 이르며 호상 뗄래야 뗄수 없는 연관 속에 있습니다. 자주성이 주로 세계의 주인으로서 사람의 지위를 표현한다면 창조성을 주로 세계의 개조자로서의 사람의 역할로 표현됩니다. 긍정합니다. 사람이 세계를 개조하고 변혁하며 발전시켜 나가는 데서 주인으로서의 지위와 결정적 역할을 한다는 지위와 역할론에 대하여 부정하지도 않을뿐더러 인정합니다. 너무나도 당연한 말씀입니다. 사실상 사람이 세계를 개조하고 변혁하지 않는다면 세계를 개조하고 변혁해 나갈 수 있는 역량은 이 세상에 존재하지 않습니다. 우주 공간을 비롯한 물질세계를 사람이 다스려 나가지 않는다면 물질로 이루어진 이 세계는 과연 어떻게 되겠습니까.

문제를 이렇게 놓고 볼 때 이 세계에서 사람이 차지하는 지위와 그 역할 문제는 필연적입니다. 문제는 사람을 주인다운 지위와 결정적 역할을 할 수 있도록 하신 분이 누구인가 하는 문제가 결정적으로 중요합니다. 바로 그 분이 하나님이시라는 것입니다.

하나님의 말씀인 성경 창세기 1장 1절에서 하나님은 다음과 같이 말씀을 하십니다.

"태초에 하나님이 천지를 창조하시니라."아멘

먼저번 시간에도 구체적으로 말씀을 드렸지만 하나님은 엿새동안에 천지 만물과 그 중에 가장 귀중한 사람까지를 합쳐 모든 창조를 이루고 다음날 일곱째 되는 날에는 안식을 하시었다고 하나님 자신이 하나님의 말씀인 성경에 기록을 하고 있습니다.

그러시면서 하나님께서는 하나님이 창조하신 이 물질 세계를 사람들에게 맏겨 주시면서 잘 다스려 나아가로 축복을 주시었습니다.

하나님께서는 창세기 1장 28절에서 다음과 같이 말씀을 하시었습니다.

" 하나님이 그들에게 복을 주시며 하나님이 그들에게 이르시되 생육하여 번성하여 땅에 충만하라, 땅을 정복하라, 바다의 물고기와 하늘의 새와 땅에 움직이는 모든 생물을 다스리라 하시니라" 아멘

조선노동당 사상사업 부문일꾼들과 정치군관여러분

하나님은 세상 모든 만물을 창조하시고 그 창조물을 우리 인간들에게 주시면서 철저하게 이 지구 땅위에 거주하면서 번성하고 땅에 충만하고 모든 생물체 그리고 자연까지도 다스리라고 말씀을 하시었습니다. 그러시면서 우리 인간들이 그 모든 세계를 다스릴 수 있는 그 능력도 함께 주신 것입니다. 그 능력이 바로 주인다운 입장을 가지라고 하신 자주성이며 또 다스려 나갈 수 있는 창의성도 다 주시었습니다. 그 모든 것이 다 하나님의 형상과 모양안에 잠재되어 있으며 그 잠재된 속성을 인간들을 하나님의 형상과 모양으로 만드실

때 인간들의 속성에 부여하여 주시었습니다. 그 능력이 있었기 때문에 인간은 기원한 그날부터 오늘까지 세상을 다스려 왔고 그 다스려 오는 과정에 하나님이 창조하신 그 창조적 섭리들을 인식하고 이용하면서 사회도 경제도 문화도 과학도 다 발전시켜 온 것입니다.

그 와중에 하나님을 인정하고 믿는 민족과 국가는 더 빨리 발전했고 그렇지 못한 나라들은 오늘 북한과 같이 경제적으로 발전도 못하고 심지어 좋은 지리학적 환경과 많은 지하자원이 있어도 굶어 죽는 저주받은 땅으로 하나님의 창조적 본질을 흐리고 있습니다. 하나님께서 이 세상을 창조하실 때 그나라에 지하자원을 주시고 또 농사를 하여 얼마든지 농사한 것을 가지고 풍요롭게 살 수 있도록 창조하여 주시었습니다. 그런데 오늘 북한은 그 하나님을 부인하니 저주를 받을 수밖에 없는 것입니다. 하나님은 이 세상을 창조하실 때 사람을 제일 마지막에 창조하신 것은 만물은 사람을 위해 만드셨고 또 그 만물을 사람이 다스리면서 생존하고 풍요롭게 살아가라고 만드신 것입니다. 이러한 하나님을 믿는 것을 미신행위를 한다면서 잡아다가 처형하고 있는 북한은 응당히 하나님의 저주를 받을 수 박게 없는 것입니다.

조선노동당 사상사업 부문일꾼들과 정치군관여러분
하나님께서는 하나님이 창조하신 모든 만물을 사람들에게 다스려 나가라고 축복을 주실 때 그 다스려 나갈 수 있는 능력을 함께 주시었습니다. 그 능력중에 창조성이 있습니다. 때문에 인간들에게는 창조적 속성이 당연히 있는 것입니다. 그 창조성은 주체사상에서 새롭게 발견한 것이 아니라 하나님께서 주신 것을 북한 당국이 깨달았다는 것입니다. 깨달았다면 하나님께 영광을 올리고 그 모든 것을 우리 인간들에 주신 하나님께 감사하면 될 것이지 그것을 마치나도 주체사상에서 해명하고 인간들에게 주신 것러럼 하나님께 감사하지 않는 것은 몹시 잘 못된 것입니다. 그리고 이제는 하나님께서 주신 물질세계를 창조성을 가지고 잘 다스려 나가는 것이 중요합니다.

그러자면 사람들로 하여금 하나님을 믿고 하나님이 창조하신 만물을 창조성을 가지고 잘 다스려 나가도록 각 민족들과 국가들은 임무를 다하여야 합니다. 우선 사람들에게 자유를 주어야 합니다. 자유를 떠난 창조성은 있을 수 없습니다. 창조성을 마음 것 발현할려면 자유가 있어야 합니다.

지금도 저는 우리 당 일군들을 대상으로 하여 김정일이가 이야기 한 것이 생각납니다.

" 열백가지를 하고 싶어도 당에서 한 가지를 하라면 한가지만을 하시오"

자유에는 정치적 자유, 경제적 자유, 거주의 자유, 여행의 자유, 결사 집회의 자유, 이외에 각종 권리를 보장해 주어야 합니다.

사람에게 자유과 권리가 보장되지 않는다면 절대로 창조성은 있을 수 없습니다.

분명히 주체사상에서 창조성은 사람이 가진 사회존재로서의 속성이라고 밝혔는데 김정일은 당에서 하라는 것만 하라니 어떻게 창조적 속성이 삶과 생활에서 구현되겠습니까. 여기에 대해서 여러분들은 원칙을 가지고 답변을 해야 합니다. 당에서 한가지만을 하라면 하는 것이 창조성입니까. 그 한가지만을 하는데도 또 창조성이 필요한 것입니다.

창조성은 하나님이 주신 인간의 본성이며 하나님의 형상과 모양이며 하나님이 인간에게 주신 권위인데 그것을 조선노동당 총비서의 권한으로 훼손시키거나 가로막는다면 김정일은 하나님으로부터 공의로운 심판을 받을 것입니다. 아니 이미 심판을 받았습니다.

우선 정치적인 자유가 있어야 전 국민이 다 정치의 참여자가 되어 여러 가지 창조적인 의견들이 종합되고 그것이 국가의 정치에 반영되어 인민을 위한 정치가 펼쳐 질 것이아닙니까. 솔직히 인민들 속에는 수령이라는 인간이 생각 못하는 생각을 하는 분들도 있습니다. 그런데 제의서 정치나 하고 아래서 올라오는 제의서에 수표나 하는 것으로 정치를 한다면 어떻게 인민을 위한 옳은 정치를 하겠습니다. 민심은 천심이라는 말이 그래서 있는 것입니다. 수령이라는 존재가 솔직히 말해서 하나님과 같은 전지전능하신 분이라면 우리는 더 말하지 않습니다. 그러나 인간이 아닙니까. 지금 북한의 김정은 더 그러합니다. 인생의 경력이 있습니까. 학력으로서의 백과사전적이 지식이 있습니까. 물론 노동당의 각 부서와 각급 국가기관들에서 보좌를 한다고 해도 그것은 천심이 아닙니다. 천심이란 하늘의 마음 하나님의 마음이라는 뜻입니다. 현지지도의 정치도 그렇습니다. 현지지도를 한다면 이미 대상을 선정하고 그 대상에 수령을 모시기 위해 있는 것 없는 것 다 갇다놓고 수령을 모신다면 어떻게 그 대상에서 일하는 모든 사람들의 창조적 의견이 종합되겠습니까. 이것은 인민들을 속이고 진리를 속이고 세상을 속이는 것입니다. 저는 김정일이가 살아 있을 때 어느한 부대의 식당에 들어가 군인들이 급식하는 주 부식물을 보는 모습을 텔레비죤을 통해 보았습니다. 그런데 김정일가 보는 군인들이 급식을 해야 하는 주 부식물에는 없는 것이 없습니다. 고기, 계란, 각종 남새을 복은 것, 템부라 등, 과연 그런 것을 육군, 해군, 공군 및 반한공군 군인들에게 먹인다면 왜 북한군 군인들을 마적단이라고 하겠습니까 차라리 군인들이 먹는 것을 그대로 수령에게 보여주어야 수령도 알고 대책을 세울 것이 아닙니까. 이렇게 거짓말 하는 것을 하나님은 제일 싫어하십니다.

북한의 농업경제도 같습니다. 농민들이 주인이라고 하는 협동농장의 밭과 논에서 일하는 협동농장원들이 과연 주인다운 입장과 창조성을 가지고 일하고 있다고 생각하십니까. 솔직히 말해서 그들은 억지로 일하는 것입니다. 반대로 그들의 개인 터 밭을 보십시오 얼마나 작황이 좋은가 말입니다. 농사를 짓는 농민들이 주인다운 입장과 창조성의 속성을 완벽하게 실현하려면 실지 주인이 되게 하여주시고 주인으로서의 창조성을 제한 없이 발현시킬 수있도록 해야 합니다. 그러면 북한은 먹는 문제가 이제 금방 해결될 것입니다. 이 대한민국의 농민들은 자기의 땅에서 자기의 농기구 및 기계를 가지고 농사를 짓습니다. 모내기 철이 되어도 밭과 논에 사람이 안 보입니다. 그러나 제철에 모내기 끝나고 밭농사도 다 합니다. 물론 발전된 농기구의 혜택도 있지만 다 자기가 주인이니 겉으로 보기에는 일을 하지 않는 것 같아도 실속있게 주인답게 일을 하기 때문에 매해 풍년으로서 그 증거가 나타나는 것입니다. 전당, 전군, 전민이 농사일에 동원되지 않아도 다 잘 되는 것입니다. 왜 그렇겠습니까 그들은 주인이기 때문입니다. 그러기 때문에 창조성의 발현이 무제한입니다. 북한처럼 주체 농법 이외에는 농사의 방법이 없으니 농사가 어떻게 되겠습니까. 대한민국에 통일벼라는 품종이 있습니다. 단위당 수확고가 얼마나 높은지 모릅니다. 이것도 농사를 짓는 사람들의 창조성에 의해 생겨난 품종입니다. 그런데 북한의 주체 농법은 김일성이가 직접 자택에서 연구한 농사 방법이라고 합니다. 그 농사 방법외에 다른 방법이 또 있을 것입니다. 그 방법이 바로 창조성의 속성을 통해서 이루어지는 것인데 그것을 못하게 하니 주체사상의 창시자 자체가 주체사상을 구현하지 못하게 하는 것이 아닙니까.

공업경제도 같습니다. 공업경제의 주인은 노동계급입니다. 노동계급이 중요하기 때문에 공산주의 혁명투쟁에서 노동계급을 핵심역량으로 보고 있으며 그래서 농민들도 노동계급화 하자는 것이며 공산주의 높은 단계에 가서는 노동계급으로 무계급사회를 만들자는 것이 여러분들이 아닙니까. 과연 북한의 노동계급이 공업경제의 주인일까. 누가 물어봐도 그것은 아니다 라고 이야기할 수밖에없습니다. 그 공장에 소속된 한 노동자인 것만은 사실이나 주인은 아니다 라는 것입니다. 그러면 그 공장 지배인, 당비서는 주인인가 그것도 아닌 것입니다. 그들도 언제 간부사업이 될지 모르니까요 물론 법적으로는 노동자들이 주인이라고 합니다. 그러나 실질적으로는 그렇지 못합니다. 주인이 되게 하려면 주인으로서의 소속감과 주인으로서의 권리를 보장해야 합니다. 그러나 북한의 공업경제 노동계급이 무슨 권리가 있습니까. 언론 집회 시위 자기의견을 마음대로 표출할 수 있는 표현의 자유가 완전히 막힌 사람들에게 어떻게 주인이라고 말할 수 있겠습니까 이것은 절대로 아닙니다. 인정하십시오

기타 모든 분야에서의 자유와 권리는 자주성과 창조성을 보장하는데 선결조건입니다. 결론적으로 주인다운 입장과 창조적 존재로서의 사회적 인간으로 그 책임을 다 할 수 없도록 인민대중의 손과 발을 얽어매고 입을 막은 것은 김일성 김정일 지금의 김정은입니다.

조선노동당 사상사업 부문 일꾼들과 정치군관 여러분 이것은 사실이며 솔직히 인정하고 고민하십시오

영원한 세상이 되려면 하나님이 이미 인간들에게 부여하신 자주성과 창조성을 마음껏 발현될 수 있는 국가를 만들어야 합니다. 그길은 하나님을 인정하고 하나님의 통치를 받는 길임을 잊지마십시오

오늘 이만 하겠습니다. 다음 시간에는 주체사상에서 밝힌 의식성에 대하여 하나님의 말씀으로 변론하겠습니다. 기다려 주십시오.

열세번째

성경으로 본 주체사상 6

– 조선노동당 사상사업 부문 일군들과 정치군관 여러분께

창세기 (1장 28절)

하나님이 그들에게 복을 주시며 하나님이 그들에게 이르시되 생육하고 번성하여 땅에 충만하라, 땅을 정복하라, 바다의 물고기와 하늘의 새와 땅에 움직이는 모든 생물을 다스리라 하시니라 지난 시간에는 주체사상에서 밝힌 사람의 본질적인 속성인 창조성에 대하여 말씀을 드렸습니다. 이미 하나님께서 인간을 창조하실 때 우리 인간에게 천지 만물을 다스릴 수 있는 지위적 권위를 주시었고 그와 함께 하나님이 창조하신 천지만물을 다르려 나갈 수 있는 창조성을 부여하여 주신 것에 대하여 말씀을 드렸습니다. 그러므로 주체사상에서 밝혔다고 하는 인간의 창조성은 이미 하나님께서 인간에게 부어주신 그 창조성을 몰래 훔친 것입니다. 그런데 마치 주체사상에서 인간의 창조성을 새롭게 밝힌 것처럼 주장하고 있습니다. 이점을 하나님의 말씀인 성경으로 변론했었습니다. 그 변론의 결과는 주체사상은 새롭게 창조된 것이 아니라 하나님의 말씀인 성경에서 몰래 훔쳐온 것이라고 할 수 있습니다.

오늘은 역시 주체사상에서 밝혔다고 하는 인간들이 가지고 있는 의식성에 대하여 말씀드리려고 합니다.
이 문제도 김정일이가 노작에서 이야기 한 그 이야기로부터 해서 풀어나가려고 합니다.
김정일은 자신의 노작 〈주체철학에 대하여〉 27페이지에서 다음과 같이 이야기 했습니다.
“사람은 의식성을 가진 존재, 의식적인 사회적 존재입니다. 의식성은 세계와 자기 자신을 파악하고 개변하기 위한 모든 활동을 규제하는 사회적 인간의 속성입니다.”
사람은 의식성으로 세계와 그 운동발전의 합법칙성을 파악하며 자연과 사회를 자기 요구에 맞게 개조하고 발전시켜 나갑니다. 의식성에 의하여 사회적 존재인 사람의 자주성, 창조성이 담보되며 그 합목적적인 인식활동, 실천 활동이 보장됩니다.

조선노동당 사상사업 부문 일꾼들과 정치군관 여러분 주체사상에서 밝힌 사람이 의식성을 가진 사회적 존재이며 또 그 의식성에 의하여 자주성, 창조성이 담보된다는 것에 대하여 인정합니다. 언제나 그러했던 것처럼 우리 기독교에서는 주체사상을 틀렸다고 이야기 한 적이 없습니다. 다만 주체사상은 하나님이 해결한 인간문제를 마치 주체사상이 해결한 것처럼 하나님의 말씀을 표절한 것과 절대자인 하나님의 자리에 수령이라는 존재가 그 자리에 앉아 하나님의 노릇을 하고 있는 문제에 대하여 반박하며 비판하며 변론하는 것입니다. 참신은 창조주이시며 역사의 주권자이신 하나님 한 분밖에는 존재하지 않습니다. 그리고 신은 절대로 죽지 않습니다. 그러나 북한은 신격화한 수령들을 하나님이라고 하고 전지전능하신 분이라고 하고 영원하다고 합니다. 그것은 신이 아니라 인간에 불과 한 것입니다. 그래서 주체사상을 철회하라는 것입니다. 오늘 이야기 해야할 의식성에 대한 문제도 바로 그렇습니다.

의식성과 정신은 같은 개념이면서도 사소한 차별을 가지고 있습니다.
정신이 무엇인가 라고 한다면 사람의 뇌수 활동에 의하여 일어나는 관념논적 현상의 총제, 객관적 사물세계의 반영을 정신이라고 말할 수 있습니다.
의식은 사람의 머릿속에 있는 정신적, 관념논적 현상의 총체, 또는 이러저러한 관념, 사상을 말합니다. 이러한 정의도 여러분들의 철학에서 밝힌 정의입니다. 정신과 의식이라는 개념에는 어떠한 이념적 성격이 부여되어 사상화 되는 것을 말합니다. 말하자면 공산주의 사상은 순수한 의식에 노동계급적 성격을 더하여 나온 사상이라는 것처럼 말입니다. 때문에 사람이 공산주의자가 되고 또는 반공산주의자가 되는 것은 인간의 기원 때부터 인간의 창조주가 만들어준 의식, 그 순수한 의식에 노동계급적 성격을 더하면 공산주의자가 되는 것이고 그렇지 않고 순수한 의식에 자유민주주의적 사상을 더하면 그것은 공산주의자와는 반대되는 반공산주의자일 것입니다.

조선노동당 사상사업 부문일꾼들과 정치 군관 여러분

그러면 우리는 여기서 사람과 의식성의 기원부터 해명하여야 한다고 봅니다. 모든 것이 그런 것처럼 그 시작인 기원부터 해명하지 않는다면 그 것은 공중에 떠있는 뿌리가 없고 초석이 없는, 정의할 수도 없고 해명할 수도 없는 허탄한 것 밖에는 될 수 없는 것입니다. 여러분들은 사람의 의식성의 기원을 어디에서부터 시작되었다고 생각하십니까. 사람의 의식성은 사람의 기원과 함께 시작된 것입니다. 그렇다면 사람의 기원이 문제입니다. 물론 앞서 이야기한 부분들에서 하나님의 말씀으로 명확히 답변을 드렸습니다. 다시 한번 더 말씀을 드리고 싶은 것은 여러분들이 배우고 있는 진화론에서 밝힌 원숭이가 사람으로 진화되었다는 것은 아무런 근거도 없고 비과학적입니다. 저는 지금도 생각이 납니다. 제가 진화론 시간에 그 진화론을 가르쳐준 선생님에게 원숭이는 또 어디에서 생겼습니까. 그리고 원숭이가 사람으로 진화되었다면 지금의 아프리카 원숭이들은 왜 사람으로 진화되어 사람이 사는 마을로 도시로 내려오지 않습니까. 라고 물어본 생각이 납니다. 그때 그 선생님은 답변을 하지 않았고 선생을 가지고 논다고 하면서 저를 막 욕했습니다. 저는 진실로 물어본 것인데 말입니다. 그때 그 선생님이 좀더 심도있게 강의를 준비했더라면 사람은 하나님께서 창조해 주신 것이라고 말했을 것입니다. 원숭이는 무엇에서부터 생겼는가를 따지고 들어가면 결국은 하나님께로 가게 되어있습니다. 한편 황장엽 선생은 자신이 집필한 〈인간중심 철학 원론〉에서 인간은 지금으로부터 35억 년 전 우주의 빅뱅에 의해 생명체가 생겼고 결국 그 생명체의 진화에 의해 오늘의 인간이 되었다고 밝히고 있습니다. 저는 거기에 대해서도 반박했었습니다. 그렇다면 인간은 아직도 진화 과정에 있는 것인데 그 진화의 끝은 어디인가, 인간이 진화된다면 의식성도 진화되겠는데 주체사상에서 밝힌 자주성, 창조성, 의식성은 어디까지 진화될 것인가 라고 말입니다. 설사 우주의 폭발이 있었다고 해도 그것은 영원 전부터 계신 하나님의 섭리에 의한 것이라고 반박을 했습니다.

만일 여러분들이 주장하는 진화론을 인정한다면 자주성, 창조성, 의식성도 함께 진화되는 것인데 주체사상에서 밝힌 자주성, 창조성, 의식성은 사회적 존재인 사람의 속성이라고 하는데 진화와 함께 자주성, 창조성, 의식성의 진화의 전망도 주체사상에서는 밝혀야 하는 것이 당연한데 밝히지 않고 있습니다. 물론 동물과 달리 고정불변한 것이 아니라 낮은 단계로부터 높은 단계로 단순한 형태로부터 복잡한 형태로 불완전한 것으로부터 완전한 것으로 발전한다는 것을 주장할 것입니다.

조선노동당 사상사업부문 일꾼들과 정치군관 여러분
의식성의 기원이 인간의 기원과 함께 시작된 것은 부인할 수 없습니다. 의식성은 인간의 뇌수에 반영된 객관적 사물세계의 총체이니 부인할 수가 없습니다. 그런데 인간보다 사물이 먼저 창조됐습니까. 사물보다 인간이 먼저 창조됐습니까. 사물이 인간의 뇌수에 반영된 것이 정신이고 의식성이라고 한다면 반드시 사물이 인간보다 먼저 생겼다는 결론에 떨어집니다. 이 사물은 누가 만들었습니까. 이 사물은 어디에서 진화 되었습니까. 여러분들이 말하는 진화 이론대로 하면 사물 즉 자연과 지극히 복잡한 우주공간 모든 것도 진화된 것이라고 말해야 옳지 않습니까. 물론 천지만물과 사람의 자주성과 창조성, 의식성은 변화 발전해야 합니다. 고정불변하지 않습니다. 변증법적 유물론 철학에서는 모든 사물은 고정불변한 것이 아니라 부단히 변화 발전한다고 정의하고 있습니다. 그것도 인정합니다. 그렇지만 변화 발전이 진화되는 것과는 다릅니다.

오늘의 북한의 김일성주의 철학은 '사람은 단순한 물질적 존재, 생물학적 존재가 아니라 사회적 존재이다. 사람은 사회적 존재라는 점에서 다른 모든 물질적 존재들과 근본적으로 구별됨으로 사회적 존재에 고유한 근본 속성만이 사람의 본질적 속성을 이룬다. 사람의 자주성은 사회적 존재인 사람에게만 고유하며 자연적 생물학적 속성이 아니라 사회적 속성이다.' 라고 주장하고 있습니다. 말하자면 사람도 물질세계의 한 존재이지만 기타 이외의 물질과는 근본적으로 다르다는 것입니다. 옳습니다. 문제를 옳게 봤습니다. 그러면 사람은 왜 물질적 존재이면서도 다른 물질과는 근본적으로 다릅니까. 여러분들의 철학에서는 이 문제를 해명하지 못하고 있습니다.

조선노동당 사상사업 부문일꾼들과 정치군관 여러분
이 문제를 해결하려면 창조주이신 하나님께로 돌아와야 합니다. 다시 한번 더 하나님의 말씀인 창세기 1장 26-28절을 봉독해 드리겠습니다.
“하나님이 이르시되 우리의 형상을 따라 우리의 모양대로 우리가 사람을 만들고 그들로 바다의 물고기와 하늘의 새와 가축과 온 땅과 땅에 기는 모든 것을 다스리게 하자 하시고 하나님이 자기 형상 곧 하나님의 형상대로 사람을 창조하시되 남자와 여자를 창조하시고 하나님이 그들에게 복을 주시며 하나님이 그들에게 이르시되 생육하여 번성하여 땅에 충만하라, 땅을 정복하라, 바다의 물고기와 하늘의 새와 땅에 움직이는 모든 생물을 다스리라 하시니라“ 아멘

자 보십시오. 그리고 들으십시오. 사람은 동물철학의 산물로 생겨난 것도 아니며 진화론의 결과물도 아니며 하나님께서는 천지 만물을 창조하시고 그 천지만물을 다스려 나가야 할 동력이 필요로 했습니다. 그래서 모든 만물을 창조하시고 맨 나중 여섯째 날에 하나님께서 하나님 자신의 형상과 모양대로 사람을 창조하시고 사람들에게 이 지구 위에 거주하여 하나님이 창조하신 모든 만물을 다스려 나가라고 축복을 주신 것입니다. 그 만물이 맨 나중에 창조된 사람들의 뇌수에 반영된 것이 사람들의 정신이고 의식인 것입니다. 그 사물이 뇌수에 반영되여 선포된 정신의 산물이 오늘의 동물들의 이름입니다. 때문에 하나님의 말씀 성경 창세기 1장 26-28절 말씀을 여러분들은 암기하고 자주 읊조리며 마음판에 새기고 살아야 합니다. 그래야 하나님의 사람이 될 수 있으며 복을 받을 수 있습니다.

결론적으로 인간에게 주어진 자주성, 창조성, 의식성은 하나님께서 인간을 창조하실 때 중요한 속성이었습니다. 이는 하나님께서 다른 동물과 달리 인간을 하나님의 형상과 모양대로 만드시면서 부어주신 속성입니다. 주체사상에서 자주성, 창조성, 의식성 이것은 앞으로 논하지 말아야 합니다. 하나님께서 주신 그 의식성으로 인해 인간은 오늘까지 이렇게 발전해 왔고 앞으로도 더 발전할 것이며 문제는 하나님께서 주신 의식성인 것만큼 하나님의 뜻대로 정치도 경제도 문화도 발전시켜 나가야 합니다. 하나님의 뜻대로 이 세상을 발전시켜 나가는 것은 이 세상을 하나님께서 창조하셨기 때문입니다. 그것이 곧 하나님 절대주의입니다. 그러니 하나님께 무한 감사해야 합니다.

오늘은 여기까지 하겠습니다. 다음 시간에는 인간 중심 철학이라고 하는 주체사상을 하나님의 중심철학인 성경으로 변론하는 변론의 말씀을 드리겠습니다. 다음 시간을 기다려 주십시오.

열네번째

성경으로 본 주체사상 7

– 북한의 인테리 여러분께

골로새서 (1장 16-17절)

만물이 그에게서 창조되되 하늘과 땅에서 보이는 것들과 보이지 않는 것들과 혹은 왕권들이나 주권들이나 통치자들이나 권세들이나 만물이 다 그로 말미암고 그를 위하여 창조되었고

또한 그가 만물보다 먼저 계시고 만물이 그 안에 함께 섰느니라

북한에서 '인테리' 라 하면 고등 교육을 받은 사람들을 말할 것입니다. 언제인가 김일성은 인테리 백만 대군을 마련하면 기술혁명과 문화 혁명을 완성할 수 있다고 이야기를 했습니다. 물론 당의 영도하에 노동계급화 혁명화된 인테리들을 말하는 것일 것입니다. 지금 북한은 백만 인테리들을 훨씬 넘어섰을 것입니다. 민족간부 양성기지들인 대학들에서 배출되는 인테리들이 당의 간부사업 수급에 맞추어 보더라도 백만은 훨씬 넘을 것입니다.

일정한 전문지식과 기술을 가지고 정신노동에 종사하는 사회계층을 인테리라고 할 수 있습니다.

김일성은 생존에 이렇게 이야기 했습니다.

"인테리는 주로 자기의 지식과 기술을 가지고 이런 또는 저런 계급에게 복무합니다."

북한은 해방된 첫날부터 새조국건설에 인테리들이 충실히 복무할 것을 요구하였고 또 그렇게 했습니다. 당에 충실하면 써먹는 것이고 충실하지 못하면 아무리 전문지식과 기술이 있는 인테리라고 해도 프롤레타리아 독재를 실시했습니다. 이것은 한마디로 당을 따르면 사는 것이요 당을 따르지 않으면 죽는 것이다. 이러한 계급적 인생관을 인테리들에게 확실하게 심어준 것이 북한 노동당의 인테리 정책이었습니다. 이것을 인테리 노동계급화, 혁명화라고 했습니다.

김일성은 이에 대하여 다음과 같이 이야기 했습니다.

"인테리들을 혁명화하며 노동계급화 한다는 것은 인테리들의 의식 속에 남아있는 낡은 사상 잔재를 완전히 없애고 그들을 노동계급의 혁명사상으로, 공산주의 사상으로 무장시켜 진정한 노동계급의 인테리로 열렬한 공산주의자로 육성한다는 것을 의미합니다."

이것은 아무리 전문 지식과 기술을 가지고 있어도 그 자체가 사상은 아니라는 것입니다. 결국 인간은 어떤 사상의 지배를 받아 살게 되어 있다는 것입니다. 그렇다면 여러분들은 어떤 사상의 지배를 받고 살아갑니까. 물론 당의 유일적 영도체제 안에서만 살아가고 있다는 것을 잘 알고 있습니다. 문제는 영혼 속 아주 깊은 곳에서 여러분들을 재촉하는 사상이 들어 있을 것입니다. 이것은 아닌데, 이것은 아닌데, 하지만 어쩔 수 없지 않느냐? 라는 심정으로 살아가는 여러분들이라는 것을 잘 알고 있습니다.

북한의 인테리 여러분

오늘 여러분들과 같이 논하자는 문제가 주체사상에서 밝힌 인간중심 철학에 대하여 라는 문제입니다. 사람은 이 세상을 개조하고 변혁해 나가는 아주 필연적인 역량입니다. 여기에 대해서 부인할 사람은 누구도 없을 것입니다. 때문에 주체사상에서 사람이 모든 것의 주인이며 모든 것을 결정한다고 말하고 있습니다. 사람이 모든 것의 주인이니 당연히 자연과 사회 복잡한 우주공간에서 사람이 중심이다. 이런 결론을 끄집어 낼 수 있습니다. 또 끄집어 내야 하는 것이 당연한 것입니다. 세계를 보고 판단 분석하는 것이 세계관인데 우리 인간들의 눈에는 눈으로 본 모든 사물이 뇌수에 반영된 그리하여 사유된 인식밖에는 없습니다. 그러나 보이지 않는 세계도 있다는 것을 여러분들은 알아야 합니다. 많은 경우 공산주의자들은 보이지 않는 세계를 믿지 않으려고 하는 것이 보편적이라는 것을 우리는 알고 있습니다. 그러나 분명히 하나님께서는 성경에서 말씀하고 있습니다.

골로새서 1장 16절과 17절에서 하나님은 다음과 같이 말씀하고 계십니다.

“만물이 그에게서 창조되되 하늘과 땅에서 보이는 것들과 보이지 않는 것들과 혹은 왕권들이나 주권들이나 통치자들이나 권세들이나 만물이 다 그로 말미암고 그를 위하여 창조되었고 또한 그가 만물보다 먼저 계시고 만물이 그 안에 함께 섰느니라” 아멘

북한의 인테리 여러분

세계를 보고 판단 분석하는 즉 세계에 대한 철학적 견해와 관점은 하나님의 말씀에 근거하여 견해와 관점을 가져야 합니다. 왜냐하면 하나님 다음으로 귀중한 존재인 여러분들이 이 세상에서 중심이라고 하는 인간도 그리고 세계도

하나님께서 창조하셨기 때문입니다. 하나님의 창조에 대해서는 이미 여러차례 이야기 했기 때문에 더 강조하지 않겠습니다만 그렇다면 여러분들은 하나님께서 분명히 말씀하신 부분인 보이는 것만을 세계라고 판단 분석하여서는 안 된다는 것입니다. 이 세상에는 보이는 것과 보이지 않는 것도 분명히 있다는 것입니다. 보이는 것은 보이는 것이기 때문에 그렇다 치더라도 보이지 않는 부분에 대해서 말씀을 드린다면 우선 하나님은 보이지 않습니다. 하나님은 영이시라고 하나님 자신이 성경을 통해 말씀해 주셨습니다. 그러나 하나님께서는 인간들이 하나님을 믿고 신뢰하지 않는 데서부터도 그러했겠지만 무엇보다도 인간의 죄 문제를 해결하기 위해 성자 하나님을 인간의 모습으로 이 세상에 보내셨던 것입니다. 하나님은 전지전능하시기 때문에 영적인 모습으로 존재하지만 인간의 모습으로 이 땅에 오셨습니다. 그리고 사람들에게 보이시고 우리들의 죄를 대속하셔서 그 값으로 죽으셨다가 하나님의 능력으로 다시 사셔서 지금은 하나님의 우편에 계십니다. 그다음은 인간이 하나님으로부터 기원되어 지금까지 살아오면서 새로 발견한 모든 과학 특히 자연과학들은 과학자들이 연구한 것 같습니다. 하지만 사실은 하나님의 창조적 비밀에 다 들어 있는 것입니다. 이 세상을 다스려 나아가라고 하신 하나님의 말씀대로 다스려 나아가는 과정에 발견하고 인식하고 이용하는 모든 문제가 원래는 보이지 않는 것들이었습니다. 앞으로 보이지 않는 것들은 얼마든지 있을 것이며 인간들은 계속해서 발견하고 인식하고 이용할 것입니다. 그러니 하나님께 감사해야 합니다. 그리고 빛이 있지만 보이지는 않습니다. 사람에게 있는 양심도 보이지 않습니다. 또한 사랑도 보이지는 않습니다. 그러나 존재하고 있는 것입니다.

여러분 공산주의적 관점으로 눈에 보이는 것만을 세계라고 하고 보이지 않는 것을 믿으라면 미신이라고 하는 것은 비과학입니다.

북한의 인테리 여러분

여러분들이 인간을 혁명과 건설의 중심, 세계의 중심으로 보는 문제도 여러분들은 잘못 인식하고 있습니다. 역사의 주체, 혁명과 건설의 중심, 세계에서 인간이 중심이라는 주체사상의 논리는 아주 잘못된 것입니다. 한마디로 인간은 중심이 될 수 없습니다. 이렇게 말하면 여러분들은 큰일 났다고 할 것입니다. 분명한 것은 모든 것의 중심은 하나님이십니다. 그리고 이세상의 주인도 하나님이십니다. 하나님께서 만드셨으니 하나님의 것입니다. 자연의 법칙이나 지극히 복잡한 인간사회의 발전과 그를 추동하는 주체도 하나님이십니다. 모든 것이 하나님께로 온 것이기 때문입니다. 다만 인간은 죄의 유전으로 인해 죄인이기 때문에 하나님의 뜻대로 이 세상을 관리하고 다스려 나아가지 못하는 문제는 존재하며 그것은 하나님 안에서 회개하고 하나님의 자비과 긍휼을 입어 고쳐 나아가야 합니다.

여러분 백번 천번 생각해 보십시오. 천지 만물도 인간도 하나님께서 만드셔서 우리 인간들에게 이 지구 위에 거주하면서 생육하고 번성하며 하늘의 것과 땅의 것과 물과 물안에 있는 모든 생물을 다스리라고 축복하셨습니다. 주인과 중심은 하나님이십니다. 그래서 우리 인간은 하나님을 중심으로 그 분을 잘 믿고 그 분께서 주신 말씀에 순종해 나아가면 언제나 복을 받을 수 있습니다. 때문에 인간은 중심이 될 수 없으며 있다면 하나님께서 부여하여 주신 관리적 즉 다스려 나아가는 차원에서 청지기로서 주인의 지위와 역할을 할 수 있는 것입니다.

또한 인간이 중심이 될 수 없는 것은 인간은 하나님의 통치를 받아야 할 존재이기 때문입니다. 인간은 완벽하다고 봅니까. 그것은 여러분들도 인정하지 않을 것입니다. 설사 여러분들이 인정한다고 해도 이미 죽은 김일성이 인간은 완벽한 존재가 아니라고 교시를 하였으니 그것은 맞는 것입니다. 인간이 완벽한 존재가 아니라는 것에는 김일성 김정일 김정은도 다 포함된다는 것을 꼭 염두에 두십시오. 오늘 북한에서 모든 일이 잘 안 되는 이유는 김일성 김정일 김정은 이 사람들을 완벽한 사람이라고 하고 더 나아가 신으로 보기 때문입니다. 인간은 완벽한 존재가 아니기 때문에 완벽한 존재로부터 통치를 받아야 인간답게 살아갈 수 있습니다. 인간답다고 하는 것은 창조적 본성을 말하는 것입니다. 하나님의 형상과 모양을 말하는 것입니다. 그 완벽한 존재가 어디에 있습니까 이 세상에는 없습니다. 있다면 하나님 그 분이십니다. 하나님에 대해 창조주 하나님, 절대적 하나님, 진리의 하나님, 사랑의 하나님, 공의의 하나님, 이 세상을 시작하고 심판하실 하나님 그래서 하나님을 알파와 오메가라고 이야기 합니다. 그러니 하나님이 중심이시고 우리 인간들은 중심이 될 수가 없다는 것입니다. 그러한 이유로 주체사상은 북한에서 실현되지 않고 있으며 영원히 실현될 수 없는 사상입니다. 여러분들도 인간은 완벽한 존재가 될 수 없는 것을 알기에 인간문제를 해결한다고 하면서 주체사상을 내놓은 것이 아닙니까. 그러다 인간을 통치할 완벽한 존재를 모색해서 수령을 신격화한 것이 아닙니까. 인간을 신격화 한다고 해서 신이 되는 것은 아니지 않습니까. 인테리 여러분들이 냉철하게 분석해 보아야 합니다.

인간이 중심이 될 수 없는 것은 인간은 하나님께로 온 존재이기 때문입니다. 우리는 하나님을 아버지라고 부릅니다. 이것은 너무나도 당연한 것입니다. 하나님이 나를, 우리 모두를 만들어 주셨으니 아빠 아버지라고 부릅니다. 그래서 인류의 출신성분은 하나님이신 것입니다. 북한 당국처럼 사람들의 출신성분을 논할 때 소유권이 얼마나 있었나 또 미국과 남조선과 어떤 관계에 있는가를 따질 필요가 전혀 없습니다. 그런데 그것을 가지고 적군과 아군을 갈라놓고 있는 것입니다. 하나님 안에서는 적군과 아군이 없습니다. 이렇게 말하면 여러분들은 또 무장 해제시킨다고 하면서 큰일 났다고 할 것입니다. 민족도 국가도 개별적 사람도 완벽하지 못하기 때문에 정책과 노선을 세우고 민족을 이끌어 나아감에 있어서 오류를 범할 수 있습니다. 그래서 하나님께로 돌아와 하나님의 말씀을 또 공부하고 그 말씀에 입각하여 정치도 하고 경제도 하고 문화도 발전시켜야 하는 것입니다. 하나님께로부터 온 존재이기 때문에 하나님은 중심이고 우리모두는 그분의 말씀에 순종하는 청지기로서의 주인다운 역할을 해야 하는 것입니다.

인테리 여러분 또한 인간은 죄인이기 때문에 중심이 될 수가 없습니다. 여러분들은 당과 수령의 주위에 굳게 뭉치자고 합니다. 그리고 뭉쳐 있다고 합니다. 왜 수령의 주위에 뭉치자고 합니까. 수령은 신이시고 죄가 없으시고 전지전능하시고 멀리 내다보시고 혁명과 건설에서 최고 뇌수라고 하기 때문에 수령의 주위에 뭉치자고 하고 수령을 결사 옹호하고 보위하자고 하는 것이 아닙니까. 그러나 이것을 알아야 합니다.

중심이 될 수 있는 표징을 갖추자면 첫째로 죄가 없어야 합니다.
여러분들은 인간이 중심이라고 하는데 인간은 이렇게 보나 저렇게 보나 죄인입니다. 그렇다면 죄악된 존재들이 아무리 뭉쳐서 지위와 역할을 다 하여야 하는데 그 죄 때문에 지위도 안되며 역할도 안됩니다. 죄악된 무리는 죄 외에 낳는 것이 없습니다. 그런데 어떻게 중심이 될 수 있다는 것입니까. 죄 문제를 해결하려면 하나님께로만 나아가야 합니다. 중심은 본질에 있어서 순결해야 하고 정직하고 티가 없어야 합니다. 인간은 그럴 수가 없습니다. 때문에 하나님만이 중심이 될 수 있는 것입니다.

북한의 인테리 여러분
주지하는 바와 같이 북한이 주체사상을 지도사상으로 하여 사람이 중심이고 그 지위와 역할 문제를 정의하고 그를 구현해 보려고 지금까지 애써 왔지만 절대로 안되지 않습니까. 그렇다면 이제는 분명히 무엇이 잘못된 것이 있을 것이라는 것을 성찰할 때가 된 것 같습니다. 벌써 때가 늦었다고 할 수도 있습니다. 인테리 여러분들은 이 모든 것을 다 알고 있으면서도 그 땅에서 어떻게 자기의 주장, 자기의 이론과 철학을 내놓을 수가 있겠습니까. 인테리들은 자기의 이론과 지식 학식을 뚜렷하게 해서 하나님의 창조섭리 안에 있는 아직 인간이 다 모르고 있는 것들을 찾아내어 인민 대중에게 안겨주며 또 그것이 인민 대중의 복리 증진에 이용되도록 할 임무가 여러분들에게 있는 것이 아닙니까. 그러자면 명백한 정답은 하나님을 인정하고 믿어야 합니다. 어렵겠지만 하나님을 믿고 하나님을 위해 헌신하고 순종하는 여러분들이 되시기를 축원합니다.

오늘은 여기까지 하겠습니다. 다음시간에는 진리와 자유에 대하여 하나님의 말씀에 입각하여 말씀드리겠습니다. 다음 시간을 또 기다려 주십시오

열다섯번째

진리와 자유에 대하여

– 북한 동포 여러분께

요한복음 (8장 31-36절)
그러므로 예수께서 자기를 믿은 유대인들에
게 이르시되 너희가 내 말에 거하면 참으로
내 제자가 되고
진리를 알지니 진리가 너희를 자유롭게 하리
라
그들이 대답하되 우리가 아브라함의 자손이
라 남의 종이 된 적이 없거늘 어찌하여 우리
가 자유롭게 되리라 하느냐
예수께서 대답하시되 진실로 진실로 너희에
게 이르노니 죄를 범하는 자마다 죄의 종이라
종은 영원히 집에 거하지 못하되 아들은 영원
히 거하나니
그러므로 아들이 너희를 자유롭게 하면 너희
가 참으로 자유로우리라

사랑하는 북한동포 여러분
오늘은 진리와 자유에 대해서 말씀드리려 합니다. 오늘도 하나님의 말씀인 성경을 놓고 참된 진리와 자유가 무엇이며 과연 지금 우리는 참된 진리와 자유를 향유하고 있는가. 만일 그렇지 못하다면 왜 진리와 자유를 향유하지 못하고 있는가. 못하고 있다면 진리와 자유를 향유하려면 어떻게 하여야 하는가. 이런 맥락에서 이야기 하겠습니다.
하나님께서는 성경 요한복음 8장 31절로 36절에서 다음과 같이 말씀하십니다. "그러므로 예수께서 자기를 믿는 유대인들에게 이르시되 너희가 내 말에 거하면 참으로 내 제자가 되고 진리를 알지니 진리가 너희를 자유롭게 하리라 그들이 대답하되 우리가 아브라함의 자손이라 남의 종이 된 적이 없거늘 어찌하여 우리가 자유롭게 되리라 하느냐 예수께서 대답하시되 진실로 진실로 너희에게 이르노니 죄를 범하는 자마다 죄의 종이라 종은 영원히 집에 거하지 못하되 아들은 영원히 거하나니 그러므로 아들이 너희를 자유롭게 하면 너희가 참으로 자유로우리라" 아멘

그러면 먼저 진리는 무엇인가를 이해하고 인식하는 것이 무엇보다 중요하다고 생각합니다. 저는 늘 여러분들과 이야기를 할 때 여러분들의 철학이라든가 아니면 김일성의 교시나 김정일의 말씀에서 정의된 문제들을 먼저 말씀을 드리고 거기에 어떤 모순이 있는가. 그리고 주지하는 바와 같이 오늘 온 세상이 다 인정하는, 왜 북한 땅에 참된 진리와 자유가 향유되지 못하고 있는가 라는 문제를 하나님의 말씀으로 변론하여 왔습니다. 오늘도 그러한 논리를 가지고 여러분들과 이야기를 나누려고 합니다.

그렇다면 진리란 무엇입니까.
김일성은 저작선집 7권 418페이지에서 다음과 같이 이야기 했습니다.
"실천은 인식의 출발점이며 진리의 기준이며 이론 발전의 추동력입니다."
이것을 조금더 해석하면 진리의 기준은 실천이라는 것입니다. 진리의 기준이

실천으로 되는 것은 무엇보다도 실천이 이론과 객관적 현실이 일치하는가 안 하는가를 검증할 수 있게 하기 때문입니다. 또한 실천은 이론의 진리성뿐만 아니라 그의 가치를 검증하는 기준을 이룬다는 것입니다. 지식, 이론, 사상의 참다운 가치는 그것이 실천에 구현되어 사람들의 자주적이며 창조적인 생활에 얼마나 이바지 하는가에 따라 규정됩니다. 이와 같이 인식의 결과로서의 지식, 이론은 실천에 적용되어 생활력이 발휘될 때 진리로 확증된다는 것입니다.

사랑하는 북한 동포여러분 그러면 참다운 자유란 무엇입니까.

저는 북한에 있을 때 저희 부대 군기에 '조국의 자유와 독립을 위하여' 라고 쓰여진 글을 자주 보았습니다. 그때마다 '내가 조국의 자유를 위해서 저 군기 앞에서 선서를 했고 그 자유를 위하여 목숨 바쳐 싸울 것이다.' 라고 생각했습니다. 그러나 자유가 무엇인지 몰랐습니다. 이 방송을 듣고 계시는 북한동포여러분, 여러분들도 자유가 무엇인가 물어보면 그것에 대해 정확히 대답할 수 없을 것입니다. 철학적으로 자유의 성의를 모르기 때문이 아니라 삶에 자유가 향유되고 있지 않기 때문입니다. 맛을 보지 못한 자유를, 체험해 보지 못한 자유를 여러분들이 어떻게 알겠습니까.

보편적 국어사전적인 정의로 자유에 대해 정의한다면 남에게 구속 받거나 얽매이지 않고 자기 뜻대로 행동하는 것, 평등, 권리, 의무, 자격 등이 모든 사람들에게 골고루 똑같이 적용되는 것을 말합니다.

오늘 하나님께서는 진리를 알라고 하십니다. 그래야 진리 안에서 자유 할 수 있다고 말씀을 하십니다. 자유는 반드시 진리 안에서만 향유되어야 참 자유가 된다는 것을 의미합니다. 말하자면 진리를 떠난 자유는 있을 수 없고 자유하려면 반드시 진리 안에 있어야 한다는 것입니다. 그리고 진리가 그런 것처럼 자유도 철저하게 객관성을 가지고 있다는 것입니다. 실천이 기준이라고 한 김일성의 말이나 남에게 구속받거나 얽매이지 않고 자기 뜻대로 살아가는 자유로 여러분들의 철학에서 가르치는 바와 같이 진리와 자유라는 것에 계급적 성격을 부여해서는 안됩니다. 그래서 모든 이론에 모순과 갈등이 있다는 것입니다. 실천이 기준이 된다면 어떻게 거기에 계급적 성격을 부여합니까. 그렇다면 여러분들의 실천은 노동계급적 실천만을 향유되어야 진리라고 할 것이 아닙니까. 그런데 진리는 객관성을 띤다고 합니다. 그 객관의 세계가 노동계급의 세계만을 이야기하는 것은 절대로 아니지 않습니까. 어쨌든 그 문제는 조금 뒤로 하겠습니다. 우선은 김일성이 이야기 한 진리의 기준이 실천이라고 한 것만큼 그 실천을 놓고 그리고 남에게 구속받지 않고 얽매이지 않고 사는 것이 자유라면 그 정의를 놓고 현재 여러분들의 삶을 돌아보며 과연 북한 땅과 북한 영혼들 속에 진리가 있는가, 자유가 있는가, 라는 문제를 고찰하는 것이 중요하다고 생각합니다.

먼저 정치적 실천 활동에서 진리를 찾아보아야 할 것입니다. 김일성은 살아 있을 때 미국은 군사대국이고 일본은 경제대국이고 북한은 정치대국이라고 말했습니다. 그리고 김정일은 대한민국의 정치가들을 향하여 정치 문맹자들이라고 했습니다. 이것은 한마디로 말해 북한은 정치를 아주 잘 하고 있다는 자부심을 가지고 말한 것이라고 볼 수 있습니다. 그렇다면 과연 그 말이 정당한가 하는 문제입니다. 실천만이 진리의 기준이라고 했지만 지금 북한의 정치는 한마디로 말해 수령의 유일 정치입니다. 말하자면 수령 한사람이 다 결정하고 수령이라는 사람의 사상과 의도 밖에는 그 어떤 사상도 정치이론도 용납되지 않는 정치가 북한의 정치가 아닙니까. 그래서 독재 정치라고 말하고 있는 것입니다.

김정일은 이에 대하여 다음과 같이 이야기 했습니다.

"수령은 근로인민대중의 최고 뇌수이며 통일 단결의 중심입니다." 라고 이야기 했습니다.

이것은 수령이 인민대중의 최고 뇌수가 된다는 것이고 무엇보다도 먼저 수령이 인민대중의 조직적 의사의 유일한 체현자가 된다는 것이 아닙니까. 과연 그런 것입니까. 여러분들의 이론은 이렇지만 김정일이 살아있을 때 인민대중의 조직적 의사의 체현자로서의 수령이였는가 하는 것입니다. 인민들은 배고프지 않게 먹여 달라고 했습니다. 그런데 김정일은 그런 천진하고 순진한 인민들을 굶겨 죽였습니다. 그런데 어떻게 인민대중의 조직적 의사의 체현자라고 감히 말할 수 있습니까. 지금의 김정은을 어떻게 인민대중의 조직적 의사의 체현자라고 감히 말할 수 있습니까. 이것을 알아야 합니다. 사람으로서는 인민대중의 조직적 의사의 체현자가 될 수 없고 혁명과 건설의 최고 뇌수가 될 수 없습니다. 수령이라고 해서 특별한 존재가 아닙니다. 죄악된 한 인간에 불과한 것입니다. 인민대중의 조직적 의사의 체현자가 되려면 민심을 천심으로 받아들이고 정치를 하면 될 수 있습니다. 천심이라는 것이 무엇입니까. 하나님의 통치를 받아 하나님의 말씀대로 정치를 하라는 것입니다. 따라서 여러분들이 주장하고 있는 이론과 실천은 맞지 않으니 여러분들의 정치 실천을 진리라고 말할 수 없는 것입니다.

여러분들의 정치 실천에 대해서 개괄해서 말씀을 드렸지만 북한당국의 경제 실천에서도 진리를 찾아 볼 수가 없습니다. 북한당국은 주체사상을 경제 분야에 구현하여 자립적 민족경제를 건설한다는 구호를 들고 지금 여기까지 왔습니다.
김일성은 자립적 민족경제 건설에 대하여 다음과 같이 이야기 했습니다.
"자립적 민족경제를 건설한다는 것은 자기 인민의 힘에 의거하여 자기 나라의 실정에 맞는 경제를 건설 함으로서 경제적 자립을 이룩한다는 것을 의미합니다." 또 김일성은 다음과 같은 말을 했다고 합니다. "다른 나라의 경험도 우리나라의 실정에 맞는다면 얼마든지 받아들여야 한다."라고 말입니다. 그런데 현재 북한의 경제는 어떻습니까. 다시는 소생할 수 없는 파탄의 일로를 몇십년째 걸어오고 있지 않습니까. 결과 수백만의 인민들을 굶어죽게 하였고 가정 해체 부모없는 아이들 이 모든 것을 어떻게 책임지겠습니까. 이것도 미국과 남조선 때문이라고 하겠습니까. 지금 북한의 경제적 현실은 개혁개방하여야 한다는 것이 정답입니다. 그것이 이론과 실천의 합일체이며 그렇다면 개혁개방은 진리인 것입니다.

북한 당국은 자존심도 없습니까. 자립적 민족경제 건설을 외치며 인민들을 다 굶겨 죽이며 김정은을 최고 존엄이라고 찬양하고 있습니다. 인간에게 최고 존엄이란 존재도 있을 수 없지만 인민들을 살리고 경제를 살리고 부흥시켜야 참다운 인민의 지도자가 됩니다. 북한 시장과 전역에 중국 상품이 없으면 북한은 못 살아 갈 형편인데 무슨 자존심을 논하는가 하는 것입니까. 인민들을 잘 살게 하는 것을 우선으로 하여야 합니다. 이와 같이 북한 경제 분야에서도 이론과 실천이 괴리됨으로써 진리가 북한 땅에 세워지지 않고 있습니다.

민족문화 건설에서도 북한은 진리를 찾아볼 수 없습니다. 북한당국은 민족문화를 발전시키는 것은 나라와 민족의 자주성을 위한 투쟁에서 나서는 필수적인 요구라고 주장하고 있습니다. 여기에 대하여 부정하지 않습니다. 그러나 북한은 문화 발전 중에서도 특히 문학예술의 발전은 나라와 민족의 자주성이 아니라 수령이라는 한 사람에 대한 우상화에 활용된 수단으로서 진리와는 너무나도 동떨어지게 이어 왔습니다. 오늘날은 옛날 왕정 시대와는 완전히 다릅니다. 한 나라의 대통령이 그의 사상과 의도로 그 나라의 정치, 경제, 문화를 이끌어 나갈 수 없습니다. 그런 시대는 이미 지나갔습니다. 현재 거의 모든 나라들이 개혁개방을 하고 민주주의 정치를 하고 있습니다. 민주주의로 인해 대통령은 국민의 투표로 뽑아지고 일정 기간만 국민을 위해 나라를 다스려야 합니다. 북한과 같이 백두 혈통을 주장하며 김일성의 가족만이 나라를 다스리려고 하는 것은 독재입니다.

북한의 정치나 경제나 문화를 북한 당국이 각 분야에 대해 정의한 이론에 입각하여 분석하여 보아도 진리라고는 찾아볼 수 없습니다. 한마디로 비 정상 국가입니다. 그러니 인민들 속에 자유의 삶이 어떻게 구현되겠습니까. 정치의 자유, 신앙의 자유, 여행의 자유, 말할 수 있는 자유, 표현의 자유, 경제발전의 자유, 인권의 자유, 등 모든 자유가 억압되고 말살된 곳이 오늘의 북한입니다.

하나님께서는 오늘 주시는 말씀에서 진리를 알라고 합니다. 그래야 자유를 누릴 수 있다고 하십니다. 사랑하는 북한동포 여러분 진리를 깨달아야 합니다. 그래야 여러분들이 자유로울 수 있습니다. 그런에 이 세상에는 진리가 없습니다. 어느 나라는 진리에 가까이 있습니다 하지만 북한은 진리와는 완전히 멀리 있습니다. 이처럼 절대적 진리 안에서 정치도하고 경제도 발전시키고 문화도 발전시키는 나라는 없습니다. 오늘의 북한과 같이 진리가 꽉 막힌 나라는 정도의 차이가 있지만 세계적으로 불과 한 두 나라 밖에는 없습니다. 지금 진리를 위해 싸우는 시리아가 북한과 거의 같은 상황이라고 볼 수 있습니다.

왜 그렇습니까. 하나님을 몰라서 그렇습니다. 신앙의 자유가 있어 마음놓고 신앙생활을 하며 절대적인 하나님께 기도하는 나라와 국민들은 자유롭습니다. 우리 대한민국을 보십시오. 마음놓고 하나님을 믿고 마음놓고 하나님께 기도하는 신앙인들이 있기에 자유 대한민국이 아닙니까

사랑하는 북한동포 여러분 자유가 너무나 넘쳐 방종으로 가는 것은 경계해야 합니다. 하나님 안에만 있으면 누구에게 정죄도 받지 아니하며 자기의 뜻대로 마음대로 살아갑니다. 하나님의 형상과 모양 안에서의 동등한 권리를 가지고 살아갑니다. 대통령이 일을 잘못하면 초등학교 학생도 비판할 수 있습니다. 부럽지 않습니까. 여러분들은 김정은에게 하고 싶은 이야기가 얼마나 많습니까.

사랑하는 북한동포 여러분 참다운 자유를 체험하려면 지금이라도 하나님께로 돌아오십시오. 그리고 하나님의 백성이 되십시오. 그러면 예수님께서 자유롭게 해 주십니다. 오늘은 이만 하겠습니다. 다음시간에는 성경말씀 출애굽기 20장 5절과 6절말씀을 가지고 "그것들에게 절하지 말라" 라는 제목으로 말씀드리겠습니다. 다음 시간을 또 기다려 주십시오.

열여섯번째

성탄절은 어떤 날인가?

– 북한 동포 여러분께

마태복음 (1장 18-25절)
예수 그리스도의 나심은 이러하니라 그의 어머니 마리아가 요셉과 약혼하고 동거하기 전에 성령으로 잉태된 것이 나타났더니
그의 남편 요셉은 의로운 사람이라 그를 드러내지 아니하고 가만히 끊고자 하여
이 일을 생각할 때에 주의 사자가 현몽하여 이르되 다윗의 자손 요셉아 네 아내 마리아 데려오기를 무서워하지 말라 그에게 잉태된 자는 성령으로 된 것이라
아들을 낳으리니 이름을 예수라 하라 이는 그가 자기 백성을 그들의 죄에서 구원할 자이심이라 하니라
이 모든 일이 된 것은 주께서 선지자로 하신 말씀을 이루려 하심이니 이르시되
보라 처녀가 잉태하여 아들을 낳을 것이요 그의 이름은 임마누엘이라 하리라 하셨으니 이를 번역한즉 하나님이 우리와 함께 계시다 함이라
요셉이 잠에서 깨어 일어나 주의 사자의 분부대로 행하여 그의 아내를 데려왔으나
아들을 낳기까지 동침하지 아니하더니 낳으매 이름을 예수라 하니라

사랑하는 북한동포 여러분

오늘은 하나님의 말씀인 성경 출애굽기 20장 5절과 6절 말씀을 가지고 "그것들에 절하지 말라" 라는 주제를 가지고 말씀을 나누려고 했습니다만 이 문제는 다음 번에 다시 이야기하기로 하겠습니다. 오늘은 "성탄절은 어떤 날인가" 라는 제목을 가지고 이야기 하겠습니다. 국가와 민족은 고유한 자기들의 명절들을 가지고 있습니다. 그러나 성탄명절은 세계 인류 공통의 명절입니다. 인류최대의 명절이라는 것입니다. 그렇다면 성탄절은 어떤 명절이며 어떤 날인가부터 말씀을 드리겠습니다. 성탄절은 하나님의 독생자이신 예수님이 인간의 모습으로 탄생하신 날을 말하는 것입니다. 이에 대하여 하나님의 말씀인 성경 마태복음 1장 18절에서 25절까지에서 다음과 같이 말씀을 하고 계십니다. "예수 그리스도의 나심은 이러하니라 그의 어머니 마리아가 요셉과 약혼하고 동거하기 전에 성령으로 잉태된 것이 나타났더니 그의 남편 요셉은 의로운 사람이라 그를 드러내지 아니하고 가만히 끊고자 하여 이일을 생각할 때에 주의 사자가 현몽하여 이르되 다윗의 자손 요셉아 네 아내 마리아 데려오기를 무서워하지 말라 그에게 잉태된 자는 성령으로 된 것이라 아들을 낳으리니 이름을 예수라 하라 이는 그가 자기 백성을 그들의 죄에서 구원할 자이심이라 하니라 이 모든 일이 된 것은 주께서 선지자로 하신 말씀을 이루려 함이니 이르시되 보라 처녀가 잉태하여 아들을 낳을 것이요 그의 이름을 임마누엘이라 하리라 하셨으니 이를 번역한즉 하나님이 우리와 함께 계시다 함이라 요셉이 잠에서 깨어 일어나 주의 사자의 분부대로 행하여 그의 아내를 데려왔으나 아들을 낳기까지 동침하지 아니하더니 낳으매 이름을 예수라 하니라" 아멘

사랑하는 북한동포 여러분

이렇게 되어 하나님의 말씀대로 지금으로부터 2000여년 전에 마리아라는 동정녀를 통하여 하나님의 독생자 예수님이 이 땅에 오시었던 것입니다. 바로 그날을 온 인류가 성탄절로 기념하고 있습니다. 때문에 세계 최대의 명절인 것입니다. 예수님께서 이 땅에 오신 것은 역사적 사실로서 그 누구도 부인할

수 없는 사건입니다. 때문에 예수님을 믿는 것은 미신도 아니며 비 과학도 아닙니다. 이렇게 사실적인 사건임에도 불구하고 북한 노동당에서는 역사적 사실을 왜곡하면서까지 예수님을 믿는 것은 미신이라고 하며 여러분들을 현혹하고 있다는 사실을 여러분들은 잘 아셔야 합니다. 사실을 사실대로 믿는 것을 미신 행위라고 한다면 북한 노동당은 거짓말을 하는 당인 것입니다. 언젠가 평양 만경대구역 봉수동에 위치한 봉수교회 전도자라는 여성은 외국의 기자들 앞에서 인터뷰를 했습니다. 과학의 시대인 지금, 예수님의 탄생과 부활을 부인하는 이야기를 했습니다. 저는 그 인터뷰를 동영상으로 보았습니다. 예수님이 이 땅에 오신 것이 거짓이라면 왜 북한에 그리스도 연맹이 있으며 봉수동에 교회는 왜 세워놓았습니까. 그리고 왜 그곳에서 국가의 녹을 먹으면서 전도사 사역을 합니까. 온 인류 앞에 그리고 세상을 향하여 그렇게 거짓말을 하면 안됩니다. 하나님께서는 거짓말 하는 것을 제일 싫어하십니다. 그러니 평양에 있는 봉수교회는 거짓말 교회이며 하나님이 역사하시는 교회는 아니라는 것입니다.

그러면 하나님께서 왜 독생자 예수님을 이 땅에 보내셨습니까.
여러분들은 이 사실을 정확히 아는 것이 아주 중요합니다. 하나님의 말씀인 성경 요한복음 3장 16절에서 하나님은 다음과 같이 말씀을 하십니다.
"하나님이 세상을 이처럼 사랑하사 독생자를 주셨으니 이는 그를 믿는 자마다 멸망하지 않고 영생을 얻게 하려 하심이라" 그러면 이 말씀을 가지고 왜 하나님께서 외아들을 우리 인간들에게 보내시게 되었는지를 한 조항 한 조항 해석해 나가겠습니다.

이미 우리는 여러 번에 거쳐 여러분들과 이 세상의 모든 천지만물들이 하나님이 창조하셨다는 문제에 대하여 은혜를 나누었습니다. 그리고 사람도 하나님이 창조하시되 사람만큼은 하나님의 형상과 모양대로 창조하셨다는 문제에 대해서도 이야기 했습니다. 하나님께서 창조된 사람은 에덴동산이라는 곳에서 하나님과 함께 살았습니다. 물론 하나님의 형상과 모양대로 창조된 인간은 아무러한 죄도 없이 그야말로 하나님의 형상과 모양대로 살았습니다. 하나님께서는 세상을 사랑하되 그중 인간 사람을 제일 사랑하십니다. 때문에 성경은 우리가 하나님을 사랑한 것이 아니요 하나님이 우리를 사랑하셨다고 증언하고 있습니다. 즉 하나님의 본체와 본질은 사랑이십니다. 그런데 하나님과 함께 행복하게 살던 최초의 인간인 아담과 하와가 그만 죄를 범하고 말았습니다. 그 죄는 바로 하나님의 말씀에 불순종한 죄였습니다.

사랑하는 북한 동포여러분

인간에게 있어서 가장 큰 죄가 바로 하나님의 말씀에 불순종하는 것이고 하나님을 섬기지 않고 우상을 섬기는 죄가 가장 큰 죄인 것입니다. 우상이란 무엇입니까. 하나님을 섬기지 않고 다른 신들을 섬기는 것을 말합니다. 사랑하는 북한 동포들 같이 사람인 김일성이나 김정일 김정은을 신격화하고 하나님처럼 섬기는 것을 우상이라고 하는 것입니다. 하나님께서는 최초의 인간들이 죄를 짓지 않고 에덴동산에서 하나님과 영원히 살 수 있도록 창조하셨는데 위에서 이야기 한 것처럼 죄를 짓게 됨으로서 인간에게는 많은 고통과 죽음을 가져오게 된 것입니다. 성경은 죄의 삯은 사망이다. 라고 정의하고 있습니다. 죄를 짓게 됨으로 사람에게 죽음이 왔고 세상에 살면서 인생에 많은 고통이 온 것이 바로 죄로 인한 결과인 것입니다. 그렇다면 이 죄를 어떻게 해결할 것인가 하는 문제입니다. 이 문제는 인간으로서는 절대로 해결할 수 없는 문제입니다. 그 이유는 최초의 인간으로부터 유전받은 우리 모든 인간들은 다 죄인이며 죄아래 있게 되었습니다. 그렇다면 죄인된 인간이 죄인을 어떻게 해결합니까. 성경은 죄를 해결함에 있어서 피를 흘린자의 피가 아니고서는 죄를 사할 수 없다고 정의하고 있습니다. 왜 죄문제를 해결하는데 피가 필요합니까. 그것은 죄의 삯은 사망이고 사망의 상대성은 생명인데 생명은 곧 피를 말하는 것입니다. 그 생명이 죄로 인해 죽었다는 것은 피를 흘렸다는 것이고 그렇다면 피를 흘린자의 피가 아니고서는 죄를 사할 수 없다는 결론에 도달하게 됩니다.

사랑하는 북한동포 여러분

하나님은 일찍 인간이 죄를 짓고 하나님과 단절된 순간부터 그 죄를 사할 수 있는 계획을 가지고 있었습니다. 죄 없는 사람이 피를 흘려 죽어야만 죄를 사할 수 있는데 죄 없는 사람이 없었습니다. 죄 없는 사람은 결코 있을 수 없습니다. 그래서 하나님께서는 자신의 외아들 독생자 예수님을 이 세상에 사람의 몸으로 보내셨습니다. 놀랍게도 처녀가 직접 예수님을 낳게 하셨습니다. 하나님은 전지전능하신 분이십니다. 그리하여 하나님께서 하나님의 영인 성령으로 마리아라는 처녀의 몸을 통해 예수님을 잉태시켜 세상에 보내셨습니다. 그리고 예수님을 하나님이 원하시는 때에 천국복음과 진리를 전파하게 하시고 십자가에 못박혀 죽게 하시었습니다. 십자가에 못 박힐 때 한 방울도 남김없이 흘린 피가 인간들의 죄에 대한 사함의 대속적 제사 제물이었습니다. 그로 인해 우리 인간들은 예수그리스도의 피, 그 피로 구속 받았다는 사건만 믿으면 구원을 받고 하나님의 백성으로서 영원히 천국에서 살 수 있는 천국 백성이 될 수 있습니다.

이 세상에 인간들의 죄를 구원하실 분은 예수님 밖에는 없습니다. 하나님께서는 이에 대하여 사도행전 4장 12절에서 다음과 같이 말씀하십니다.

“다른 이로써는 구원을 받을 수 없나니 천하 사람중에 구원을 받을 만한 다른 이름을 우리에게 주신일이 없음이라 하였더라 ”

그렇습니다. 여기서 구원을 받았다는 말은 우리가 예수를 믿어 죄의 구속에서 해방되었다는 것입니다. 그리고 하나님의 백성이 되었다는 것이고 천국백성으로서 천국의 시민권을 가졌다는 것입니다. 사랑하는 북한동포 여러분 이제는 이해가 됩니까. 이 방송을 듣고 계시는 하나님의 백성들은 이해가 되고도 남겠지만 아마 이 방송을 처음 듣는 분들은 이해가 잘 안될 것입니다. 그러나 우선은 예수님을 믿는다고 고백부터 하고 예수님을 더 알기를 원한다는 기도를 드리십시오. 그러면 전지전능하신 하나님께서 구체적으로 알게 해 주십니다.

‘하나님께서 우리 인간들을 얼마나 사랑하셨으면 우리들의 죄를 사하기 위해 독생자를 십자가에서 죽일 수 있었을까' 라고 우리가 생각하고 묵상할 때 감격하지 않을 수 없는 것입니다. 누가 외아들을 죽이면서까지 우리를 사랑할 수 있겠습니까. 바로 하나님이시기 때문입니다. 우리 인간들에 대한 사랑을 외아들을 죽이면서까지 확증하신 것입니다. 여러분 이러한 분을 믿지 않으면 과연 어떤 분을 믿겠습니까. 하나님은 예수그리도의 이름으로 기도만 하면 그 어떤 문제도 다 응답하십니다. 여러분 이 방송을 듣고 우물쭈물 하지 마시고 결단을 내리고 기도하십시오. 모든 문제가 다 해결됩니다. 간절하게 기도해야 합니다. 바로 이렇게 우리들을 사랑하여 하나님께서 독생자 예수님을 이 땅에 보내주신 날을 성탄절이라고 합니다. 인류 구원의 날인데 왜 기쁘지 않겠습니까. 그래서 인류최대의 명절이 되었습니다. 여러분들은 최대 명절하면 김일성 생일, 김정일 생일 이제 더하여 김정은 생일 이렇게만 알고 있습니다. 그러나 사실 그것은 틀린 것이고 죄를 짓는 것입니다. 우상숭배의 죄를 짓는 것입니다. 그 나라 체제에서 법에 순종하지 않아 오는 어려움들이 이해가 됩니다. 하지만 진심으로 마음과 영혼 속에서 기뻐하여야 하고 참된 통치자 하나님과 예수님께 예배를 드려야 하는 명절은 성탄절입니다. 그리고 이 명절은 북한당국을 제외한 세상의 모든 나라들이 기뻐하며 기념하는 명절입니다. 그래서 여러분들은 세상에서 외톨이가 되어 살아가고 있는 것입니다.

북한노동당이 김정은과 그 수뇌부를 하나님 보다 더 우선시하고 믿고 신앙할 것을 여러분에게 강요하고 있다는 것을 알고 있습니다. 그러나 그것은 거짓이며 위선이며 여러분들을 하나님께로 갈 수 없도록 가로막는 아주 큰 죄악이 됩니다. 사실상 여러분들이 살아가면서 특히 정치조직 생활을 하면서 죄를 많이 짓지 않았습니까. 그렇게 지은 죄를 어디에 가지고 가서 용서함을 받습니까. 당 및 근로단체 조직사상생활 총화에 가지고 가서 그 죄사함을 받습니까. 아무리 조직에 그리고 당에 가지고 간다고 해도 해결이 됩니까. 솔직히 말씀해 보십시오 그 모든 죄를 노동당이라도 사해줄 수 없는 것입니다. 노동당도 죄를 짓은 사람들이 모인 집단입니다. 그리고 수령도 죄인인 것입니다. 죄인된 집단이 그리고 죄인인 수령이 어떻게 죄 사함을 할 수 있습니까. 아무런 권한도 없습니다. 그들도 죄 사함을 받으려면 예수님 앞으로 나와야 합니다. 죄를 사할 수 있는 분은 예수그리스도 한 분 밖에는 없습니다.

사랑하는 북한동포 여러분
인생은 70이요 강건해야 80이라고 성경은 정의하고 있습니다. 그리고 다음은 심판이 있다고 경고하고 있습니다. 어찌 하겠습니까. 예수그리스도를 영접하고 영생을 받겠습니까. 그렇지 않으면 신도 아닌 신을 신처럼 섬기다가 지옥으로 가겠습니까. 우리 인생에는 이 두 가지 길밖에는 없습니다. 문제는 하나님이 어디에 있는가 눈에 보이지 않는다고 해서 속단하지 마십시오. 눈에 보이는 것만 믿으려고 한다면 어리석은 생각입니다. 이 세상에 없어서는 안될 공기가 눈에 보여서 여러분들이 마시고 호흡한다고 이야기 하십니까. 하나님은 창조주이십니다. 하나님은 이 세상에 보이는 것과 보이지 않는 것 까지도 다 창조하셨다고 성경은 말씀하고 있습니다.
사랑하는 북한동포 여러분
아무리 통제가 있어도 마음속으로 나마 성탄을 기뻐하며 기도하는 여러분들이 되시기를 예수님의 이름으로 축원드립니다.

오늘은 이만 하겠습니다. 다음시간에서는 출애굽기 20장 5절과 6절 말씀을 가지고 "그것들에 절하지 말라" 라는 제목으로 말씀드리겠습니다. 기다려 주십시오

열일곱번째

"그것들에 절하지 말라"

– 북한 동포 여러분께

출애굽기 (20장 5-6절)

그것들에게 절하지 말며 그것들을 섬기지 말라 나 네 하나님 여호와는 질투하는 하나님인즉 나를 미워하는 자의 죄를 갚되 아버지로부터 아들에게로 삼사 대까지 이르게 하거니와 나를 사랑하고 내 계명을 지키는 자에게는 천대까지 은혜를 베푸느니라

사랑하는 북한동포 여러분

오늘은 하나님께서 성경 출애굽기 20장 5절과 6절에서 주신 말씀을 가지고 여러분들과 이야기를 나누려고 합니다. 그러면 먼저 하나님의 말씀부터 봉독해 드리겠습니다.

“그것들에게 절하지 말며 그것들을 섬기지 말라 나 네 하나님 여호와는 질투하는 하나님인즉 나를 미워하는 자의 죄를 갚되 아버지로부터 아들에게로 삼사 대까지 이르게 하거니와 나를 사랑하고 내 계명을 지키는 자에게는 천 대까지 은혜를 베푸느니라” 아멘

하나님께서는 그것들에게 절하지 말며 섬기지 말라고 말씀을 하셨습니다. 그렇다면 그것들이란 무엇을 말하는 것입니까. 그것은 바로 우상을 말하는 것입니다. 우상이란 하나님 한 분만을 제외한 다른 것을 믿고 섬기는 것을 말합니다. 때문에 북한 동포들이 섬기는 김일성, 김정일, 김정은을 신앙하고 섬기는 것은 정확히 말해서 우상숭배를 하는 것입니다. 물론 나라마다 지도자들이 있습니다. 요즘은 북한과 달리 세계의 모든 나라들에서는 나라의 최고 지도자를 선택할 때 북한처럼 혈통으로 지도자를 선택하고 국민의 권한을 무시하여 정치적, 법적 의식도 없이 나라의 최고 지도자로 선택하는 것이 아닙니다. 아버지가 최고 지도자였기 때문에 아들이 반드시 최고 지도자가 되어야 한다는 것은 옛날 봉건사회에서는 그렇게 했습니다. 그러나 지금은 21세기입니다. 민주주의 원칙에 의해 나라의 지도자가 되겠다고 하는 사람들은 다 후보자가 될 수 있고 그 나라 국민들의 비밀 투표에 의해서 나라의 지도자가 선택되는 것이 지금의 현 시대입니다. 그러나 북한은 그렇게 하지 않습니다. 사실상 북한에 김정일 김정은 보다 더 똑똑한 사람들이 많습니다. 하지만 그들은 나라의 최고 지도자가 되지 못합니다. 그로 인해 북한은 망해가고 있는 것입니다. 반대로 나라의 지도자를 국민들이 직접 선택하는 나라들은 나랏일이 대부분 다 잘됩니다. 국민은 현명하기 때문입니다. 만일 국민들이 최고 지도자를 잘못 선택했다면 다음 번 대통령 선거 때 그것을 교훈으로 삼고 더 잘 선택

할 수 있는 기회를 만듭니다. 그로 인해 나라는 점점 잘된 길로 가게 됩니다.

북한에는 나라의 경제, 국방, 문화 등 모든 분야의 일을 김정은 보다 잘 이끌고 영도할 수 있는 인재들이 많고 많습니다. 그러나 김일성의 일가가 아니라고 해서 나라의 최고 지도자로 출마도 못하며 인민들은 선출도 못하니 얼마나 불평등 합니까. 그래서 북한을 독재국가라고 하는 것입니다. 북한과 같이 사람을 신격화하여 신처럼 섬기며 우상을 섬기는 것은 하나님의 관점에서 볼 때 가장 큰 죄를 짓는 것입니다. 물론 나라의 지도자를 나라와 민족의 일을 이끌어가는 지도자이기에 존경해야하며 그들이 옳게 이끌어 간다면 그 나라의 국민들은 따라야 합니다. 또 잘못하면 비판도 해야 합니다. 그 어떠한 나라의 최고 지도자도 완벽한 사람은 없습니다. 때문에 사람은 숭배대상이 될 수 없습니다.

사랑하는 북한동포 여러분

왜 하나님께서는 다른 것들에 절하지도 말며 섬기지도 말라고 말씀을 하셨습니까.

우선 인간은 신앙의 대상이 아니기 때문입니다. 하나님의 말씀인 성경에서도 정의하고 있는 바와 같이 인간은 죄인이기 때문에 신이 못됩니다. 또 한때 성경을 하나님의 말씀으로 믿었던 김일성도 여러 번 '인간들 중 완벽한 존재가 없다' 고 이야기를 하지 않았습니까. 그러니 인간은 신앙의 대상이 될 수 없다는 것입니다. 죄가 없으신 분, 전지전능하신 분, 그리고 절대적인 분일 때 바로 신앙의 대상이 되고 섬길 수 있는 대상이 되는 것입니다. 그러나 주지하는 바와 같이 북한의 김일성, 김정일, 김정은은 다 같은 인간으로 죄인입니다. 때문에 신앙의 대상이 절대로 될 수가 없는 것입니다.

그런데 지금 북한은 김일성이나 김정일, 김정은을 명실공히 신격화 하여 신처럼 섬기고 있습니다. 심지어 김일성과 김정일에 대해서는 살아있을 때도 섬겼지만 죽어서 영혼이 지옥에 가고 남은 육체들도 섬기고 있습니다. 이것은 가장 엄중한 죄인 것입니다. 그러기 때문에 하나님은 북한을 향해 질투하고 있습니다. '하나님을 미워하는 죄를 갚되 삼사대까지' 라고 말씀을 하셨으니 김정은 시대에 북한은 망하고 말 것입니다. 만일 우리 하나님께서 하나님을 미워하는 죄를 갚되 아버지로부터 아들에게로 이대까지 이르게 하시리라고 말씀을 하셨다면 김정일 때 북한은 망했을 것입니다. 그러나 길이 참으시는 하나님께서 우상숭배의 죄를 회개하고 돌아오기를 바라는 마음에서 삼사대까지 시간을 북한에 주신 것입니다. 지금 북한이 하나님 앞, 세계 모든 나라들 앞 그리고 인류앞에 저지르고 있는 죄는 너무나 많습니다. 하지만 그중에 나라의 지도자를 신으로 만들고 신앙하는 것이 가장 큰 죄입니다.. 북한동포 여러분들은 이것을 알고 이 죄에서 빠져 나와야 합니다. 그러자면 죽어있는 김일성이나 김정일 그리고 김정은을 섬기지 말아야 합니다. 서슬 퍼런 독재에 몹시 힘이 들겠지만 절대로 그것들에게는 절하지도 말고 섬기지도 말아야 합니다. 이 세상에 신앙하고 섬김을 받으셔야 할 분은 하나님 한 분밖에는 없습니다. 한편 하나님께서는 하나님을 사랑하고 계명을 지키는 자에게는 천대까지 은혜를 베푸신다고 말씀하고 계십니다. 그래서 우리 대한민국은 복 받은 나라로 살아가고 있는 것입니다.

대한민국이 지금 세계 10위권 안의 경제대국으로 부상한 것은 정치를 잘해서 그런 것이 아닙니다. 여러분들이 남조선을 비하하며 왜곡해서 교육받은 점 중에 빈부차이, 황금만능주의, 건전하지 못한 문화예술 등 이런 문제점들이 있다는 것은 사실입니다. 그러나 남조선 모든 국민들은 자유민주주의 체제에서 정치, 경제, 문화 모든 분야에서 자유를 누리면서 의식주에 전혀 걱정 없이 살아가고 있습니다. 이는 5만개가 넘는 교회들과 천만이 넘는 하나님의 백성들이 하루가 시작될 때 하나님께 기도하는 것부터 시작하며 하나님을 신앙하고 믿고 섬기기 때문에 하나님이 주시는 축복으로 살아가기 때문에 잘 살아갈 수 있는 것입니다.

살아있는 사람을 신격화하여 신앙하고 섬기는 것도 큰 죄인데 그것을 형상화 한 우상숭배물을 섬기는 것도 너무나 큰 죄라는 것을 아셔야 합니다.
그것을 형상화한 우상숭배물은 어떤 것들이 있습니까. 김일성, 김정일 혁명역사 연구실, 전국의 곳곳에 세워놓은 김일성, 김정일 동상, 기암절벽에 새긴 우상의 글, 영생탑, 백두산지구의 성지화, 초상휘장, 왜곡된 우상의 역사교육, 금수산 기념궁전의 성지화 등 이 모든 것이 다 형상화 된 우상숭배물들입니다. 오늘 북한의 모든 영혼들은 정치적인 통제와 강요에 의해서 하는 수 없이 자의적이든 타이적이든 형상화 된 우상숭배물들에 절하고 섬기는 것은 사실입니다. 우상숭배물에는 생명이 없으며 인간이 만들어 놓은 조각물에 불과합니다. 북한에 성황당이라는 연극이 있습니다. 그 연극은 인간이 너무 고달프고 힘든 삶에서 헤어 나오기 위한 소망을 가지고 존재하지도 않는 우상 숭배물을 만들어놓고 그것에 절하며 신앙하는 것을 보여주며 그것을 미신행위라고 이야기해줍니다. 즉 우매한 북한 영혼들을 깨우치기 위한 주제를 가지고 만든 연극입니다. 그렇다면 오늘 북한의 영혼들이 생명도 없고 단지 조각물에 불과한 우상숭배물에 절하고 섬기며 가슴에 달고 다니며 신앙하는 것은 마치 연극에서 나오는 내용처럼 성황당 조각물에 절하며 섬기는 것과 꼭 같은 행위인 것입니다.

사랑하는 북한동포 여러분
솔직히 말해봅시다. 우상숭배물에 절하고 숭배하고 섬기고 신앙한다고 해서 그것들이 여러분들에게 보상해 준 것이 무엇입니까. 굶주림과 수백만의 아사, 수많은 가족들의 해체, 아무런 걱정없이 배우며 뛰어 놀아야 할 조국의 미래인 아이들을 꽃제비로 북한 땅도 모자라 중국 동남아 대한민국으로 방치한 죄들이 벌어지고 있습니다. 그러면서도 숙명적으로 수행해야 하는 우상숭배의 행위는 이전보다 힘써 마음을 다하라며 요구하고 있는 것이 오늘 북한의 현실이 아닙니까. 이 현실을 놓고 여러분들은 지금 무엇을 생각하고 있습니다. 도대체 그 원인이 어디에서부터 왔다고 생각하십니까. 다름이 아니라 그것들에게 절하고 섬기며 우상화한 죄에서 온 결과입니다. 이제라도 그 죄에서 벗어나 하나님을 찾고 하나님을 믿으면 북한의 현실은 당장에 치유될 수 있는 것들입니다. 생명이 없는 우상숭배물이 어떻게 여러분들을 책임집니까. 그것들에게 절하며 섬기라고 강요하는 수령과 노동당에 맹종맹동하지 말고 이제는 정신을 차리십시오. 절대로 속지 말아야 합니다. 북한의 수령과 노동당은 태동한 그날부터 지금 까지 여러분들을 속여왔습니다.

사랑하는 북한동포 여러분

사회주의 제도만 수립되면 잘 살수 있다고 했고, 1차 7개년 계획만 끝나면 이밥에 고기국에 기와집에서 비단옷을 입고 살 수 있다고 했고, 천리마 운동만 벌리면 잘 살 수 있다고 했고, 3대혁명 붉은기 쟁취운동만 벌리면 잘 살 수 있다고 했고, 선군정치만 하면 잘 살 수 있다고 했고, 핵만 만들면 잘 살 수 있다고 했고, 오늘의 마식령속도 운동만 하면 잘 살 수 있다고 해온 것이 여러분의 수령과 당입니다. 이와 같이 여러분들을 속여 온 역사가 북한의 당과 수령의 역사입니다. 그러면서도 북한의 수령은 북한 동포들을 향하여 자기를 하나님처럼 믿으라고 강요하고 있습니다. 그렇게 믿고 섬기지 않으면 늘 정치범 수용소가 입을 벌리고 대기하고 있는 것이 북한의 현실입니다. 경제는 소생할 수 없는 지경으로 파탄되고 인민생활은 차마 눈 뜨고 볼 수 없는 형편입니다. 이 모든 원인을 아래 간부들이 일을 잘 못해서 그렇다고 하면서 북한 동포들을 계속 속이고 있는 것입니다. 수령은 잘하고 있는데 간부들이 못하고 있답니다. 이와 같이 원인은 다른데 있는 것이 아니라 김일성 집안을 신격화 한 것에 있는 것입니다.

위에서 말씀 드린 북한의 현실은 인간은 신이 될 수 없으며 신처럼 절을 받거나 섬김을 받아야 할 존재가 아님을 말해주는 명백한 근거가 되는 것입니다. 원래 하나님께서는 이 세상을 창조하시고 우리 인간들을 하나님의 형상과 모양대로 창조하시면서 하나님만을 섬기라고 우리 인간들을 만드셨다고 말씀하셨습니다. 당연히 하나님은 북한 땅과 북한 영혼들에 대한 기대감도 높았습니다. 그래서 북한땅에 많은 지하자원을 주시었고 기름진 옥토를 주었고 금강산을 비롯한 아름다운 산과 강을 주시었습니다. 그렇다면 북한은 이미 축복받은 땅인데 왜 그 축복을 누리지 못하고 있습니까. 수백 번 수천 번 이야기 했습니다. 그 이유는 하나님을 미워하며 그 어떤 능력도 없는 김일성의 집안을 신처럼 섬기는 데서 오는 하나님의 징벌 때문입니다.

하나님은 그래서 이스라엘 민족을 선민으로 선택하실 때 제일먼저 계명을 주셨습니다. 그 계명 중 첫 번째는 하나님 외에는 다른 신들을 절대로 섬기지 말라고 하신 것입니다. 이외에도 많은 계명들이 있습니다. 이 계명들을 모으면 십계명인데 계명 중 1-4계명은 하나님에 대한 이스라엘의 의무에 대하여 주신 계명입니다. 여기서 하나님은 자신과 관계되는 계명들을 통해서 이스라엘의 의무는 하나님을 경배하는 일이라고 밝히십니다. 이것은 오늘의 전 인류에게 하신 말씀이십니다. 이것은 인간의 내적 삶에 하나님의 이름에 합당한 마음과 외적으로 그 마음의 표출로 하나님 이외에는 다른 아무것도 섬겨서는 안된다는 것을 말씀해 주시고 계시는 것입니다.

사랑하는 북한동포 여러분 오늘의 북한을 회복하는 길은 수령이나 노동당을 섬기는 것이 아닙니다. 하나님을 믿고 신앙하고 섬기면 회복된다는 진리를 아시기 바랍니다. 그래서 하나님께로 돌아오는 여러분들이 되기를 예수님의 이름으로 축원 드립니다.

다음 시간에는 하나님의 말씀인 성경 로마서 14장 7절과 8절 말씀을 가지고 '참다운 인생관' 이란 제목으로 말씀드리겠습니다. 다음 시간을 또 기다려 주십시오.

열여덟번째

참다운 인생관

– 북한 동포 여러분께

로마서 (14장 7-8절)
우리 중에 누구든지 자기를 위하여 사는 자가 없고 자기를 위하여 죽는 자도 없도다
우리가 살아도 주를 위하여 살고 죽어도 주를 위하여 죽나니 그러므로 사나 죽으나 우리가 주의 것이로다

사랑하는 북한동포 여러분

참다운 인생관이란 무엇입니까. 참다운 인생관에 대한 올바른 인식은 매우 중요합니다. 우리는 지금 죽어있는 것이 아니라 살아있습니다. 살아가고 있기 때문에 인생관에 대한 올바른 견해와 관점을 가지는 것은 지금 살고 있는 인생을 위해서 매우 중요합니다. 지금 살고 있는 인생을 올바르게 살아야 북한 노동당이 주창하는 영생에 대한 문제가 제대로 해명될 수 있는 것입니다.

북한 철학이 주장하고 있는 인생관은 인간의 삶에 대한 견해와 관점, 인간의 삶의 본질, 삶의 목적과 의의, 생활의 보람과 가치, 참된 삶을 누리기 위한 방도 등을 밝힌 모든 것을 합친 총체를 말합니다. 인생관의 성격과 내용은 철저하게 그가 기초하고 있는 세계관에 의해 규정된다고 정의하고 있는 것이 북한의 철학입니다.

이 세상에는 여러 가지 학파들의 인생관에 대한 정의가 있습니다. 대표적으로 꼽자면 첫째. 막스-레닌주의적 공산주의자들이 주장하는 노동계급과 근로인민대중의 근본이익을 대변하는 낙관주의적 혁명적 인생관. 둘째 반동적 착취계급의 이익을 대변하여 인생을 고통과 허무로 보는 비관주의적, 염세주의적 인생관. 셋째 인생을 이기적이며 동물적인 쾌락주의로 보는 쾌락주의 인생관과 고정불변한 것으로 보는 신비주의적이고 숙명적인 인생관으로 꼽을 수 있습니다. 그러나 여러분들이 잘 알지 못하고 있는 가장 보편 타당한 절대적이며 진리적인 인생관이 있는데 그것은 절대적 하나님주의적 인생관입니다. 그러면 오늘 하나님께서 주시는 말씀부터 봉독해 드리겠습니다. 로마서 14장 7절과 8절에서 하나님은 다음과 같이 말씀하십니다.

"우리 중에 누구든지 자기를 위하여 사는 자가 없고 자기를 위하여 죽는 자도 없도다 우리가 살아도 주를 위하여 살고 죽어도 주를 위하여 죽나니 그러므로 사나 죽으나 우리가 주의 것이로다." 아멘

사랑하는 북한동포 여러분

이 하나님의 말씀에서 절대적 하나님주의적 인생관은 과연 어떤 것인가에 대한 해답이 구체적으로 다 들어있다고 봅니다.

우선 인간의 삶은 나 자신만을 위해 사는 것이 아님을 말씀해 주고 있습니다. 하나님은 인간은 자기를 위해서 살고 죽는 삶을 살지 말라고 말씀 하십니다. 하나님은 왜 그렇게 말씀을 하셨을까요. 그것은 우리 모두가 하나님의 것이기 때문입니다. 사랑하는 북한 동포여러분 우리 모두가 하나님의 것이라고 하면 여러분들은 또 큰일 났다고 할 수 있습니다. 그러나 그것은 엄현한 사실입니다. 왜 입니까. 인간은 하나님이 창조하였고 하나님의 형상과 모양대로 지음을 받았기 때문입니다. 이 창조의 비밀을 깨닫고 인정하며 하나님께 감사의 고백을 한 사람들은 자기를 위해 살고 죽는 것이 아니라 하나님을 위해 살고 죽어야 한다는 것입니다. 그래서 사나 죽으나 우리가 주의 것이라고 성경에서 하나님은 말씀해 주고 계십니다.

그러면 절대적 하나님주의의 인생관으로 산다는 것은 어떻게 사는 것을 말합니까.

우선 하나님 그 위대한 분을 인정하는 믿음의 삶을 말합니다. 하나님은 창조주시라는 것. 절대적 진리시라는 것. 절대적 사랑이라는 것. 인간의 죄를 구속하기 위해 하나 밖에 없는 외아들을 세상에 보내어 십자가에서 죽게 하시므로 인간의 죄를 구속하신 분이라는 것, 역사를 주관하시는 분이라는 것, 공의로우신 분이라는 것, 새 하늘과 새 땅에서 죽은자와 산자를 심판하실 분이라는 것, 하나님을 믿는 자들에게 영생을 주시는 분이라는 것, 이 외에도 우리가 하나님을 표현할 말이 부족합니다. 모든 것을 합쳐 전지전능하신 분이라고 표현하고 있는 것을 깨닫고 그대로 믿고 그 분과 함께 사는 삶을 말하는 것입니다.

둘째로 그 위대하신 분과 항상 함께 호흡하며 사는 삶을 말합니다. 하나님과 함께 하는 삶은 기도와 예배 생활을 말합니다. 하나님을 믿는다면 늘 그분과 교제가 있어야 합니다. 그 교제가 바로 기도며 예배입니다. 하나님께서는 늘 우리의 기도를 들으시고 응답하시는 분이십니다. 기도를 구체적으로 어떻게 해야 하는가 하는 문제는 앞으로 구체적으로 이야기 하겠습니다. 그리고 예배를 정상적으로 드려야 합니다. 예배를 통해서 우리는 하나님의 말씀을 듣게 되고 들은 말씀과 함께 하나님께서 주시는 은혜를 체험합니다. 은혜 이것은 나 자신을 충만하게 하고 그 충만이 하나님을 신앙하고 믿고 삶으로 전환되는 영적 및 육체적 추동력이 되는 것입니다.

셋째로 절대적 하나님주의의 인생관은 하나님의 말씀을 앎으로 시작됩니다. 하나님께서 우리에게 주신 말씀인 성경 66권을 잘 아십시오. 그리고 그 말씀대로 무장하며 생각과 마음을 말씀으로 사상화 및 세계관화 만들어 하나님의 관점으로 세상을 보고 판단하고 성령의 음성에 순종하는 그리스도인의 삶을 살아가길 바랍니다. 하나님의 인생관으로 산다는 것이 믿지 않는 자와 떨어져 고립된 세상에서 사는 것이 아닙니다. 믿는 자와 믿지 않는 자가 같이 삽니다. 이런 세상에서 함께 살기 때문에 세상을 옳게 보는 분별력을 가지고 있어야 합니다. 동시에 마귀과 사탄이 권세를 잡고 있는 이 세상을 이기려면 이길 수 있는 힘이 반드시 필요합니다. 그 힘이 바로 하나님의 말씀으로 무장된 하나님 절대주의의 사상이고 하나님의 말씀으로 세계를 보고 판단 분석하는 하나님주의의 세계관입니다.

넷째로 북한의 영혼들의 습관화된 문체적 편의를 위해 오늘 여기에서는 절대적 하나님주의라고 표현하지만 이것을 우리 기독교에서는 간단히 말해서 복음이라고 말합니다. 말그대로 복된 소식이라는 말입니다. 하나님의 백성들, 하나님주의자들은 그 어떤 상대성도 없는 절대적 진리인 복음을 자기 혼자 알고 사는 것이 아니라 반드시 이 복음을 모르고 있는 사람들에게 전하며 살아야 합니다. 그러니 복음을 전하며 사는 삶이 바로 절대적 하나님주의의 세계관인 것입니다. 분명히 우리 예수님께서는 부활하시고 승천하시기 전에 제자들에게 이 천국 복음이 땅끝까지 전해질 때라야 끝이 온다고 말씀을 하셨습니다. 그 말씀은 오늘 우리들에게 주어진 사명인 것입니다.

다섯째로 예수님이 십자가에 달려 죽으시면서 한 방울도 남기지 아니하시고 쏟은 그 피로 인해 내 죄가 사하여 졌으니 구원받았다는 확신을 가지고 구원받은 하나님의 백성의 표징에 합당한 죄 없는 삶을 사는 것이 바로 하나님의 인생관입니다.

사랑하는 북한동포 여러분

이 세상에서 우리 모두는 어떤 인생관을 가지고 살아가도 결국에는 죽게 되어 있습니다. 그래서 성경은 사람이 한번 죽는 것은 정한 것이요 그 다음은 심판이 있다고 말씀하고 있으며 사람의 한 생은 70이요 강건해야 80이라고 성경은 말씀해 주고 있습니다. 지금 여러분들과 이야기하는 저는 성경 66권 말씀을 한치의 틀림도 없이 신뢰합니다. 사람의 한생이 70-80이라고 말씀해 주시는 그 말씀은 김일성과 김정일의 죽음을 놓고 더욱더 신뢰 할 수 있었습니다. 김일성이 살아있을 당시 저는 북한 평양에 있으면서 만수무강 연구소 앞을 지날 때마다 '아 김일성은 죽지 않겠구나' 라고 생각하면서 살던 사람입니다. 그러나 80대에 김일성이 죽고 정확히 70도 못되어 김정일이 죽는 것을 보고 정말 하나님의 말씀은 형통하다고 다시 한번더 생각하지 않을 수 없었습니다.

문제는 죽은 다음에 일어나는 일입니다. 죽은 다음에는 심판을 받게 되어 있습니다. 하나님을 옳게 믿고 하나님 절대주의 인생관으로 산 사람은 하나님이 계시는 천국에서 살게 되고 하나님을 부인하며 산 사람들은 지옥으로 가게 되어 있는 것입니다. 여러분은 '천국이 어디에 있는가' 라고 하며 하나님의 심판과 천국과 지옥에 대하여 부인하실 수 있습니다. 그러나 하나님을 믿는 사람들은 그 천국이 눈에 보입니다. 북한 노동당과 같이 하나님이 없다고 하면 천국은 보이지 않습니다. 그리고 지옥으로 가게 되는 것입니다. 김일성도 김정일도 지금 지옥에 가 있습니다.

사랑하는 북한동포 여러분

여러분들은 북한 노동당으로부터 너무나도 속아서 지금까지 살아왔기 때문에 제가 하나님 이야기를 하면 미신을 신앙한다고 생각할 수 있습니다. 그렇다면 세계의 많은 나라들과 민족들이 하나님을 믿고 복받으며 살아가는데 대해서는 여러분들은 어떻게 변론하시겠습니까. 분명히 성경은 하나님의 기업으로 선택된 백성은 복이 있다고 말씀해 주고 있습니다. 세계 많은 나라들이 그리고 많은 민족들이 여러분들 특히 북한 노동당보다 못해서 없다고 하는 하나님을 믿겠습니까. 사랑하는 북한동포 여러분 이제 더는 속지 마십시오, 그리고 하나님을 믿겠다는 마음을 가지고 우선은 무작정 하나님을 찾으십시오, 그리고 '하나님을 믿겠습니다.' 라고 마음속으로 믿고 입으로 시인하여 고백하십시오, 그 즉시 하나님은 여러분들을 찾아오십니다. 그 다음부터는 하나님을 절대로 붙들고 놓지 마십시오, 간절이 기원합니다. 저는 전(前)북한군 정치군관이었습니다. 저의 이야기를 그대로 믿으십시오,

그리고 노동당은 하나님을 믿는 사람들의 인생관에 대하여 신비주의적이고 숙명적인 인생관을 사는 사람들이라고 하며 여러분들을 속일 것입니다. 하나님 절대주의 인생관으로 사는 사람들처럼 기쁘고 즐겁게 생명력 있고 어떤 환난이나 곤고나 고난도 웃으면서 이겨나가는 사람은 없습니다. 여러분들은 이런 인생관을 낙관주의 인생관이라고 할 것입니다. 정말로 낙관주의 인생관은 하나님 절대주의 인생관입니다. 때문에 "성경은 항상 기뻐하라 쉬지 말고 기도하라" 라고 가르치고 있습니다.

솔직히 말해서 북한 노동당이 주장하는 혁명적 낙관주의 인생관은 자체 모순으로 인하여 혁명적 낙관주의 인생관이라고 말할 수 없습니다. 우선은 인생관을 결정지을 수 있는 세계관이 진리가 아니기 때문입니다. 무조건적인 당과 수령에 대한 충실성 이것은 숙명론적 인생관에 불과 합니다. 그리고 노예적 삶의 인생관에 불과 합니다. 당과 수령의 교시나 말씀 정책들이 진리라면 그

어떤 고난이 있어도 웃으면서 갈 수 있습니다. 그리고 죽음에 죽음을 더하여도 좋습니다. 그러나 북한 노동당의 노선과 정책 수령의 교시 말씀 이것은 백두 혈통이라는 김일성의 가계의 영원한 통치적 권력 유지를 위한 것이기 때문에 그리고 그 측근들의 호화로운 삶을 위한 것이기 때문에 진리가 아니며 절대로 승리할 수 없는 위선적이며 기만 주의적 삶을 사는 것이 지금 북한영혼들의 인생관입니다. 수령과 당은 절대로 영원한 삶을 주는 존재가 아닙니다. 사랑하는 북한 동포여러분 이제는 깨달아야 합니다. 진정하고 참된 인생관은 우리를 지으시고 천지 만물을 우리들에게 축복으로 주신 하나님의 인생관만이 절대적이고 참된 인생관이고 이런 인생관을 초월할 인생관은 이 세상에 없다는 것을 깨달아야 합니다. 오늘은 이만하겠습니다. 다음 시간에는 성경말씀 호세아 4장 1-6절 말씀을 가지고 "지식이 없어 망한다" 라는 제목으로 말씀드리겠습니다.

열아홉번째

지식이 없어 망한다

– 북한 동포 여러분께

호세아 (4장 1-6절)

이스라엘 자손들아 여호와의 말씀을 들으라 여호와께서 이 땅 주민과 논쟁하시나니 이 땅에는 진실도 없고 인애도 없고 하나님을 아는 지식도 없고
오직 저주와 속임과 살인과 도둑질과 간음뿐이요 포악하여 피가 피를 뒤이음이라
그러므로 이 땅이 슬퍼하며 거기 사는 자와 들짐승과 공중에 나는 새가 다 쇠잔할 것이요 바다의 고기도 없어지리라
그러나 어떤 사람이든지 다투지도 말며 책망하지도 말라 네 백성들이 제사장과 다투는 자처럼 되었음이니라
너는 낮에 넘어지겠고 너와 함께 있는 선지자는 밤에 넘어지리라 내가 네 어머니를 멸하리라
내 백성이 지식이 없으므로 망하는도다 네가 지식을 버렸으니 나도 너를 버려 내 제사장이 되지 못하게 할 것이요 네가 네 하나님의 율법을 잊었으니 나도 네 자녀들을 잊어버리리라

사랑하는 북한동포 여러분

사람은 일생동안 살아가면서 많은 지식을 알게 됩니다. 학습이나 실천 활동을 통해서 알게 된 것과 또는 체계화 된 인식의 총체를 일반적으로 지식이라고 합니다. 정치, 경제, 문화, 군사, 기타 일반 등 이런 지식으로 해서 인간은 세계를 인식하게 되고 실천능력을 겸비함으로서 사실상 하나님께서 주신 이 세계를 다스려 나가는 하나님 다음으로 귀중한 존재가 되는 것입니다. 때문에 인간을 만물의 영장이라고 하는 것입니다. 이러한 뇌수에 반영되어 기억된 객관에 존재하는 모든 것을 말하는 것입니다. 사실상 지식이 없으면 시대에 뒤떨어진 사람, 민족, 국가가 되는 것입니다. 그래서 교육열이 높은 나라가 대단한 나라가 되는 것입니다. 일반적으로 선진국들이 다 교육열이 높지만 유대민족 이스라엘 이라는 나라는 교육열이 대단합니다. 특히 하나님의 말씀인 성경에 대한 교육열이 대단합니다. 그들은 하나님의 말씀인 성경을 통달하는 힘으로 지구가 돌아간다고 말하며 자부심을 간직하고 있습니다. 우리 대한민국도 교육열이 대단합니다. 대한민국의 어머니들은 자식들의 교육이라면 물불을 가리지 않는 어머니들입니다. 그래서 대한민국이 경제 강국으로 우뚝 서게 된 것입니다. 북한 노동당에서도 교육이라고 하면 많은 힘을 쓰고 있는 것으로 알고 있습니다. 일찍히 김일성은 사범교육에 많은 관심을 가졌고 학생들을 가르치는 교원은 직업이 아니라 혁명가라고 하면서 긍지를 불러 일으켜 주었습니다. 그 뿐만이 아니라 혁명가들에게 있어서 학습은 첫째가는 의무라고 하면서 간부들에게 매일 두 시간 이상 학습을 할 것에 대하여 강하게 내 밀었습니다. 그만큼 지식은 민족과 국가를 발전시키는데 중요하다는 것을 말합니다. 반대로 지식이 없는 민족과 국가는 망하게 된다는 것입니다.

사랑하는 북한동포 여러분

이렇게 지식이 중요한데 '어떤 지식이 중요하며 그렇다면 어떤 지식을 습득해야 민족과 나라가 발전하고 강하게 되는가' 하는 문제가 중요합니다. 그렇다면 하나님께서 주시는 말씀부터 봉독해 드리겠습니다. 하나님께서는 하나님의 말씀인 성경 호세아서 4장 1절에서 6절까지에서 다음과 같이 말씀하십니다. "이스라엘 자손들아 여호와의 말씀을 들으라 여호와께서 이 땅 주민과 논쟁하시나니 이 땅에는 진실도 없고 인애도 없고 하나님을 아는 지식도 없고 오직 저주와 속임과 살인과 도둑질과 간음뿐이요 포악하여 피가 피를 뒤이음으라 그러므로 이 땅이 슬퍼하며 거기 사는 자와 들짐승과 공중에 나는 새가 다 쇠잔할 것이요 바다의 고기도 없어지리라 그러나 어떤 사람이든지 다투지도 말며 책망하지도 말라 네 백성들이 제사장과 다투는 자처럼 되었음이니라 너는 낮에 넘어 지겠고 너와 함께 있는 선지자는 밤에 넘어지리라 내가 네 어머니를 멸하리라 내 백성이 지식이 없으므로 망하는도다 네가 지식을 버렸으니 나도 너를 버려 내 제사장이 되지 못하게 할 것이요 네가 네 하나님의 율법을 잊었으니 나도 네 자녀를 잊어버리리라" 아멘

하나님께서 말씀하신 바와 같이 이스라엘 민족은 신령과 진정으로 된 하나님을 아는 지식이 없었습니다. 그래서 주변 나라들로부터 잡혀도 갔고 식민지가 되었으며 결국 마지막에는 그 민족이 세계 많은 나라로 흩어져 영토도 없는 민족으로 살기도 한 이스라엘 민족이었습니다. 그러나 그들은 그 모든 잘못을 깨닫고 하나님께 빌었습니다. 그리하여 수천 년 영토도 없이 떠 돌던 민족이 1949년에 와서야 지금의 이스라엘의 국가를 건설하였습니다.

왜 하나님을 아는 지식이 없을 때 나라와 민족은 망합니까.

우선 이것부터 생각할 필요가 있습니다. 이 세상에 난무하는 모든 이론과 지식들은 인간들이 만든 것들입니다. 사실 인간은 인간이 기원부터 이 지구 위에 거주하여 살면서 오늘까지 살고 있습니다. 이 세상을 살아간다는 것은 간단하지 않았습니다. 특히 죄악된 인간의 삶은 개인 및 민족과 국가들의 이익만을 추구하면서 살아온 역사입니다. 때문에 인류 역사 자체가 죄악된 역사입니다. 하나님의 말씀대로 진실도 없고 인애도 없고 저주와 속임과 살인과 간음, 포

악하여 이 땅위에 피에 피를 적시면서 살아온 역사입니다. 피는 죄를 말하는 것이며 피를 흘린 죄는 피를 흘린자의 죄가 아니고서는 사할 수 없다고 하신 말씀이 바로 하나님의 말씀입니다. 이것은 진리이고 공의입니다.

물론 인간들은 이 세상을 살아오면서 많은 이론과 지식들을 만들어 냈습니다. 이것은 필수적일 수 있습니다. 많은 경우 경제, 군사, 사회, 문화 과학을 위한 이론과 지식들이 새롭게 새롭게 만들어 졌습니다. 이렇게 만들어진 이론과 지식들은 인류의 발전과 인간의 고도로 발전된 인류문명에로 치달아 오르도록 기여하였습니다. 그러나 이 모든 이론과 지식들은 민족과 국가들의 이익을 위해 사용하여 온 것이 또한 사실입니다. 그래서 인류 역사에 전쟁이 있었고 침략이 있었고 인간에 의한 살인 및 각종 범죄의 역사에 악용되어 온 것이 사실입니다. 때문에 이 세상에 존재하는 이론과 지식들은 인류의 최고 이상으로서의 삶으로 이끌어 가는 데는 일정한 기여는 한 것 같지만 사실은 그렇지 못했을 뿐만 아니라 오히려 저해를 준 것 또한 사실입니다. 가령 예를 들어서 과학이 발전하여 새로운 무기가 생겨났다면 그 무기는 다른 나라들을 침략하는데 사용되었으며 결국 사람들을 죽이고 피를 흘리는데 사용되어 왔습니다. 문제를 이렇게 놓고 볼 때 인류 역사와 함께 생겨난 모든 이론과 지식들은 진리이고 공의로우신 하나님의 뜻과는 별개로 인간들이 사용한 것입니다. 하나님의 뜻대로 사용한 것이 아니라면 그것은 마귀와 사탄의 뜻대로 사용되었다는 것입니다. 인류는 지금도 사회발전의 모든 영역에서 많은 이론과 지식에 의한 결과물들을 이끌어 내고 있습니다.

그렇다면 왜 인류 역사와 함께 인간들의 문화로 축척된 이론과 지식들이 인류가 저지르고 있는 악의 수단으로 이용되고 있는 것입니까. 그것은 한 마디로 말해 오늘 하나님께서 주시는 말씀에 그 답이 있습니다. 즉 다시 말해서 하나님을 아는 지식이 없어서 망한다고 하신 하나님의 말씀이 바로 정답이 되는 것입니다. 하나님의 말씀은 인류 발전에 등불이고 지침이 되는 것입니다.

왜입니까. 하나님은 진리이시기 때문입니다. 때문에 인간들이 가지고 있는 그리고 이 세상에 난무하는 모든 이론과 지식들은 하나님의 말씀 즉 하나님을 아는 지식에 의하여 연구되고 적용되어야 하는 것입니다. 그럴 때에라야 그 이론과 지식들은 참 이론과 지식이 될 수 있으며 하나님의 영광을 위하여 그리고 인간들의 참다운 삶 즉 하나님이 바라시는 삶을 위하여 복종되거나 쓰일 수 있는 것입니다.

솔직히 말해서 이 세상과 인류는 하나님이 창조하신 것입니다. 그리고 우리 인간들에게 하나님이 창조하신 세상을 다스려 나아가라고 축복하였습니다. 또 다스려 나아갈 수 있는 능력도 인간들에게 주었습니다. 그것이 하나님의 형상과 모양 안에 있는 것인데 그 형상과 모양대로 인간을 하나님이 만들어 주셨으니 그 능력이 인간들의 속성에서 작용할 수 있도록 해 준 것입니다. 하나님의 창조적 비밀은 아직도 인간들은 다 모릅니다. 인간들은 지금까지 하나님이 창조하신 이 세상을 다스려 오는 과정에 깨닫고 인식한 이론과 지식들이 많은 것 같고 굉장한 것 같지만 인간들이 모르는 하나님의 창조적 비밀은 무한한 것입니다.

사실상 인간들은 지금 인류가 알고 있는 이론과 지식들이 인간들이 총명하여 새롭게 연구해낸 것처럼 인식하고 있습니다. 하지만 그것은 이 세상을 인간들에게 다스려 나아가라고 하신 하나님께서 인간들에게 허락하신 능력인 것입니다. 때문에 인간들이 연구하여 창조한 것처럼 인식하고 있는 이 세상의 모든 이론과 지식들은 하나님의 것이며 하나님께서 우리 인간들에게 삶의 편의를 위해서 인간들이 알고 인식하고 이용하도록 배려 하신 것입니다. 때문에 인간들은 하나님께 무한히 감사해야 합니다. 다시 말하지만 인간들은 창조적 능력이 없습니다. 창조된 뜻한 이 세상의 이론과 지식들은 다 하나님의 것입니다.

문제는 인간이 그만 하나님 앞에서 죄를 범하여 마귀와 사탄의 손아귀에 들어가면서 인간이 알고 있고 그리고 또 새롭게 알아가는 모든 이론과 지식들이 마귀와 사탄의 손에 들어가게 된 것입니다. 그래서 위에서도 이야기 했지만 그 모든 이론과 지식들이 악을 저지르는데 사용된 것이며 지금도 이 지구 위에서 일어나는 죄악들은 다 인간들이 알고 있는 이론과 지식들에 의하여 점점 지능화 되어 가고 있다는 것입니다. 이것은 정말 슬픈 일입니다.
지금 북한당국은 온 세계가 그토록 반대한 핵무장화를 점점 더 해 나아가고 있습니다. 핵을 가지고 어쩌자는 것입니까. 우리는 김정일이 살아있을 때 "우리는 핵을 가지고 조국을 통일해야 합니다." 라고 말했다는 것을 다 알고 있습니다. 핵으로 조국을 통일하겠다고 하는 것은 대한민국에 사는 사람들을 다 죽이고 조국을 통일하겠다는 것이나 다름 없는 것입니다. 이 얼마나 악한 생각입니까. 하나님께서 인간들에게 핵을 만들 수 있는 지식을 주었다면 그것은 하나님을 위해 그리고 인간들의 평화적 삶을 위해 쓰라고 준 것인데 마귀와 사탄이 이끄는 데로 끌려가고 있는 것이 북한을 비롯한 하나님을 모르는 민족과 사람 국가들이 저지르고 있는 악행인 것입니다. 이 기회에 북한 당국자들에게 하고 싶은 이야기는 우리 대한민국은 핵을 만들려면 이제라도 만들 수 있고 북한이 한개 만들면 우리는 몇 백배 몇 천배가 많은 핵폭탄을 만들 수 있는 능력은 있지만 하나님이 보우하시는 나라이기에 그렇게 하지 않고 있습니다. 북한은 핵이 있고 대한민국은 핵이 없지만 이제라도 북한이 하나님을 아는 지식으로 돌아오지 않는다면 결국 망할 것은 북한 밖에 없을 것입니다.

사랑하는 북한동포 여러분

우선은 하나님은 창조주시라는 것을 알아야 합니다. 이 세상 천지 만물이 다 하나님께서 창조하시었고 인간도 하나님께서 하나님의 형상과 모양대로 창조하시었다는 것을 믿고 알아야 합니다. 다음으로 중요한 문제는 인간은 하나님께서 창조하여 주었지만 하나님의 말씀에 불순종하여 죄를 짓고 하나님과 완전히 격리되었다는 것을 알아야 합니다. 한마디로 "인간은 죄인이다." 이것을 인정해야 합니다. 죄인이기 때문에 인간들이 알고 있는 이론과 지식들은 다 죄를 범하는데 이용되고 있다는 것입니다. 그렇지만 하나님께서 죄가 없으신 외아들 독생자 예수님을 사람의 형상으로 이 땅에 보내 주시고 그를 십자가에서 죽게 하시고 죄가 없으신 그 독생자의 피로 대속해 주셨기 때문에 그를 믿기만 하면 하나님과의 관계를 회복할 수 있다는 구원의 섭리를 알고 믿는 것이 하나님을 아는 지식에서 가장 중요 한 것입니다.

또한 하나님은 절대적 사랑의 하나님이시며 공의롭고 진리이신 분이시라는 것과 역사의 주관자 이심을 알고 믿어야 합니다. 이 외에도 하나님을 아는 지식에 많은 내용들이 있지만 우선은 위에서 말씀하신 내용부터 알고 믿어야 합니다. 그러면 모든 일이 다 잘 됩니다. 사실상 북한이 하나님을 인정하고 하나님을 마음껏 인민들에게 믿으라고 했다면 북한은 지금 잘 살 수 있습니다. 그런데 지금 그렇지 못한 것이 하나님을 아는 지식이 없어서임을 알고 하나님께로 돌아오는 여러분들이 되기를 축원합니다. 오늘은 이만 하겠습니다.

다음 시간에는 출애굽기 20장 1-6절 말씀을 가지고 "나 외에는 다른 신을 섬기지 말라" 라는 제목으로 말씀드리겠습니다. 다음 시간을 기다려 주십시오.

수무번째

나 외에는 다른 신들을 섬기지 말라 1

– 북한 동포 여러분께

출애굽기 (20장 1-6절)
하나님이 이 모든 말씀으로 말씀하여 이르시되
나는 너를 애굽 땅, 종 되었던 집에서 인도하여
낸 네 하나님 여호와니라
너는 나 외에는 다른 신들을 네게 두지 말라
너를 위하여 새긴 우상을 만들지 말고 또 위로
하늘에 있는 것이나 아래로 땅에 있는 것이나
땅 아래 물 속에 있는 것의 어떤 형상도
만들지 말며
그것들에게 절하지 말며 그것들을 섬기지 말라
나 네 하나님 여호와는 질투하는 하나님인즉 나
를 미워하는 자의 죄를 갚되 아버지로부터 아들
에게로 삼사 대까지 이르게 하거니와
나를 사랑하고 내 계명을 지키는 자에게는
천 대까지 은혜를 베푸느니라

사랑하는 북한동포 여러분

원래 공산주의자들은 신이 없다고 하는 무신론자들임을 우리는 잘 알고 있습니다. 초자연적인 신을 부정하고 미신관념을 반대하는 유물론적 세계관을 가진 사람들이 바로 공산주의자들입니다. 특히 북한의 공산주의자들입니다.

과학적이며 전투적인 무신론은 노동계급의 혁명사상인 막스-레닌주의에 의하여 처음으로 밝혀지기 시작했다고 주장하는 것도 북한의 공산주의자들입니다. 막스-레닌주의는 유물사관의 견지에서 종교 발생의 사회역사적 근원과 계급적 근원을 밝히는데 기초하여 종교는 착취계급이 근로자들을 정신적으로 예속시키는 도구라는 것을 증명하였다고 주장하고 있습니다. 이로부터 북한은 정권을 잡은 첫날부터 종교는 일체 미신행위라고 하면서 종교를 탄압하였고 말살하였습니다. 지금도 반 종교 정책과 말살 정책은 계속되고 있습니다. 조선민주주의인민공화국 헌법에는 신앙의 자유를 보장한다고 법적으로 명시하여 놓고 뒤돌아 서서는 종교를 완전히 말살하고 있는 것이 오늘의 북한당국입니다. 이것은 세계가 다 알고 있습니다. 그렇다면 북한 당국자들의 반 종교 정책이 정당한가. 아니면 정당하지 않는가 하는 것은 오늘 하나님께서 주시는 하나님의 말씀을 놓고 논증하겠습니다. 우선 하나님의 말씀부터 봉독해 드리겠습니다.

하나님께서는 성경 출애굽기 20장 1절로 6절 까지에서 다음과 같이 말씀하고 계십니다.

"하나님이 이 모든 말씀으로 말씀하여 이르시되 나는 너를 애굽 땅, 종 되었던 집에서 인도하여 낸 네 하나님 여호와니라 너는 나 외에는 다른 신들을 네게 두지 말라 너를 위하여 새긴 우상을 만들지 말고 또 위로 하늘에 있는 것이나 아래로 땅에 있는 것이나 땅 아래 물속에 있는 것의 어떤 형상도 만들지 말며 그것들에 절하지 말며 그것들을 섬기지 말라 나 네 하나님 여호와는 질투하는 하나님인즉 나를 미워하는 자의 죄를 갚되 아버지로부터 아들에게로 삼사대까지 이르게 하거니와 나를 사랑하고 내 계명을 지키는 자에게는 천대

까지 은혜를 베푸느니라" 아멘

무신론자들이 신이 없다고 주장한다면 우리 하나님을 믿는 하나님의 백성들은 긍정하면서도 무지하다는 차원에서 비판을 합니다. 왜냐하면 우리는 하나님 한 분만을 믿으며 절대적이며 참 신은 하나님 한 분 밖에는 존재하지 않기 때문에 그렇습니다. 이 세상에는 보이는 것과 보이지는 않지만 존재하는 영적인 세계가 있습니다. 하나님은 영적 존재이므로 여러분들의 눈에는 보이지 않습니다. 그 뿐만 아니라 마귀과 사탄의 영으로 존재하는 영적 존재들도 보이지 않습니다. 이 영적 세계가 신들의 세계라고 보시면 됩니다. 때문에 하나님을 만나고 하나님을 보시려면 그 영적 세계에 들어가면 음성으로도 볼 수 있고 또 각각 다른 실체로도 볼 수 있습니다. 그 영적 세계에 들어간다는 것은 간절하게 소망하고 갈망할 때 볼 수 있습니다. 오늘 말씀을 전하는 이 목사도 북한에 있을 때 확실한 무신론자였습니다. 절대로 신은 없다고 단정하였던 철저한 무신론자였습니다. 제가 하나님을 만나게 된 것은 김일성이가 죽은지 3년이 되었을 때 였습니다.

사랑하는 북한동포 여러분
여러분들도 다 아시고 체험했지만 그때 북한은 어디에 가나 어느 부분을 바라보나 참아 눈 뜨고 볼 수 없는 처참한 형편이었습니다. 경제는 소생할 수 있는 재정적 물질적 기초가 완전히 붕괴되었고 덩달아 배급제까지 붕괴되면서 인민들을 죽음으로 몰아갔던 김정일과 노동당, 물론 그때의 형편이 지금도 지속되지만 아무리 김정일을 올려다보면서 '이럴 때 무슨 대책을 세우겠지' 라고 생각하고 있던 것이 순진한 저의 생각이었고 어리석은 기대였습니다. 저는 지금도 생각하고 있습니다. 그리고 잊을 수 없습니다. 현실적으로 인민들은 굶어서 죽어가고 있는데 당 일꾼들에게 "하늘이 무너져도 살아나갈 구멍이 있다는 배짱을 가지고 살라" 라고 한 김정일의 말을 잊을 수가 없습니다. 본질에 있어서 이 말은 "인민들은 굶어 죽어도 된다. 그러나 당 일꾼들은 죽지 말고 살라" 라고 한 말과 같은 것이 아니겠습니까. 인민들은 죽는데 당 일군들은 살아서 뭐 합니까. 그 광경을 보면서 저는 지금까지 직업적인 군인으로서 당의 혁명을 무력으로 담보한 혁명이 바로 이것이였단 말인가 라고 생각하니 슬픔을 금할 수가 없었습니다. 한편 김정일은 매일 저녁 기쁨조를 옆에 끼고 파티로 세월을 보내고 있으면서 조금이라도 반대세력이 있다든가 그런 요소가 있든 없든 직감으로라도 느끼면 무조건 잡아다 처형해 버리는 것을 보면서 많은 생각을 하게 되었던 것입니다. 사랑하는 북한 동포여러분 여러분들도 이치를 가지고 생각해 보십시오 이것은 아니지 않습니까. 인민 복이 있다고 하시면서 우리 인민은 참 좋은 인민이라고 했던 그 인민들이 다 죽어가는데 나라의 지도자가 아무런 대책도 세우지 못하는 것을 보고 얼마나 실망했는지 모릅니다. 그러나 어찌할 바가 없지 않습니까. 이것은 아닌데, 아닌데 라고 하면서 마음속 깊이 소망하고 갈망하는 그 무엇 참 사람을 위한 철학은 없는가, 라고 갈등하며 고민하며 잠을 이루지 못하고 있을 때 하나님은 저에게 말씀으로 찾아오셨고 음성으로 찾아오셨고 불로 찾아오셨습니다.

사랑하는 북한동포 여러분

무신론을 주장하는 것은 옳지 않습니다. 무신론을 주장하는 것은 무지의 소치이고 어리석고 깜깜한 암흑에서 사는 것이나 같습니다. 신이 존재한다면 인간들은 그 신과의 관계를 어떻게 하겠습니까. 우선 신을 분별해야 합니다. 위에서도 이야기했지만 영적인 존재의 신인 참 신도 존재하지만 마귀과 사탄의 잡신들도 존재합니다. 신을 분별한 다음에는 참신은 믿어야 합니다. 그 참신, 우리가 믿어야 할 참 신은 하나님이신 것입니다. 나머지 모든 신은 마귀와 사탄의 영으로 존재하는 신이기 때문입니다. 좀 더 알기 쉽게 세상에는 악과 선이 있습니다. 악은 마귀와 사탄의 영에 사로잡힌 인간들이 저지르는 죄로 나타나고 선은 절대적인 신인 하나님의 영에 사로잡혀 좋은 것으로 나타납니다. 이것을 여러분들도 아실 것입니다. 그리고 인정하실 것입니다. 바로 그 선과 악의 뒤에는 선과 악을 저지르게 하는 영적 존재들이 있는 것입니다.

왜 오늘 말씀에서 하나님은 나 외에는 다른 신들을 절대로 섬기지 말라고 하십니까, 그것은 간단합니다. 다른 신들은 마귀과 사탄의 영적 존재로서 악을 저지르게 하고 인간을 아름답고 참다운 진리의 길로 인도할 수 없는 악들의 신이기 때문에 믿지 말고 섬기지 말고 그를 위한 우상을 만들지 말라고 간곡히 말씀하고 있는 것입니다.

사랑하는 북한 동포여러분 여러분들께 한가지를 묻겠습니다. 선으로 이끄시는 진리의 신이신 하나님을 믿고 섬기겠습니까 아니면 악으로 이끌어 인간을 망가뜨리고 결국은 지옥으로 이끌어가는 마귀와 사탄의 신을 믿겠습니다. 답변은 물어보지 않아도 뻔합니다. 다 악으로 가는 것은 싫어합니다. 그러면서도 악으로 가는 것을 잘 모르고 따라가는 것이 또한 인간입니다.

사랑하는 북한 동포 여러분

그렇다면 하나님을 믿어야겠다는 생각과 호기심은 누구나 다 할 수 있습니다. 그런데 문제는 하나님을 잘 모른다는데 문제가 있고 또 하나님을 체험하지 못하는 것에도 문제가 있습니다. 그렇기 때문에 하나님을 인정하고 믿겠다고 고백하는 것은 사실상 힘이 들 것입니다. 하나님께서는 하나님을 믿는 믿음은 들음에서 난다고 말씀을 하였습니다. 그래서 우리는 하나님을 모르는 여러분들을 향하여 이렇게 매일 같이 방송을 하고 있는 것입니다. 이 방송을 빠짐없이 듣는다면 하나님을 아는 길이 빨라집니다. 그리고 하나님을 인정하는 순간 하나님은 여러분들을 이끌어 가십니다. 그런 단계를 거쳐 영적으로 좀 더 깊이 있게 들어가면 하나님이 보이십니다.

내용을 좀 바꾸어 북한 노동당이 주장하는 종교의 극복 즉 하나님을 믿지 못하게 하려면 착취제도의 폐절과 공산주의 사회건설에 기초해서만 가능하다는 것을 논증했다고 주장하고 있습니다. 계속해서 주체사상은 역사상 처음으로 사람의 본질적 특성과 세계에서 사람이 차지하는 지위와 역할을 과학적으로 밝힌데 기초하여 노동계급의 무신론 사상을 새롭게 발전시켰다고 주장하고 있습니다. 주체사상은 사람의 운명은 그 어떤 초자연적인 힘 신이나 하나님에 의해서 지배되고 결정되는 것이 아니라 사람 자신에 의하여 결정된다고 하고 있습니다. 그렇다면 여기에는 많은 자체 모순과 갈등을 가지고 있습니다.

우선 첫째로 모순과 갈등은 종교의 출현이 마치 착취사회의 근원으로 보는 것입니다. 그래서 이 세상에 착취계급만 없애면 하나님을 믿는 종교도 없어질 것이라고 보는 것입니다. 하나님을 믿는 오늘에 우리 기독교는 인류의 기원과 함께 시작된 것이지 경제적 삶 속에서 착취의 현상이 싹틀 때 기원된 것이 아니라는 것을 알아야 합니다. 인간은 하나님으로부터 지음을 받은 존재입니다. 처음 인간의 기원은 하나님의 형상과 모양을 닮아 하나님과 함께 살았습니다. 그러다가 타락한 영들 즉 마귀와 사탄의 영에 속은 인간이 하나님의 말씀에 불순종하면서 인간들의 삶 속에 악의 영이 들어와 권세를 잡기 시작했습니다. 또 한편 공산주의 사회 건설만이 종교를 폐절 시킬 수 있다고 보는데 여러분 공산주의 사회 건설은 무계급사회를 말합니다. 공산주의 사회 건설은 막스와 레닌의 사상인데 참으로 인간의 최고 이상이지요. 인간이 공산주의사회를 건설하고 그 사회에서 이상적으로 살아간다면 얼마나 좋겠습니까. 이상 이것은 과학적인 것이 아닙니다. 이상으로 그린 공산주의 사회가 어떤 사회인가는 자본주의 사회에서 사는 사람들도 다 알고 있습니다. 공산주의 사회가 어떤 사회입니까. 공산주의사회는 북한의 노선에 의하면 사상적 요새와 물질적 요새를 점령하면 공산주의 사회가 된다고 합니다. 여러분 여기서 우리는 물질적 요새에 대해서는 이야기를 하려고 하지 않습니다. 다만 사상적 요새를 점령한다는 것은 무엇을 말합니까. 인간을 공산주의사회가 요구하는 인간으로 만든다는 것이 아니겠습니까. 공산주의 사회가 요구하는 인간이란 한 마디로 말해서 아무런 죄도 없는 인간을 말합니다. 하지만 인간은 유감스럽게 다 죄인입니다. 수차에 말씀을 드려서 알겠지만 이것은 이미 전에 죽은 김일성도 인정한 문제입니다. 그렇다면 인간은 죄인인데 그 죄 문제를 해결하는 것이 바로 사상적 요새를 점령하기 위한 투쟁이 아니겠습니까. 북한 노동당은 그것을 사상혁명을 통해서 해결한다고 합니다. 누가 사상혁명의 조직자입니까. 물론 당이 조직자이며 집행자일 것입니다. 그러나 당도 죄인들이 뭉친 죄인들의 집단입니다. 그러니 당에서 사상문제를 해결하기 위한 교양과 투쟁 그것도 안되면 정치범 수용소 이것으로서는 안 된다는 것입니다. 왜 그렇습니까. 죄인이 죄인들의 죄를 사할 수는 없는 것입니다. 흙탕물이 흙탕물을 깨끗하게 할 수 있습니까. 반드시 흙탕물에는 맑은 물이 들어가 흙탕물을 밀어내거나 정화시켜야 하는 것입니다. 그와 같은 원리로 우리들의 죄를 사할 수 있는 것은 노동당의 사상혁명이 아니라 죄가 없으신 예수그리스도를 믿고 그 분이 우리들의 죄 때문에 십자가에서 죽으시고 그 피로 우리의 죄를 사해 주셨다는 구원의 진리를 믿으면 죄에서 구속되고 구원되는 것입니다. 그래서 하나님을 믿어야 하고 그분만을 섬겨야 하고 그분 외에는 참 신이 없고 그 분외에 다른 우상을 섬기거나 절을 해서는 안 된다는 것입니다.

그리고 주체사상이 혁명과 건설에서 사람이 차지하는 지위와 역할문제를 해명하였다고 하면서 노동계급의 무신론 사상을 새롭게 발전시켰다고 주장하는데 여기에도 심한 모순과 갈등이 있습니다. 혁명과 건설에서 사람이 차지하는 지위는 무엇입니까. 주인다운 입장입니다. 그리고 혁명과 건설에서 사람의 역할은 무엇입니까, 결정적 역할을 한다는 것. 이것입니다. 이것은 이미 하나님께서 인간을 하나님의 형상과 모양으로 만들어 주실 때 사람보다 먼저 창조한 천지 만물을 관리하고 다스려 나가야 할 축복을 인간들에게 주실 때 하나님이 창조한 천지만물에 대한 청지기로서의 주인다운 입장과 다스려 나갈 수 있는 능력으로서의 창조성 의식성을 사람을 만들실 때에 인간이라는 속성 속에 하나님이 부여하여 주신 것입니다. 때문에 주체사상에서 사람문제를 해명했다는 것은 거짓이며 있다면 하나님의 말씀인 성경을 표절한 것 밖에는 없습니다. 그러니 종교를 폐절하겠다고 하는 북한 당국의 종교정책은 모순과 갈등뿐이며 아무런 역할도 할 수 없는 이론입니다. 당분간 폭력적인 방법으로 종교를 특히 하나님을 믿는 사람들을 통제하고 죽이고 잡아가두고 하겠지만 하나님으로부터 인간이 기원될 때 기원된 하나님을 믿는 기독교는 절대로 없앨 수 없는 것입니다. 하나님이 영원하신 것같이 영원이 승리할 것입니다. 오늘은 이만 하겠습니다. 다음시간에는 오늘 여러분들과 함께 받은 하나님의 말씀을 갖고 (나 외에는 다른 신을 섬기지 말라) 라는 제목으로 계속해서 두 번째 시간을 가지겠습니다. 기다려 주십시오.

스물한번째

나 외에는 다른 신들을 섬기지 말라 2

– 북한 동포 여러분께

출애굽기 (20장 1-6절)

하나님이 이 모든 말씀으로 말씀하여 이르시되
나는 너를 애굽 땅, 종 되었던 집에서 인도하여
낸 네 하나님 여호와니라
너는 나 외에는 다른 신들을 네게 두지 말라
너를 위하여 새긴 우상을 만들지 말고 또 위로
하늘에 있는 것이나 아래로 땅에 있는 것이나
땅 아래 물 속에 있는 것의 어떤 형상도
만들지 말며
그것들에게 절하지 말며 그것들을 섬기지 말라
나 네 하나님 여호와는 질투하는 하나님인즉
나를 미워하는 자의 죄를 갚되 아버지로부터
아들에게로 삼사 대까지 이르게 하거니와
나를 사랑하고 내 계명을 지키는 자에게는
천 대까지 은혜를 베푸느니라

사랑하는 북한동포 여러분
지난 시간에 이어서 오늘도 하나님께서 주신 출애굽기 20장 1-6절 말씀을 가지고 여러분들과 '나 외에는 다른 신을 섬기지 말라' 라는 제목으로 은혜를 나누려고 하고 있습니다. 지난번 시간에는 북한 노동당에서 주장하는 무신론 사상에 대한 반론과 그리고 궁극적 종교의 폐절에 대한 노동당의 사상과 이론에 대한 반론을 하나님의 말씀과 그리고 오늘 말씀을 전하는 심주일 목사의 체험적 간증을 통하여 진행하였습니다. 오늘은 왜 하나님께서는 하나님 한 분을 제외한 다른 신들을 절대로 섬기며 절하지 말며, 우상을 만들지 말라고 하였는지에 대하여 하나님의 말씀을 가지고 논리 정연하게 말씀을 드리므로 지금 북한의 영혼들이 어떤 죄를 짓고 있으며 그 결과 하나님의 징계가 그 땅 즉 북한 땅에 어떻게 임하고 있는가를 이야기 하려고 합니다. 그러면 하나님의 말씀부터 다시 한 번 더 봉독해 드리겠습니다.

하나님께서는 하나님의 말씀인 성경 출애굽기 20장 1절로 6절에서 다음과 같이 말씀하고 계십니다.
"하나님이 이 모든 말씀으로 말씀하여 이르시되 나는 너를 애굽 땅, 종되었던 집에서 인도하여 낸 네 하나님 여호와니라 너는 나 외에는 다른 신을 네게 두지 말라 너를 위하여 새긴 우상을 만들지 말고 또 위로 하늘에 있는 것이나 아래로 땅에 있는 것이나 땅 아래 물속에 있는 것의 어떤 형상도 만들지 말며 그것들에게 절하지 말며 그것들을 섬기지 말라 나 네 하나님 여호와는 질투하는 하나님인즉 나를 미워하는 자의 죄를 갚되 아버지로부터 아들에게로 삼사 대까지 이르게 하거니와 나를 사랑하고 내 계명을 지키는 자에게는 천 대까지 은혜를 베푸느니라" 아멘

그러면 왜 하나님께서 하나님 이외에 다른 신을 두지말며 섬기지 말며 우상들을 만들지 말라고 하셨습니까. 이것을 논리적으로 잘 알아야 지금까지 살아오면서 우상을 만들고 섬기고 절하고 한 모든 죄가 허무한 것이었다는 것

을 깨닫게 될 것입니다. 깨닫고 회개할 때 하나님은 기뻐하십니다. 그리고 축복하십니다.

우선 하나님이 어떤 분이신가를 알아야 합니다. 그러면 하나님을 믿지 말라고 해도 믿게 되는 것입니다. 언젠가 여러분들에게 이야기 했지만 그 어떤 분을 정확히 진실하게 알게되면 신뢰하게 되고 신뢰하면 믿게 되고 믿게 되면 충성하게 되는 것입니다. 그래서 북한 당국에서는 위대한 수령 김일성동지는 어떤 분이신가. 친애하는 지도자 김정일동지는 어떤 분이신가. 지금은 김정은 동지는 어떤 분이신가를 그땅에서 태어나는 영혼들이라면 다 가르치고 세뇌시키는 것이 아닙니까. 문제는 나라의 지도자이기 때문에 가르치는 것은 좋은 일이나 완전히 왜곡하거나 날조하여 가르치는 것이 문제가 되어 지탄을 받는 것입니다. 그러면 하나님이 어떤 분이신가를 하나 하나 말씀드리겠습니다.

하나님은 창조주이십니다. 이에 대하여 성경 창세기 1장 1절에서 다음과 같이 증언하고 있습니다. "태초에 하나님이 천지를 창조하시니라" 아멘 성경에서 하나님 자신이 증언하고 있는 바와 같이 하나님은 천지만물을 창조하신 창조주이십니다. 빛도 하늘도 땅도 바다도 모든 천지 만물이 다 그 분 하나님에 의하여 지으신바 된 것입니다. 천지 만물의 창조를 완성하신 하나님께서는 천지만물을 관리하고 다스려야 할 동력이 필요 했습니다. 그로인해 하나님께서 창조의 여섯 째 날에 하나님의 형상과 모양대로 우리 인간들을 창조하시었습니다.

사랑하는 북한 동포여러분

이렇게 이야기 하면 지금 여러분들은 믿어지지 않을 것입니다. 하나님을 아버지로 고백한 하나님의 백성들에게는 하나님께서 천지 만물을 창조하셨다는 문제가 이상한 것도 아니고 오히려 감사하게 생각되겠지만 아직도 하나님을 아버지로 고백하지 않은 분들은 신뢰가 잘 가지 않을 것입니다. 그러나 오늘 여기서 창조론만을 가르치는 시간이 아니므로 이미 여러분들이 배운 진화론에 대하여 창조론을 가지고 반론하는 시간을 가질 수는 없습니다. 단 한가지만 말씀 드리면 여러분들은 원숭이에서 진화되어 오늘의 사람이 되었다고 배웠기 때문에 그렇게 알고 있을 것입니다. 그러나 그것은 아무런 근거도 없습니다. 그 진화의 산물이 사람이라면 사람은 지금도 진화과정에 있다는 것이고 진화의 끝은 어디인가 하는 것입니다. 그러면 그 원숭이는 또 어디에서 진화된 것입니까. 그리고 지금의 아프리카 원숭이들은 왜 사람이 되어 도시로 마을로 내려오지 않습니까. 사람이 되는 원숭이와 사람이 되지 못하는 원숭이는 따로 있는 것입니까. 저는 고등기술학교 때 원숭이가 사람이 되었다는 것을 배워준 지화자 선생에게 원숭이는 또 어디에서 생겼는가. 라고 따져 물어보다가 욕만 먹은 사실이 지금도 기억에서 사라지지를 않습니다. 물론 하나님의 창조물 가운데 아직도 사람들의 눈에 보이지 않는 것이 많다는 것도 이해를 해야 합니다. 그것을 인간들은 알아가면서 살아가고 있습니다. 이렇게 천지 만물은 물론 사람도 하나님이 창조하였다는 것은 창조론적 진리입니다. 그렇다면 하나님이 나를 우리 모두를 만들어 주신 아버지인데 하나님을 아버지로 고백해야 하는 것은 너무나도 당연한 것이 아닙니까. 위대한 수령 김일성이나 위대한 영도자 김정일이 아버지가 될 수가 없는 이유가 바로 여기에 있는 것입니다. 하나님 편에서 보실 때 하나님이 모든 것을 다 만드셨는데 왜 다른 신을 섬기라고 하나님께서 말씀을 하시겠습니까.

다음으로 하나님은 진리의 하나님이시기 때문입니다. 인간에게 있어서 진리를 사모하는 것은 창조의 본성으로부터 출발한 하나님의 속성이 우리 인간들에게 부여 되어 있기 때문입니다. 위에서 말씀을 드렸습니다만 우리 인간들은 하나님께 지음을 받아 하나님께서 창조하신 이 지구 땅 위에 거주하며 살아가고 있습니다. 하나님은 절대적 진리이십니다. 하나님께는 상대성이란 있을 수 없는 것입니다. 하나님은 인간을 만드실 때 하나님의 형상과 모양으로 만드셨습니다. 때문에 우리 인간들에게는 진리를 사모하는 마음이 누구에게나 부여

되어 있는 것입니다. 가령 어떤 사람이 진리와 합당하지 않는 삶을 산다면 그것은 죄인 것입니다. 죄라는 것을 알고도 그대로 삶을 영위한다면 그 사람은 마귀과 사탄의 영에 잡힌 비진리적인 삶을 사는 것입니다. 비진리적인 삶, 즉 죄를 범하면서 삶을 사는 것을 하나님은 허락하지 않으십니다. 인간은 하나님으로부터 온 존재임으로 하나님께서 허락하지 않은 삶을 살면 안됩니다. 죄 중에서도 가장 큰 죄가 바로 그것입니다. 성경은 하나님께서 허락하시지 않는 삶을 사는 인간은 나중에 지옥에 가게 되어 있다고 말씀을 하십니다. 하나님께서는 누구도 지옥에 가는 것을 좋아하시지 않습니다. 그래서 하나님께서는 하나님 외에 다른 신을 섬지기 말고 절하지 말며 우상을 만들지 말라고 말씀하시는 것입니다. 진리의 삶을 살기 위한 지혜와 방법은 바로 하나님의 말씀인 성경에 구체적으로 기록되어 있습니다.

또한 하나님은 사랑의 하나님이십니다.
사랑은 절대적입니다. 북한 당국이 주장하는 계급적 사랑은 하나님의 절대적인 사랑과는 절대로 부합될 수 없습니다. 하나님은 온 인류의 하나님이시지 적과 아군을 나눠 원수는 미워하고 아군은 사랑하시는 하나님이 아니십니다. 때문에 하나 밖에 없는 독생자 외 아들 예수 그리스도를 이 땅에 사람의 모습으로 보내어 십자가에서 죽게하시고 그 피로 우리 인간들이 지은 죄를 대속하게 하신 하나님은 온 인류의 하나님이시고 온 인류가 다 하나님을 믿고 천국에서 영생하는 삶을 살기를 원하시는 하나님이십니다. 외아들 예수 그리스도를 우리에게 주신 것은 온 인류를 위한 하나님의 절대적 사랑이십니다. 하나님께는 적과 아군이 따로 없습니다. 지금 남과 북이 서로 적이되어 서로 비방하고 증오하며 첨단 무기로 대처하고 있는 것은 하나님의 뜻이 절대로 아닙니다.

절대적 하나님의 사랑의 본질을 이렇게 알게되면 북한당국이 주장하는 계급적 사랑은 없어져야 합니다. 하나님의 절대적 사랑은 하나님 자신의 본질적 속성으로 하나님께로서 온 것이며 계급적 북한식 사랑은 인간의 죄에서부터 온 것입니다. 즉 마귀와 사탄의 영에 사로잡혀 인간이 만든 죄악된 사랑이 바로 계급적 사랑인 것입니다. 사랑한다면 증오하라, 증오한다면 사랑하라, 이것은 공산주의자들의 이상에도 맞지 않는 것입니다. 여러분들은 온 사회에 심지어 이 대한민국까지를 합쳐 김일성, 김정일 주의화를 실현하겠다는 것이 당의 최종강령인데 계급적 원수들을 다 죽이고 김일성, 김정일 주의를 실현 하겠다는 것이 아닙니까. 북한 당국이 생각하는 계급적 원수인 미국과 남조선을 여러분들은 과연 다 죽일 수 있다고 생각하십니까, 그렇게 생각하고 있다는 것을 우리는 알고 있습니다. 남조선의 노동자, 농민 즉 기본계급을 제외한 착취계급이라고 하는 사람들만 골라서 죽일 것이다. 이것도 사실은 아니지 않습니까 모조리 쓸어 벌인다는 것이 아닙니까. 그래서 여러분들은 평화적 주민들이 살고 있는 연평도에 포사격을 한 것이 아닙니까. 그리고 말끝마다 서울을 불바다 만든다고 위협하고 있는 것은 아닙니까. 만일 정말로 그렇게 생각한다면 참으로 어리석은 일이라는 것을 다시 한 번 더 말씀을 드립니다. 북한 당국이 생각하는 계급적 원수가 존재한다면 북한 인민들에게 계급적 원수는 미국과 남조선 뿐 아니라 북한당국 자체가 북한 인민들의 원수가 되는 것입니다. 자본주의 사회 착취계급은 소유권을 가지고 경제 활동을 통해 착취를 한다면 북한의 당국자들은 부여된 국가 상부구조 안에서의 권력을 가지고 인민들을 착취하지 않습니까. 그러니 북한 당국이 북한 인민들에게는 원수인 것입니다. 이것이 북한 당국의 모순인 것입니다. 계급적 원수가 미국과 남조선 뿐 아니라 시한폭탄처럼 자체내에 안고 살고 있는 계급적 원수가 다 위험한 것임을 알아야 할 것입니다.

자 그렇다면 계급적 원수를 어떻게 다 죽이겠다는 것입니까. 그래서 여러분들은 핵을 만든 것입니까. 참으로 어리석은 일입니다. 여러분들이 죽이겠다고 하는 원수들은 여러분들이 죽일 때까지 가만히 있습니까. 더 강해 집니다. 우리 대한민국도 핵을 만들려면 이제라도 북한보다 몇 백배 몇 천배로 당장 만들 수 있습니다. 그러나 우리 대한민국의 정치에는 혼란 할 것 같지만 하나님의 뜻이 흐르고 있다는 것을 알아야 합니다. 북한노동당의 정책은 유일적으로 일사 불란한 것 같지만 마귀과 사탄의 뜻이 흐리고 있다는 것을 인정해야 합니다.

하나님은 지금도 하늘에서 하감하고 계십니다. 그러니 이제라도 계급적 사랑의 철학을 걷어들이고 절대적 하나님의 사랑으로 돌아오기를 바랍니다. 이렇게 이야기하면 여러분들은 계급적 정신적 무장을 해제시켜 버리기 위한 악랄한 술책이라고 또 비방할 것입니다. 그러나 그렇지 않다는 것을 꼭 알아야 합니다. 오늘은 여기까지 하겠습니다. 다음 시간에는 오늘 주신 말씀 출애굽기 20장 1절로 6절 말씀을 가지고 (나 외에 다른 신들을 섬기지 말라) 세 번째 시간을 가지겠습니다. 기다려 주십시오.

스물두번째

나 외에는 다른 신들을 섬기지 말라 3

– 북한 동포 여러분께

출애굽기 (20장 1-6절)
하나님이 이 모든 말씀으로 말씀하여 이르시되
나는 너를 애굽 땅, 종 되었던 집에서 인도하여
낸 네 하나님 여호와니라
너는 나 외에는 다른 신들을 네게 두지 말라
너를 위하여 새긴 우상을 만들지 말고 또 위로
하늘에 있는 것이나 아래로 땅에 있는 것이나
땅 아래 물 속에 있는 것의 어떤 형상도
만들지 말며
그것들에게 절하지 말며 그것들을 섬기지 말라
나 네 하나님 여호와는 질투하는 하나님인즉
나를 미워하는 자의 죄를 갚되 아버지로부터
아들에게로 삼사 대까지 이르게 하거니와
나를 사랑하고 내 계명을 지키는 자에게는
천 대까지 은혜를 베푸느니라

사랑하는 북한 동포여러분

오늘도 '나 외에는 다른 신을 섬기지 말라' 라는 제목을 가지고 세 번째 시간을 가지도록 하겠습니다. 두 번째 시간에는 하나님은 어떤 분이신가를 기본으로 말씀을 드렸습니다. 오늘도 하나님은 어떤 분이신가 하는 문제와 북한 땅에서 하나님 이외의 우상들을 섬기고 절하며 우상들을 각 곳에 만들어 놓고 그것들에 영혼들을 빼앗기고 있는 죄에 대해서 말씀을 드리려 합니다.

하나님이 어떤 분이신가 하는 문제는 사실상 이 세상 인간들이 쓰는 말로는 다 표현 할 수가 없습니다. 때문에 한마디로 전지전능하신 하나님이라고 높이 부르고 있는 것입니다. 그러나 두 번째 시간에 이어 좀 더 말씀을 드린다면 하나님은 구원의 하나님이시라는 것입니다. 원래 하나님께서 우리 인간들을 하나님의 형상과 모양으로 만들어 주시고 천지 만물을 관리하고 다스리도록 축복하셨습니다. 그러시면서 최초의 인간을 에덴이라는 동산에서 살아가도록 하였습니다. 그때는 우리 인간들이 하나님과 함께 동행 하면서 살았습니다. 하나님을 대적하는 영이 마귀와 사탄의 영입니다. 마귀와 사탄은 타락한 영으로서 하늘에서 떨어져 이 세상 권세를 잡고 사람들을 죽음으로 몰아가는 영입니다. 마귀와 사탄은 하나님을 직접 공격하지 못합니다. 하나님은 전지전능하시기 때문에 마귀와 사탄으로부터 공격을 받으실 분이 아닙니다. 그러니 마귀와 사탄의 공격대상은 바로 사람인 것입니다. 최초의 인간이었던 아담과 하와가 마귀와 사탄의 공격을 받습니다. 마귀와 사탄은 간교한 뱀에게 들어가 인간을 공격하기 시작했습니다. 그 공격방법은 인간들에게 하나님이 될 수 있다고 하면서 하나님의 말씀에 불순종하도록 만든 것입니다. 하나님의 말씀에 불순종하는 순간 인간에게는 죄가 들어오게 되었습니다. 그리고 그 죄로 인하여 인류가 번성하면서 죄의 유전으로 인하여 인간은 태어날 때부터 죄인으로 태어나게 되었습니다. 이에 대하여 하나님은 몹시 마음이 아프시었습니다. 한편 하나님은 죄에 빠진 인간을 구원할 계획을 세우셨습니다. 인간의 죄를 구속하시려면 인간의 죄를 구속할 수 있는 대속의 제물이 필요로 했습니다. 그런데 인간은 다 죄인인지라 대속할 수 있는 제물이 인간에게는 없는 것입니다. 그리하여 하나님께서는 하나 밖에 없는 외아들 예수 그리스도를 이 땅에 사람의 모양으로 보내 십자가에서 죽게 하시고 그가 흘린 피로 우리 인간들의 죄를 대속하신 것입니다. 하나님이 아들에게 사형선고를 내린 것입니다. 인간이 죄에서 구원받은 길은 하나님이 주신 예수 그리스도의 피를 믿는 그 믿음으로 구원받는 이 구원의 길 하나밖에는 인간에게 구원이란 있을 수 없는 것입니다.

하나님은 이에 대하여 성경 사도행전 4장 12절에서 다음과 같이 말씀하고 계십니다.

"다른 이로서는 구원을 받을 수 없나니 천하 사람 중에 구원을 받을 만한 이름을 우리에게 주신 일이 없음이라 하였더라. " 아멘

그렇습니다. 하나님께서 말씀 하신 바와 같이 인간이 구원 받을 만한 이름은 예수 그리스도 한 분 밖에는 우리에게 없습니다. 우리 하나님은 바로 이런 분이십니다.

사랑하는 북한 동포여러분

이 외에도 하나님이 어떤 분이신지 더 많이 이야기 할 수 있습니다. 그러나 첫 번째 두 번째 이어 세 번째 시간에 하나님이 어떤 분이신가를 이야기한 내용만을 가지고도 그대로 믿는다면 하나님의 백성이 되고 믿음의 식구가 됩니다. 아니 오늘까지 이야기 한 문제들 중에 어느 한 가지 문제만을 믿어도 하나님의 백성이 되고 죄에서 구원받아 복을 받을 수 있는 것입니다. 바로 그렇기 때문에 하나님은 하나님 이외에는 다른 신을 믿지고 말고 섬기지도 말고 우상을 만들지도 말라고 간곡하게 말씀을 하고 계시는 것입니다. 여러분 다른 신 즉 마귀와 사탄의 신을 믿고 절하고 섬기며 우상을 만드는 것은 정말 백해무익한 행위입니다. 다른 신들에게는 생명이 없고 전지전능하지 못합니다. 오직 절대적 진리의 하나님만을 대적하기 위해 타락으로 변질된 악의 영들이 바로 하나

님 이외의 신들이기 때문에 다른 신을 믿는 것은 곧 멸망으로 가는 길입니다.
오늘 주시는 말씀 중에 5절 말씀을 보면 "그것들에 절하지 말며 그것들을 섬기지 말라 나 네 하나님 여호와는 질투하는 하나님인즉 나를 미워하는 자의 죄를 갚되 아버지로부터 아들에게로 삼사 대까지 이르게 하거니와." 아멘 그렇다면 오늘의 북한 현실을 놓고 하나님의 말씀에 비추어 하나하나 분석하며 여러분들과 이야기를 계속 하자고 합니다.

사랑하는 북한 동포여러분
솔직히 말해서 지금 여러분들은 세상에서 제일 잘 살 수 있는 주, 객관적 조건을 가지고 있다는 것을 알고 있습니까. 하나님께서는 천지 만물을 창조하실 때 북한 땅에는 많은 축복을 주시었습니다. 우선 많은 지하자원을 땅 속에 묻어 놓은 상태로 창조하시어 여러분들에게 주신 것입니다. 여러분들이 부르는 애국가에는 은, 금에 가득한 이런 가사가 있다는 것을 우리는 잘 알고 있습니다. 하나님이 이런 귀한 지하자원을 여러분들에게 주신 것입니다. 그 뿐만이 아니라 아름다운 금수강산이 여러분들에게 있지 않습니까. 이것도 하나님이 주신 것입니다. 산 좋고 물 맑은 아름다운 내 조국이라고 부르는 노래도 여러분들 속에서 창작되어 부르고 있다는 것도 잘 알고 있습니다. 금강산도 아름다운 동해의 백사장과 백두산은 또 얼마나 웅장합니까. 황해 남북도의 기름진 옥토, 끝없이 펼쳐진 과수원들, 평안남도의 열두 삼천리벌 동서의 해상자원 성실하고 근면한 노동력 이 모든 것은 여러분들에게 주신 하나님의 창조의 선물이며 축복입니다. 이 모든 것에 더하여 정치적 독재 하에 세뇌 될 수 밖에 없는 것이지만 그렇게 부르지 않으면 안 되는 백전백승의 강철의 당 조선노동당과 백두 혈통에서만 나온다는 위대한 수령과 영도자들이 여러분들에게 있지 않습니까. 그런데 왜 이러한 풍부한 주, 객관적 조건들을 가지고 세상에서 제일 못 사는 나라가 됐습니까, 이렇게 된 데에는 반드시 원인이 있을 것이 아닙니까. 그 원인을 여러분들의 수령과 당은 미국 때문이라고 선전하고 있습니다. 미국과 대한민국은 여러분들에게 잘 못한 것이 없습니다. 노동당으로부터 계속 속아서 살아온 여러분들이 얼마나 불쌍한지 모르겠습니다. 미국과 대한민국은 여러분들을 침략한 적이 없습니다. 북한 당국은 미국의 침략을 1886년 샤만호 때부터를 기점으로 하여 계산하고 있습니다. 솔직히 말해서 샤만호는 상선이었습니다. 당대 사회에서 상선들은 다 무기를 가지고 다녔습니다. 그리고 그 배에 토마스 라는 선교사가 타고 있었던 것은 사실입니다. 그 선교사는 여러분들에게 좋은 소식을 전하려고 그 상선에 몸을 실었던 것입니다. 솔직히 평양성을 침략할 목적을 가지고 대동강을 타고 올라갔다면 배 한척을 가지고 평양성을 침략할 수 있다고 생각을 했겠습니까. 또 1950년 6.25를 생각할 수 있습니다. 이 전쟁은 여러분들이 일으킨 것입니다. 옛 소련의 스탈린과 모택동의 사촉 하에 김일성이 일으킨 전쟁이 바로 6.25전쟁이었습니다. 때문에 세계 평화기구인 유엔에서는 15개 국가의 유엔군을 대한민국에 파병하였던 것입니다. 만일 미국과 대한민국이 전쟁을 일으켰다면 유엔은 북한에 유엔군을 파병 했을 것입니다.

사랑하는 북한 동포여러분
여러분들이 못 사는 원인은 미국도 아니며 대한민국도 아닙니다. 바로 하나님을 믿지 않고 우상을 섬기기 때문입니다. 이렇게 말하면 여러분들은 무슨 말인가 라고 의아해 할 것입니다. 의아해 할 것이 없습니다. 여러분들에게 김일성, 김정일, 김정은 이들은 다 신이 아닙니까. 그런데 사실은 신이 아닌데 신이라고 믿고 신앙하고 추앙하고 있으니 여러분들은 지금 하나님의 말씀을 어기고 죄를 짓고 있는 것입니다. 분명이 하나님께서는 '나 외에는 다른 신을 섬기지 말라' 고 말씀하고 계십니다. 그래서 오늘 말씀 제목도 ' 나 외에는 다른 신을 섬지지 말라' 입니다. 그것도 한번에 말씀을 드리는 것도 아니고 세 번에 거쳐 나누어 말씀을 드리는 것입니다. 하나님의 말씀인 성경 시편 33편 12절에서 하나님은 하나님의 기업으로 선택된 백성은 복이 있다고 말씀하고 계십니다. 여러분 지금이라도 세계지도를 펼쳐 놓고 하나님을 믿는 나라들을 다 따라 가면서 찾아보십시오, 하나님의 말씀 그대로 하나님을 인정하고 하나님을 믿는 나라들은 다 잘 살고 자유롭고 행복하게 살아가고 있는 것을 확인할 수 있습니다. 이러한 현실을 여러분들은 어떻게 설명을 하시겠습니까. 한마디로 오늘 북한의 현실은 경제는 파탄되고 매해 농사는 흉년이며 전기도 부족하고 그러다 보니 먹을 것, 입을 것 모든 것이 부족하여 죽어나가고 있지 않습니까. 정치적인 자유도 없고 인권도 없고 민주주의도 없이 죽지 못해 살거나 죽어가고 있습니다. 죽으면서도 김정은 지도자가 최고라고 친송하고 죽어야 하는 것이 북한입니다. 하나님은 모든 인간들에게 진리 안에서 자유를 주었고 하나님의 형상과 모양 안에서 인권을 주었고 하나님 통치하에서 민주주의를 주었습니다. 하나님께서 주신 이런 복을 누가 가로 막고 있습니까. 그가 바로 김일성이었고 김정일이었고 지금의 김정은입니다. 하나님께서 주신 복을 누리려면 자유가 있어야 하는데 여러분들에게 어떤 자유가 있습니까. 오직 세상에서 제일 못 살면서도 김일성 김정일 김정은 제일 좋다고 밖에는 말할 수가 없지 않습니까. 세상에서 제일 못 살게 하는 지도자를 어떻게 제일 좋다고 합니까. 명절 때가 되면 평양에서 열병식을 하고 축포를 쏘고 군중시위를 하는데 그렇게 하면 김정은이 제일 위대한 지도자가 됩니까. 김일성이나 김정일 김정은 이 나쁘면 나쁘다고 마음 놓고 이야기 해야 합니다. 그것이 하나님께서 인간들에게 주신 자유의지입니다. 수차에 말씀을 드렸지만 그들 김일성 김정일 김정은은 죄악된 인간에 불과 한 것이지 절대로 신이 아닙니다. 권력을 잡은 자들은 바로 그렇습니다. 그 권력을 유지하기 위해 별의별 악을 다 저지릅니다. 특히 독재국가에서는 말할 수가 없는 것입니다. 만일 여러분들이 하나님을 믿으면 김일성, 김정일, 김정은은 권력을 무너질까 두려워 하나님은 없다고 여러분들을 속이고 있는 것입니다. 그리고 이 세상에는 신이 없다고 하면서도 자기를 신이라고 하는 것입니다. 없는 신을 있다고 믿는 것은 분명히 미신행위입니다. 그러나 하나님은 계시는 분이시며 한편 신이 아닌 인간을 신이라고 믿으라고 하는 것도 미신행위입니다. 오늘 북한은 미신행위의 국가입니다. 어쩌면 인민들은 먹을 것이 없어 고향을 떠나고 가족이 해체되고 부모 없는 아이들이 불쌍하게 떠돌다가 객사하고 도저히 상상할 수 없는 현실을 외면하고 많은 돈을 들여 3만 8천개의 동상을 가는 곳 마다 세우고 거기에 죽은 김정일 동상까지 또 세워야 하니 제 정신을 가진 당과 국가 영도자라면 이런 우상숭배의 놀이를 왜 하는 것입니까. 이미 지옥으로 간 김일성 김정일 시체를 금수산 기념궁에 보관 관리하는데도 수십 억의 달라를 투자하고 있다고 하니 북한의 지도자에게는 인민들은 죽어도 되고 죽은 김일성 김정일은 죽었는데도 신처럼 섬겨야 되는가 하는 것입니다. 그 뿐이 아니라 김정일 죽은 다음에 경제를 살려 인민들을 살려야 하는 돈을 가지고 수백 수천의 영생 탑을 만들고 경치 좋은 자연바위에 우상의 글을 새기고 수만 추천개의 성역화, 마치 북한은 김일성 김정일 김정은 만을 위해 하늘과 땅과 인민도 존재하는 곳이 되었으니 왜 하나님이 징계를 하지 않겠습니까.

사랑하는 북한 동포여러분

이제라도 북한은 하나님만 인정하고 믿으면 1-2년 내에 완전히 달라질 것입니다. 만일 계속 지금처럼 사람을 하나님처럼 우상을 만들어 믿는다면 하나님의 말씀대로 죄를 갚는 것을 아버지로부터 삼사 대에 이르게 하신다고 하셨으니 김정은이 지금 삼대입니다. 그러니 말씀대로 삼대의 김정은 시대에 북한은 끝이 날 것입니다. 이것은 위협이 아니라 공의로우신 하나님의 말씀이라는 것을 알고 하나님께로 돌아오는 여러분 모두가 되시기를 간절히 축원 드립니다. 오늘은 이만 하겠습니다. 다음 시간에는 하나님의 말씀인 성경 고린도후서 4장 7절부터 18절 말씀을 가지고 "겉 사람과 속 사람" 이라는 제목으로 말씀을 드리겠습니다. 또 기다려 주십시오.

스물세번째

겉 사람과 속 사람

– 북한 동포 여러분께

고린도후서 (4장 7-18절)

우리가 이 보배를 질그릇에 가졌으니 이는 심히 큰 능력은
하나님께 있고 우리에게 있지 아니함을 알게 하려 함이라
우리가 사방으로 우겨쌈을 당하여도 싸이지 아니하며 답답한
일을 당하여도 낙심하지 아니하며
박해를 받아도 버린 바 되지 아니하며 거꾸러뜨림을 당하여도
망하지 아니하고
우리가 항상 예수의 죽음을 몸에 짊어짐은 예수의 생명이
또한 우리 몸에 나타나게 하려 함이라
우리 살아 있는 자가 항상 예수를 위하여 죽음에 넘겨짐은
예수의 생명이 또한 우리 죽을 육체에 나타나게 하려 함이라
그런즉 사망은 우리 안에서 역사하고 생명은 너희 안에서
역사하느니라
기록된 바 내가 믿었으므로 말하였다 한 것 같이 우리가
같은 믿음의 마음을 가졌으니 우리도 믿었으므로 또한 말하노라
주 예수를 다시 살리신 이가 예수와 함께 우리도 다시 살리사
너희와 함께 그 앞에 서게 하실 줄을 아노라
이는 모든 것이 너희를 위함이니 많은 사람의 감사로 말미암아
은혜가 더하여 넘쳐서 하나님께 영광을 돌리게 하려 함이라
그러므로 우리가 낙심하지 아니하노니 우리의 겉사람은 낡아지나
우리의 속사람은 날로 새로워지도다
우리가 잠시 받는 환난의 경한 것이 지극히 크고 영원한 영광의
중한 것을 우리에게 이루게 함이니
우리가 주목하는 것은 보이는 것이 아니요 보이지 않는 것이니
보이는 것은 잠깐이요 보이지 않는 것은 영원함이라

사랑하는 북한 동포여러분

오늘 하나님께서 주시는 말씀부터 봉독해 드리겠습니다. 하나님께서는 하나님의 말씀인 성경 고린도 후서 4장 7절로부터 18절에서 다음과 같이 말씀을 하십니다.

"우리가 이 보배를 질그릇에 가졌으니 이는 심히 큰 능력은 하나님께 있고 우리에게 있지 아니함을 알게 하려 함이라 우리가 사방으로 우겨쌈을 당하여도 싸이지 아니하며 답답한 일을 당하여도 낙심하지 아니하며 박해를 받아도 버린 바 되지 아니하며 거꾸러뜨림을 당하여도 망하지 아니하고 우리가 항상 예수의 죽음을 몸에 짊어짐은 예수의 생명이 또한 우리 몸에 나타나게 하려 함이라 우리 살아 있는 자가 항상 예수를 위하여 죽음에 넘겨짐은 예수의 생명이 또한 우리 죽을 육체에 나타나게 하려 함이라 그런즉 사망은 우리 안에서 역사하고 생명은 너희 안에서 역사하느니라 기록된 바 내가 믿었으므로 말하였다 한 것 같이 우리가 같은 믿음의 마음을 가졌으니 우리도 믿었으므로 또한 말하노라 주 예수를 다시 살리신 이가 예수와 함께 우리도 다시 살리사 너희와 함께 그 앞에 서게 하실 줄을 아노라 이는 모든 것이 너희를 위함이니 많은 사람의 감사로 말미암아 은혜가 더하여 넘쳐서 하나님께 영광을 돌리게 하려 함이라 그러므로 우리가 낙심하지 아니 하노니 우리의 겉 사람은 낡아지나 우리의 속 사람은 날로 새로워지도다 우리가 잠시 받는 환난의 경한 것이 지극히 크고 영원한 영광의 중한 것을 우리에게 이루게 함이니 우리가 주목하는 것은 보이는 것이 아니요 보이지 않는 것이니 보이는 것은 잠깐이요 보이지 않는 것은 영원함이라" 아멘

사랑하는 북한 동포 여러분

하나님께서 하신 말씀을 봉독해 드렸습니다만 아마 처음 이 말씀을 듣는 분들은 도대체 이게 무슨 말인가 라고 이해가 힘들 것이라는 것을 알고 있습니다. 하나님의 말씀인데 어떻게 인간의 이성으로 이해를 할 수가 있겠습니까.

반드시 하나님께서 깨달을 수 있는 영을 부어주셔야 깨달을 수 있게 되어 있는 것이 하나님의 말씀이십니다. 어쨌든 깨달음과 이해를 빨리 하기 위해서 김일성과 김정일이 이야기 한 문제를 여러분들에게 이야기 하는 것이 깨달음과 이해를 위해 좋다고 생각합니다.

김일성이 늘 모든 당원들과 근로자들에게 이렇게 이야기 했습니다. '육체적 생명은 부모가 주지만 정치적 생명은 수령이 주는 것' 이라고 말입니다. 또 김정일도 당 중앙위원회에서 일을 시작하면서 당원들과 간부들은 육체적으로는 노쇄할 수 있어도 정치 사상적으로는 절대로 노쇠할 수 없다며 본인 자신부터 머리를 짧게 깎고 노쇠할 수 없는 정치 사상적 삶을 눈으로 볼 수 있는 육체에 담느라 애쓰는 모습이었습니다. 이때 북한의 모든 당일군들은 누구나 할 것없이 김정일을 따라 하느라 머리를 짧게 깎고 흔들거리면서 간부행세를 부리던 그때의 간부들의 모습이 지금도 눈에 선하게 기억됩니다.

이것은 무엇을 말하는 것입니까. 인간에게는 생명이 두 개가 있다는 것입니다. 물론 김일성 김정일이 하나님의 말씀인 성경을 보고 그렇게 이야기 한 것인지는 잘 모르겠으나 분명히 하나님께서는 겉 사람과 속 사람에 대하여 말씀해 주고 계십니다. 겉 사람도 하나님이 주신 것이며 속 사람도 하나님이 주신 것입니다. 김일성이나 김정일은 인간들에게 아무것도 줄 수 없는 그저 한 인간에 불과 한 것입니다.

오늘 하나님께서 주시는 본문 말씀은 영원하신 하나님의 능력과 인간의 나약한 모습을 비교적으로 보여주고 있습니다. 즉 다시 말해서 겉 사람과 속 사람에 대하여 또한 김일성이 이야기 했던 육체적 생명과 정치적 생명에 대하여 비교적으로 보여주고 있는 것입니다. 오늘 7절 말씀을 보면 분명히 하나님께서는 우리 인간들에게 보배로운 삶을 주셨고 또 한편 이 보배로운 삶을 왜 질그릇 같은 우리들의 육체에 주셨는지에 대하여 말씀하고 있습니다. 그렇다면 하나님께서 우리들에게 보배를 주셨다고 했는데 하나님께서 주신 그 보배가 과연 무엇입니까. 그것은 예수 그리스도의 얼굴에 있는 하나님의 영광을 아는 빛인 것입니다. 이것은 예수님의 부활의 생명을 말하는 것입니다. 그런데 왜 이 보배로운 생명을 질그릇 같은 우리의 육체 가운데 주셨는가. 하는 것입니다. 이것을 통해서 능력은 오직 하나님께만 있음을 가르쳐 주시기 위한 것입니다. 그렇습니다. 하나님은 절대적인 분으로서 그 어떤 상대성도 인정하지 않는 능력의 총체입니다. 인간은 물론 천지 만물을 말씀으로 창조하신 분이요, 또 인간들이 죄를 지었을 때에는 하나밖에 없는 외아들 예수 그리스도를 사람의 형상을 입혀 이 땅에 보내주셨고 인간들의 죄 값을 치루기 위하여 아들을 십자가에서 죽게 하신 하나님이십니다. 그리고 죽으셨던 아들 예수 그리스도를 다시 살리시어 지금은 하늘에 계신 하나님 우편에 계시게 하신 분이 바로 하나님 이십니다. 그리고 예수님이 이 땅에 오셔서 하신 모든 사역은 하나님만이 하실 수 있는 사역이었습니다. 그래서 능력은 하나님께만 있다는 것입니다. 이러한 하나님을 깨닫고 인정하며 믿으며 예수 그리스도의 피로 구원받은 백성이 우리도 부활할 수 있다는 소망을 가지고 살아가는 그 생명은 참 보배로운 생명이 아닐 수 없습니다. 우리의 육체는 질그릇과 같습니다. 그런데 참 보배로운 생명을 우리의 육체에 담았으니 겉 사람은 질그릇이요 속 사람은 하나님께서 값없이 주신 선물 즉 보배로운 생명인 것입니다.

사랑하는 북한 동포여러분 이렇게 말씀을 드리면 이제는 겉 사람은 무엇이며 속사람은 무엇인지 이해가 되리라고 믿습니다.

계속해서 8절에서 15절까지의 말씀을 보면 질그릇은 사방으로 우겨쌈을 당한다고 하면서 속 사람인 보배로운 생명은 싸이지 아니한다고 말씀하고 계십니다. 이것은 무슨 말씀인고 하니 우리의 육체인 질그릇은 답답한 일을 당하고 핍박을 당하며 꺼꾸러 뜨림을 당한다는 것입니다. 사실 그렇습니다. 이 세상의 존재는 타락한 영들인 마귀과 사탄의 영이 지배하고 있습니다. 그러므로 사람들은 이 마귀와 사탄에 의해 공격을 당하고 그것들의 영에 이끌리어 온갖 죄를 다 짓고 살아가는 것이 이 세상인 것입니다. 이 세상의 죄는 하나님의 말씀에 순종하지 않고 사는 삶은 모조리 다 죄인 것입니다.

그러나 우리 안에 있는 속사람인 보배로운 생명은 우겨쌈을 당하지 않는다는 것입니다. 아무리 우겨쌈을 당한다고 해도 낙심하지 않으며 버림 바 되지 않으며 망하지 않는 다는 것입니다. 오히려 이 보배로운 생명은 예수 그리스도와 함께 부활의 생명으로 영광 가운데 나타나게 되는 것입니다. 왜 우리 안에 있는 보배로운 생명은 망하지 않는 것입니까. 그것은 보배로운 생명이 하나님께서 주신 생명이기 때문입니다. 하나님께서 주신 생명은 하나님의 영에 이끌리어 사는 삶을 말하는 것입니다. 하나님의 영이 눈에는 보이지 않는 것 같이 우리의 속사람도 눈에는 보이지 않습니다. 그러나 실제 사람이 살아가는 모든 눈에 보이는 겉 사람은 속사람의 영에 의해 좌지 우지 되게 되어 있는 것입니다. 오늘 북한에서 자행되고 있는 각종 죄악들이 다 마귀와 사탄의 영에 의해 자행되는 것들입니다. 제일 큰 죄악이 하나님을 인정하지 않는 죄입니다. 하나님을 인정하지 않는 것은 하나님과 원수 짓는 죄행입니다. 다음으로 큰 죄는 우상숭배의 죄입니다. 하나님을 인정하지 않고 무신론을 주장한다면 그 어떤 신도 믿는 행위를 하지 말아야 합니다. 그런데도 불구하고 신이 아닌 사람을 신으로 만들어 놓고 신처럼 믿고 섬기고 거기에 절하며 추앙하고 있으니 그것이야 말로 앞 뒤가 다른 죄행인 것입니다. 김일성과 김정일 그리고 김정은이 어떻게 신이 될 수 있습니까. 그들은 죄악된 인간이며 죄인인 것입니다. 만일 신이라면 북한의 경제도 파탄시키지 말아야 하며 북한의 모든 사람들이 잘 먹고 잘 살수 있게 해 주어야 합니다. 그러나 그들은 그렇게 하지 않았습니다. 그러면서도 위대한 수령이라고 인민들에게 섬기라고 강요한 사람들이 바로 그들입니다. 만일 신이 되려면 죽지도 않고 죄도 없으며 그리고 인민들을 잘 돌봐주어야 합니다. 그런데도 그들은 수백만의 인민들을 굶겨 죽였고 자신들도 죽어서 지옥으로 갔습니다. 하나님은 공의로우신 하나님이십니다. 분명히 하나님은 죄를 범한 자들에게는 그 죄값을 치루게 하십니다. 그러면서도 하루 빨리 그 죄에서 회개하고 돌아오기를 바라시는 마음이 바로 하나님의 긍휼이십니다. 오늘 북한의 객관적 조건은 참 좋습니다. 이미 세상을 창조하실 때 하나님은 북한 땅에는 이 남한 땅보다 많은 축복을 주어 창조하시었습니다. 많은 지하자원과 아름다운 금수강산 근면한 노동력 황해남북도의 옥토벌 끝없이 펼쳐진 송화의 과수 평안도의 열두 삼천리벌 이 모든 것은 하나님께서 북한 영혼들에게 주신 축복이었습니다. 이렇게 객관적 조건은 참 좋으나 주관적 조건인 하나님을 인정 해야겠으나 인정하지 않는 것으로부터 오늘날 세상에서 제일 못 사는 나라가 되어 버리고 말았습니다. 3만 8천개의 동상을 세우고 수십만개의 영생탑 기암절벽 바위들에 우상의 글을 새기는 이런 죄악된 행위는 하나님의 징계를 자초한 것이나 다름이 없습니다. 북한의 현실은 바로 하나님의 징계인 것입니다. 이제라도 그 죄에서 돌이켜 하나님께로 오기만 하면 북한은 반대로 세상에서 제일 잘 사는 나라로 될 것입니다.

오늘 말씀 16절로 18절을 보면 '겉 사람은 후패하나 우리의 속 사람은 날로 새롭도다' 라고 하나님은 말씀을 하십니다. 마귀와 사탄의 영에 이끌리어 사는 삶이나 또는 하나님의 영에 이끌리어 사는 삶이라 할지라도 많은 환난과 고난 속에서 겉 사람은 늙고 힘을 잃어가게 되어 있습니다. 성경은 사람은 한 번 죽는 것은 정한 것이요 그 다음은 심판이 있다고 가르치고 있습니다. 한 번 죽는 다는 것은 우리의 겉 사람이 죽는 다는 것을 말하는 것입니다. 그래서 우리 눈에 보이는 것은 잠깐이라고 오늘 하나님은 말씀하고 계시는 것입니다. 그러나 우리 육체안에 주신 보배로운 생명은 날마다 더욱더 새로워 지고 있으며 보이지 않는 영원한 영광을 이루어 가고 있다고 말씀해 주고 있습니다.

사랑하는 북한 동포여러분

사실 그렇습니다. 육체는 늙게 되어 있고 한번 죽게 되어 있습니다. 그러나 우리안에 늘 임재하여 계시는 보혜사 하나님의 영은 영원한 것이기 때문에 날로 새로워 지게 되어 있습니다. 때문에 보이지 않는 것은 영원함이라고 선포하고 있습니다. 보이지 않는 하나님의 영에 의하여 보이는 우리의 삶이 새로워지는 여러분들이 되시기를 축원 드립니다.

오늘은 이만 하겠습니다. 다음 시간에는 하나님의 말씀인 성경 마태복음 5장 38절로 48절 까지의 말씀을 가지고 "진실로 된 사랑" 이라는 제목으로 말씀 드리겠습니다. 또 기다려 주십시오.

스물네번째

진실로 된 사랑

– 북한 동포 여러분께

마태복음 (5장 38-41절)
또 눈은 눈으로, 이는 이로 갚으라 하였다는 것을 너희가 들었으나
나는 너희에게 이르노니 악한 자를 대적하지 말라 누구든지 네 오른편 뺨을 치거든 왼편도 돌려 대며
또 너를 고발하여 속옷을 가지고자 하는 자에게 겉옷까지도 가지게 하며
또 누구든지 너로 억지로 오 리를 가게 하거든 그 사람과 십 리를 동행하고
네게 구하는 자에게 주며 네게 꾸고자 하는 자에게 거절하지 말라

사랑하는 북한 동포여러분

지금 이 지구위에 거주하며 사는 인구는 70억이라고 합니다. 이 70억 인구가 국가적, 민족적 단위로 살아갑니다. 그렇지만 서로 이념이 다르고 체제가 다른 이유로 인해 서로 불신하며 그 불신이 원수가 되어 살아가는 것이 또한 지구위에 살아가는 인류의 70억 인구입니다. 멀리 다른 나라들을 볼 것이 아니라 지금 우리가 살고 있는 한반도만 놓고 보아도 남과 북은 서로 한 민족이고 반 만년의 역사를 가지고 있으면서도 안타깝게 원수로 살아가고 있는 것이 사실입니다. 겉으로는 하나가 되자 즉 통일을 이룩하자고 쌍방간에 떠들기는 하지만 오랜기간 통일을 이룩하지 못했습니다. 왜 이런 결과를 우리는 보고 살아야 합니까. 한마디로 인간의 죄성 때문입니다. 권력을 잡은 자들의 욕심 때문에 그런 것입니다. 특히 백두 혈통이라고 하면서 반드시 김일성 집안에서만이 북한의 최고 지도자가 나와야 한다는 해괴망측한 봉건적 세습통치 정치 체제는 더욱 그런 것입니다. 권력의 맛이 어떤지는 권력을 잡아본 사람들만이 알 수 있을 것입니다. 하지만 권력은 무상한 것입니다. 사실상 북한의 권력자 김정은은 더 말할 것도 없고 살기 위해 양심도 도덕도 사랑도 다 저버리고 측근이 된 자들은 절대로 통일을 원하지 않는 자들입니다. 그 이유는 통일이 되면 민주화된 국민들의 힘에 의하여 그 권력은 한 순간에 날아가 버리게 될 것이기 때문입니다. 만일 통일의 의지가 있다면 미국과 남조선을 때려 부수고 이 대한민국까지 김일성 집안에서 영원히 통치 할 수 있는 아마도 그런 통일이라면 바라볼 수는 있을 것입니다. 그러나 그들 자신들도 그것은 불가능한 일이라고 생각하고 있는 것입니다. 핵을 만들고 대한민국을 위협하고 도발을 하며 미국과 남조선은 전혀 생각도 하지 않는 북침 나팔을 불면서 북한의 인민들을 현혹하는 것은 김일성 집안에서의 통치 체제를 공고히 하자는데 있는 것 뿐입니다.

사랑하는 북한 동포여러분

오늘 하나님께서는 진실되고 완변한 사랑이 무엇인가를 우리 인간들에게 가르쳐 주고 있습니다. 그러면 하나님의 말씀부터 봉독해 올리겠습니다.

하나님께서는 하나님의 말씀인 성경 마태복음 5장 38절에서 42절까지에서 다음과 같이 말씀하십니다.

" 또 눈은 눈으로 이는 이로 갚으라 하였다는 것을 너희가 들었으나 나는 너희에게 이르노니 악한 자를 대적하지 말라 누구든지 네 오른편 뺨을 치거든 왼편도 돌려대며 또 너를 송사하여 속옷을 가지고자 하는 자에게 겉옷까지 가지게 하며 또 누구든지 너로 억지로 오리를 가게 하거든 그 사람과 십리를 동행하고 네게 구하는 자에게 주며 네게 꾸고자 하는 자에게 거절하지 말라" 아멘

노동당 간부들은 물론 국가보위부 및 정치군관들 그리고 일부 사람들은 위에서 봉독한 하나님의 말씀을 들으면 말도 안 되는 소리를 한다고 할 것입니다. 어떻게 왼빰을 때리는 자에게 오른편 빰을 대라는 것입니까. 과연 이 말씀이 여러분들의 마음속에 안겨 올 수 있을까 라고 생각할 때 어림도 없다고 생각하게 되는 것이 또한 이 말씀을 전하는 이 목사의 마음이기도 합니다. 그러나 분명히 말씀을 드리건데 오늘 이 말씀을 전하는 목사도 목사가 되기전 즉 다시 말해서 하나님을 가장 올바르게 깨닫지 못했을 때에는 종교는 아편이요 계급적 원수에 대한 증오의 사상을 마비시키는 제국주의 자들의 상투적 침략의 도구인 줄로만 알고 있었습니다. 그러나 하나님을 깨닫고 난 다음에 이 세상 완벽한 것이 무엇인지를 알게 되었던 것입니다. 그 완벽한 것이라는 것은 이 세상이 이상하고 있는 모든 것을 말하는 것입니다. 그중 오늘 주신 하나님의 말씀을 가지고 저는 여러분들과 완전한 사랑이 도대체 어떤 사랑을 놓고 말하는 것이며 그 완전한 사랑의 결과가 무엇인가를 중점적으로 이야기하려고 합니다. 우선 첫째로 말씀을 드리고 싶은 것은 우리 하나님은 제국주의자들의 편도 아니며 공산주의자들의 편도 아닙니다. 우리 하나님은 영원전부터

영원까지 계시는 절대자로서 진리의 하나님이십니다. 그 진리안에 오늘 이야기 하자고 하는 완전한 사랑도 다 담겨 있습니다. 우리 하나님은 오직 우리에 대한 사랑으로 온 지구 위에 있는 70억 인구가 다 구원받아 죄가 없는 인간 창조의 본연으로 돌아가 축복받은 인생을 살기를 원하시는 분이십니다. 노동당의 반 종교, 특히 반 기독교 정책으로 인하여 여러분들은 하나님의 그 성호만 불러도 불신하고 미워하며 마치 우리 하나님을 미국의 침략적 도구로 생각하는 협소하고 무지한 개념을 없애버려야만 하나님을 옳게 깨달을 수 있습니다.

사랑하는 북한 동포여러분

사랑에 반대되는 개념은 증오입니다. 증오 자체를 철학화 하고 세계관화한 것이 바로 공산주의자들입니다. 때문에 북한의 철학적 사전에는 증오에 대하여 다음과 같이 정의하고 있습니다. 사람들 간의 적대관계에 상응하는 관점, 자기의 요구와 지향을 유린하며 이익을 침해하는 대상에 대한 미움의 감정으로서 사랑과 대립되며 불행을 가져오는 대상에 대한 적의, 원한, 적대 관계에 있는 사람, 대상에 대한 방조의 거절, 증오의 대상에 대한 전면적 부정으로서의 소멸에 대한 지향, 저주, 질투 등으로 자각되며 체험되는 것이라고 정의하고 있습니다. 계속해서 증오는 그것이 무엇에 대한 증오인가에 따라서 서로 다르게 평가되며 각이한 의의를 가지게 된다고 주장한다. 여기서 가장 중요한 것은 계급적 원수에 대한 노동계급적 증오감이다. 라고 명시하고 있습니다. 모든 것에 다 갈등과 모순이 있는 것이 공산주의자들이 내놓은 이론과 학문이고 철학인데 증오에 대한 정의와 그를 정당화한 철학적 해명도 역시 모순적입니다. 그렇다고 해서 자유민주주의 체제 즉 여러분들이 미워하는 자본주의 사회에서의 정의된 이론과 철학이 다 옳다는 것은 절대로 아닙니다. 하나님을 제외한 이 세상 모든 것은 옳은 것이 없으며 선한 것이 없으며 만일 있다면 하나님의 변할 수 없는 진리의 사상을 가장 옳게 해석한 설교나 신학, 전지전능하신 하나님께 영광이 될 만한 책들 이런 것들은 옳다고 해야 하겠지만 이 세상에는 선한 것이 없다는 것이 가장 정답입니다.

그러면 이제부터 한 대지, 한 대지 선정하고 끌어 당겨서 여러분들과 이야기를 계속하겠습니다. 우선 증오에 대해서 이야기 하겠습니다. 죄악으로 전철된 인류 역사 발전은 빈익빈 부익부를 가져왔습니다. 여러분들은 빈익빈 부익부는 마치 자본주의 사회에서만 존재하는 자본주의 산물로 생각하는데 절대로 그렇지 않습니다. 오늘 북한을 자칭 사회주의 사회라고 하는데 이 세상 빈익빈 부익부가 제일 노골적으로 또 제일 크게 존재하는 것이 바로 북한이라는 것을 알아야 합니다. 평등을 외치면서 빈익빈, 즉 프로레타리아들이 착취 계급들을 때려 부수며 죽이고 그들이 가지고 있던 소유권을 무상으로 다 빼앗은 것이 바로 공산주의자들 오늘의 북한입니다. 이것을 프로레타리아 혁명이라고도 하고 프로레타리아 독재라고도 합니다. 말하자면 소유권을 빼앗아 국가의 소유 즉 노동계급의 소유로 만들면 인간들의 삶이 요구하는 물질적 부는 하늘에서 폭포처럼 쏟아진다고 한 것이 바로 공산주의 이론의 창시자들이며 그 이론대로 혁명을 해온 결과가 바로 오늘의 북한입니다. 인정하지 않고 싶어도 인정할 수 밖에 없는 것이 현실이 아닙니까. 말하고 싶은 것은 당신들이 그렇게도 미워하고 증오하던 착취 계급들을 다 죽이고 쫓아내고 빼앗고 당신들의 세상을 만들었는데 왜 오늘의 현실을 만들어 놓았는가 하는 것입니다. 한마디로 세상에서 제일 못 사는 나라로 만들었는가 하는 것입니다. 왜 그렇게도 귀중한 인간들을 다 굶겨 죽였는가 하는 것입니다. 평등을 외쳤던 공산주의자들 이제는 당신들이 답변할 차례입니다. 계급적 원수들만 죽이면 모두가 다 골고루 잘 사는 평등사회가 이루어진다고 하지 않았습니까, 그런데 지금 북한은 왜 평등하지 못합니까, 김정일은 인민들이 굶어 죽을 때 왜 기쁨조를 옆에 끼고 매일 저녁 파티로 호화방탕한 삶을 살았습니까, 오늘의 김정은은 어떻게 살고 있습니까 아버지 김정일이 죽었으니 김정은이 답변을 해야 할 것입니다. 그렇지 않으면 그 옆에서 떨어지면 죽을 수 밖에 없는 최룡해를 비롯한 그 측근들이 답변을 해야 할 것입니다. 만일 김정일과 김정은이 대한민국의 지도자가 되었더라면 아마 대한민국 국민들은 벌써 거리로 뛰어나가 탄

핵을 했을 것입니다. 그래서 자유민주주의 체제는 국민이 주인이라는 것입니다. 국민이 주인인 제도를 민주주의 제도라고 하는 것입니다. 북한도 국호가 조선민주주의 인민공화국입니다. 그런데 민주주의가 없습니다. 있다면 증오의 민주주의 계급적 원수들을 때려 죽어야 하는 민주주의 밖에는 없습니다. 그런데 그것은 민주주의가 아닙니다. 그런데도 민주주의라고 해야 하겠으니 모든 것에 계급적 성격을 부여한 것이 바로 김일성주의 철학입니다.

사랑하는 북한 동포여러분
이제 우리 한번 생각해 봅시다. 지금까지 계급적 원수들을 때려 부수고 노동계급의 국가를 건설했지만 어느 것 하나 달라진 것이 없으며 오히려 더욱더 어려워졌고 보이지 않는 국가의 착취는 더 심각해졌고 빈부의 차이는 사회주의 공산주의 본질적 우월성의 자존심을 완전히 무너뜨렸습니다. 또 남조선과 미국 즉 계급적 원수들을 때려부순다고 해서 모든 문제가 해결될 것인가 하는 것입니다. 또 과연 이 세상 계급적 원수들을 정녕 때려부술 수 있다고 자신하고 있습니까. 지금까지 이루어진 역사적 경험은 때려부순다고 해도 해결되지 않으며 때려부술 수도 없다는 것입니다. 계급적 원수들도 머저리가 아닙니다. 북한의 당국자들이 때려부순다는데 가만히 앉아 때려라 때리면 우리는 맞아 죽을 것이다. 이렇게 생각할 계급적 원수가 어디에 있겠습니까. 오늘 남과 북의 관계는 하나는 살고 하나는 죽어야 끝이 온다는 것이 지금의 관계입니다. 이것이 오늘 북한의 생각입니다. 과연 실현될 수 있겠습니까. 김정은이 최근 군부대를 찾아 다니면서 너는 죽고 나는 살아야 된다. 살아서 남조선을 타고 앉아야 된다. 라는 생각을 가지고 훈련에 미친 군인이 되라고 말했다고 합니다. 얼마나 무지한가 보십시오

모든 문제의 해결은 오늘 하나님께서 주시는 말씀에서 찾아볼 수 있는바와 같이 원수도 사랑하고 서로 화해하고 용서하는 것 밖에는 다른 방법은 하나님께서 인류에게 허락하신 것이 없습니다. 인간들의 죄로 인하여 지금까지 서

로 원수가 되었다면 이제 다시 주님 안에서 하나가 되어 이 땅위에 하나님의 나라를 이룩해 나가야 합니다. 그래서 하나님의 사랑은 완전한 사랑이라고 말하는 것입니다. 하나님께서 이 세상과 인간을 얼마나 사랑했으면 하나밖에 없는 외아들 예수 그리스도를 이 땅에 인간의 모습으로 보내어 십자가에서 죽게 하시고 그 피로 인간들이 지은 죄를 사하도록 하셨는가 하는 것입니다. 이 십자가의 구원의 섭리를 알고 믿기만 하면 죄를 사함 받고 구원받은 하나님의 백성이 될 수 있는 축복을 받을 수 있습니다. 저도 한때 공산주의 혁명을 한 인간으로서 계급적 원수들을 때려부수기만 하면 모든 것이 끝이 날줄 알았습니다. 그것은 근시안적 세계관이고 아주 무지한 악령들의 부추김을 받은 공산주의자들의 세계관임을 하나님을 알고 깨닫게 되었습니다. 공산주의 사회는 무계급 사회를 말하는 것입니다. 말하자면 계급이 없는 사회를 말하는 것인데 무계급 사회의 가능성은 오직 하나님 안에서만 가능합니다. 여러분들이 생각하는 계급적 원수를 때려부술 수도 없지만 설사 때려부순다고 해도 지금 북한의 김정은을 비롯한 상부구조 안에 있는 그 측근들이 또 착취계급이 될 것입니다. 지금 북한은 사회주의 사회로서 착취계급적 근원이 완전히 청산된 것이 아니라 빈익빈과 부익부의 사이에 부익부에 해당하는 국가의 권력을 잡은 사람들은 다 착취자들입니다. 인류의 이상사회는 사회주의 공산주의 안에 있는 것이 아니라 원수까지도 사랑으로 하나되게 하는 하나님 안에서만 가능한 것임을 깨닫는 여러분들이 되시기를 축원합니다.

오늘은 이만 하겠습니다. 다음 시간에는 하나님의 말씀인 성경 창세기 1장 26절에서 28절까지의 말씀을 가지고 '하나님의 형상과 모양으로서의 인권' 이라는 제목을 가지고 말씀 드리겠습니다. 또 기다려 주십시오

스물다섯번째

하나님 형상과 모양으로서의 인권 1

– 북한 동포 여러분께

창세기 (1장 26-28절)

하나님이 이르시되 우리의 형상을 따라 우리의 모양대로 우리가 사람을 만들고 그들로 바다의 물고기와 하늘의 새와 가축과 온 땅과 땅에 기는 모든 것을 다스리게 하자 하시고 하나님이 자기 형상 곧 하나님의 형상대로 사람을 창조하시되 남자와 여자를 창조하시고 하나님이 그들에게 복을 주시며 하나님이 그들에게 이르시되 생육하고 번성하여 땅에 충만하라, 땅을 정복하라, 바다의 물고기와 하늘의 새와 땅에 움직이는 모든 생물을 다스리라 하시니라

사랑하는 북한 동포여러분

인간과 더불어 이 세상의 천지만물이 무에서 유가 된 것만은 그 누구도 부인하지 못하는 존재론적 이치입니다. 창조론자들은 더 말할 것도 없고 진화론자들도 그것은 부인하지 못하는 것이 오늘의 현실입니다. 단지 창조론자들은 아무것도 존재하지 않던 것에서 그 어떤 창조의 능력과 힘에 의해서 창조된 것을 말하는 것이고 진화론자들은 그 무엇에서 무엇으로 진화된 것을 주장하고 있는 것이 차이가 나는 것입니다. 사실상 진화론자들이 주장하는 그 무엇에서 무엇으로 진화가 되었다면 무에서 유가된 존재론적 이치는 성립되지 못하는 것입니다. 다시 말해서 진화론자들에게 창조란 개념조차 성립되지 못하는 것입니다. 인간과 더불어 천지만물이 진화된 것이라면 그 기원이 어디에 있으며 그 기원의 기원은 또 어디에 있었다는 것입니까. 여러분들도 아시다시피 고 황장엽 선생은 '인간중심 철학원론'에서 천지만물은 지금으로부터 약 35억년전에 우주의 빅뱅에 의해서 생겨난 것이라고 서술하였습니다. 과연 우주의 폭발이 있었다면 그것도 폭발을 일으킬 수 있는 어떤 원인과 조건이 형성되었기 때문에 폭발이 있었을 것입니다. 그렇다면 폭발을 일으킬 수 있는 조건은 어떻게 형성되었다는 것입니까. 반드시 여기에는 객관적 즉 외부적인 능력과 힘이 작용했을 것입니다. 이렇게 문제를 찾아서 따져 들어가면 반드시 말씀으로 인간과 천지만물을 창조하신 하나님께로 가게되어 있는 것입니다. 진화론자들은 하나님을 부인하거나 하나님의 창조론을 믿지 않으므로 모든 만물의 존재의 원인을 밝히면 밝힐수록 하나님께로 갈 수 밖에 없는 그 통로를 가려고 하지 않는 데에 문제가 있는 것입니다. 전지전능하신 하나님을 믿지 않는 것은 인간에게 있어서 교만이며 죄중에서도 모든 죄의 원인으로 되는 가장 큰 죄인 것입니다.

사랑하는 북한 동포여러분

하나님께서는 하나님 자신이 천지만물을 창조하시고 창조의 마지막 날 여섯째 날에 하나님의 형상과 모양으로 우리 인간을 만들었다고 하나님의 말씀인 성경에서 선포하고 계십니다. 그러면 하나님의 말씀부터 봉독해 드리겠습니다. 하나님께서는 성경 창세기 1장 26절로 28절에서 다음과 같이 말씀하십니다. "하나님이 이르시되 우리의 형상을 따라 우리의 모양대로 우리가 사람을 만들고 그들로 바다의 물고기와 하늘의 새와 가축과 온 땅과 땅에 기는 모든 것을 다스리게 하자 하시고 하나님이 자기 형상 곧 하나님의 형상대로 사람을 창조하시되 남자와 여자를 창조하시고 하나님이 그들에게 복을 주시며 하나님이 그들에게 이르시되 생육하고 번성하여 땅에 충만하라, 땅을 정복하라, 바다의 물고기와 하늘의 새와 땅에 움직이는 모든 생물을 다스리라 하시니라 아멘

얼마나 명백한 말씀입니까. 아무런 의심도 가질 것이 없고 그저 그대로 믿기만 하면 하나님과의 관계가 이루어지는 말씀입니다. 한마디로 인간은 하나님께로부터 온 존재입니다. 이것을 종교적 속성을 가진 존재라고도 이야기 합니다. 종교적 속성을 가지고 창조된 인간이기 때문에 우리들의 삶 속에서 무슨 어려운 문제가 있다든가 속상한 일이 있으면 점을 보는 사람을 찾거나 무당을 찾아가서 사주팔자를 보는 것이 다 그래서 종교적 속성을 가지고 인간이 창조되었기 때문에 생겨난 일들입니다. 문제는 하나님께서 온 존재이면 하나님을 믿어야 하는데 아무런 능력도 없고 심지어 존재하지도 않는 신을 찾아 사주팔자를 본다는 것 자체가 미신행위인 것입니다. 하나님을 찾아 예배드리고 하나님께 기도하면 문제가 다 해결되는 것을 믿으시기를 바랍니다.

사랑하는 북한 동포여러분

하나님의 형상과 모양으로 우리가 하나님으로부터 지음을 받았다는 것은 사실이며 부인할 수 없는 하나님의 창조적 섭리입니다. 물론 진화론 자들은 지금도 반대하고 인정하지 않고 있지만 하나님 자신이 인간창조의 창조자이심을 증언하고 있습니다. 그리고 진화론 자들은 인간이 창조된 것이 아니라 진화로 진화된 것에 대한 특별한 증거를 내놓지 못하고 있으며 그저 사람과 제

일 비슷한 원숭이를 대려다가 그 원숭이가 오랜 세월 동안 인간으로 진화되었다고 논리를 펼치고 있는 것입니다. 만일 사람이 원숭이로부터 진화되었다면 인간의 진화는 지금도 계속되고 있는 것이며 진화의 끝은 무한대라는 결론이 나올 수 밖에 없는 것이 아닙니까. 그렇다면 그 진화의 끝은 어디인가요.

오늘 말씀의 주제는 하나님의 형상과 모양으로서의 인권에 대한 문제입니다. 하나님의 형상과 모양 이것은 폭이 아주 넓고 다양합니다. 하나님의 형상과 모양은 인간이 타락하여 죄를 짓기 전 창조의 본연 즉 창조의 본질적 속성을 의미하는 것입니다. 폭 넓고 다양한 하나님의 형상과 모양안에서 오늘은 인권만을 이야기하려고 합니다. 그래서 인권에 대한 개념이 전무한 북한 영혼들이 인권이 무엇인지 또 인권이 어디에서부터 주어졌으며 그것이 얼마나 귀중하고 고귀한 것인지 그런데 그 인권을 우리는 왜 자유롭게 향유하지 못하고 있는지 그러면 이제 그 인권을 향유하기 위해 우리가 어떻게 해야 하는지에 대한 문제를 여러분들과 함께 나누려고 합니다.

우선 인권이란 무엇입니까.

여러분들의 철학에서 밝힌 인권의 정의부터 찾아보겠습니다.

여러분들의 철학사전에 의하면 인권이란 사람이 사람으로서 마땅이 가져야 할 권리 곧 사람의 자주적 권리, 사회적 존재로서 사람의 인권은 그의 정치생활, 경제생활, 문화생활 등 사회생활에서 표현된다. 인권은 온갖 착취와 억압이 청산되고 인민이 나라의 주인이 된 사회주의 사회에서만이 철저히 보장된다. 라고 밝히고 있습니다. 맞습니다. 한 마디로 인권이란 사람이 사람으로서 마땅히 가져야 할 권리를 말하는 것입니다. 이 인권은 남녀 어린이 노인 장애인 인종에 관계없이 보편적으로 적용된 권리를 말하는 것입니다. 때문에 인권은 철저히 보편적이며 하나님께로부터 온 천부적인 것입니다. 만일 하나님께서 오지 않으셨다면 천부인권이라고 말할 수도 없겠지만 인간이라면 누구에게나 다 적용되지 못할 것입니다. 그리고 하나님으로부터 오지 않고 공산주의자들로부터 온 것이라면 인권을 정의할 때 사람이 사람으로서 마땅히 가져야 할 권리라고 정의하지 못할 것입니다. 그런데 여러분들의 철학은 그렇게 정의를 하고 있습니다. 이것은 여러분들 즉 공산주의자들 특히 북한 당국자들이 정의한 철학사전에 심각한 오류가 있다는 것을 말합니다. 왜냐하면 사람이라면 또 누구나, 라는 보편적이란 말로 사람을 지칭하고 있으면서도 여러분들의 인권은 보편적으로 향유할 수 있도록 그 체계가 되어 있지 않기 때문입니다. 그러므로 인권이 가지고 있는 그 요구와 가치관을 훼손하고 있는 것이 북한의 당국자들입니다. 김일성주의 철학의 요구가 인간은 물론 이 세상 천지만물에 계급적 성격을 부여하여야만 참다운 세계관일 수 있다고 하는 그 철학적 가치관은 이미 보편성을 떠나 있기 때문입니다. 다시 한 번 더 이야기 합니다만 분명히 여러분들의 철학 사전에는 사람이 사람으로서 마땅이 가져야 할 권리가 인권이라고 했다면 왜 모든 인간들에게 이 권리를 적용시키지 않습니까. 계속해서 여러분들의 당국에서 정의한 인권이란 정치생활, 경제생활, 문화생활 등 모든 사회생활에서 표현된다고 명시하여 놓고도 정치적 견해가 다르고 사상이 다르다는 이유로 그런 사람들에게는 인권이 향유되지 못하고 죽어야만 하는가 하는 것입니다. 과연 북한 당국자들이 주장하고 외치는 인권은 어떤 것을 말하는 것입니까. 김정은이와 노동당이 좋다고 추앙하는 것만이 인권이고 김정은이나 노동당이 나쁘다고 하면 죽어야 하는 것이 북한식 인권입니까. 그렇다면 북한당국이 이 세상에 내놓은 철학사전에 인권의 정의를 이제라도 고쳐야 할 것입니다.

하나님의 형상과 모양으로서의 인권은 모든 사람 전체를 망라하고 있는 것입니다. 때문에 우리가 향유하고 있는 보편적 인권에는 분명히 하나님께서 기대하시는 그 요구가 있는 것입니다. 우선 첫째로 그것은 사람의 생명권입니다. 모든 생명체가 다 그렇듯이 특히 사람의 생명은 철저히 하나님께로 온 것입니다. 오늘 주신 하나님의 말씀에서도 찾아 볼 수 있듯이 하나님은 분명히 인간을 만드실 때 우리의 형상과 모양대로 라는 말씀을 하시고 사람을 남자와 여자로 만드셨다고 증언하고 있습니다. 때문에 사람과 그 생명은 무엇보다도 귀중합니다. 사람이 귀중함은 주체사상에서도 주장하고 있습니다. 사람의 생명은 하나님께로부터 온 것이므로 그 생명을 유린할 권리가 그 누구에게도 없는 것입니다. 그러나 김정일과 오늘의 김정은은 북한 땅 안에 있는 사람들의 생명을 얼마나 많이 죽였습니까. 특히 어린이들의 생명을 말입니다. 굶겨죽이고 얼어 죽게 하고 살겠다고 발버둥치면서 압록강을 건너면 반역자라고 총으로 쏴 죽이고 김정일 김정은이 잘 못했다고 하면 정치범 수용소안에서 죽이고 헤아릴 수 없이 인간들의 생명을 죽인 김정일, 김정은은 하나님께로부터 온 생명을 죽였으니 하나님의 원수인 것입니다. 김정일 김정은의 생명이 귀중하면 북한 땅안에 있는 모든 생명이 다 동일하게 귀중합니다. 그런데 김정일, 김정은 생명은 귀중하고 인민들의 생명은 귀중하지 않다면 주체사상의 혁명과 건설에서 인간은 왜 제일 귀중하다고 했습니까. 여기에 대하여 김정은과 그 측근들 북한의 사회과학자들은 답변을 해야 할 것입니다. 지금 북한을 보면 인권은 김정은에게만 있고 북한인민들에게는 인권이 전혀 없는 무권리 속에서 살아가고 있다고 해도 과언이 아닙니다. 왜 김정은을 최고 존엄이라고 말합니까. 인간은 다 하나님의 형상과 모양으로 창조되었으므로 다 최고 존엄을 가지고 있습니다. 왜 김정은만 최고 존엄이고 이 세상사람들은 존엄이 없는 것처럼 이야기 하는 것입니까. 북한 당국자들의 무지하기가 개탄스러울 수 밖에 없습니다. 그래서 온 세상 사람들이 당신들 보고 인권유린 국가라고 하는 것입니다. 오늘도 판문점에서 남과 북의 고위급들이 모여 앉아 대한민국에게 김정은의 최고 존엄을 훼손하지 말라고 북측에서 나온 사람들이 이야기한다는데 참으로 얼마나 한심한 자태인지 여러분들이 판단해 보시기를 바랍니다. 물론 여러분들은 계급적성격을 부여한 인권을 주장하고 있기 때문에 사회제도와 사상 특히 최고 존엄이라고 하는 김정은에 대하여 조금이라도 반대의사를 표한다면 무조건 죽인다는 것을 잘 알고 있습니다. 어느 나라나 민족이나 그 안에 사는 천태만상인 사람들이 서로 다른 말을 할 수 있고 심지어 자기나라 대통령도 반대할 수 있습니다. 나라법을 위반하여 다른 사람들의 인권을 침해하는 현상도 있습니다. 이런 것은 국가의 법으로 교육하고 교양하면 됩니다. 그러나 여러분들처럼 생명을 죽이라는 것은 아닙니다. 하나님은 죄를 지었지만 그들의 죄를 깨닫고 새 사람으로 변화되어 생명을 귀중히 간직하고 살아가기를 원하시는 분이 하나님이십니다. 때문에 선진국에서는 사형제도 자체가 없는 것입니다.

사랑하는 북한 동포 여러분 인간의 생명은 하나님께로부터 온 것입니다. 때문에 이 세상에 어떤 일이 있을지라도 인간의 생명을 죽이는 일은 절대로 있어서는 안 되는 것입니다. 오늘 북한 당국자들이 입만 열면 서울을 불바다 청와대를 불바다 대한민국 온 영토를 불바다로 만들겠다고 말끝마다 위협을 해왔습니다. 그런데 요즘에 와서 태도가 달라져 회담을 하자고 하고 유화 제스처를 보면서 늘 앞뒤가 다른 북한의 위선적 그 수법에 넘어갈 국가도 사람도 민족도 없다는 것을 알아야 합니다. 북한당국은 대한민국을 다 죽이고 통일하겠다는 것이 노동당의 강령이 아닙니까 말하자면 대한민국의 모든 생명을 죽이겠다고 이를 갈고 있는 것이 북한노동당인데 이것을 하나님은 가만히 두지 않을 것입니다. 대한민국 5천만의 영혼들은 다 최고 존엄을 가지고 하나님께서 주신 생명을 귀중히 향유해 가는 사람들이기 때문입니다. 보편적 인권만을 인정하며 보편적 인권만을 귀중히 여기고 향유하는 철학적 가치관과 실질적 생명을 가장 귀중히 여기므로서 하나님의 축복이 임하는 북한 땅과 북한의 모든 영혼들이 되시기를 축원드립니다. 오늘은 이만 하겠습니다. 다음 시간에도 창세기 1장 26-28절을 가지고 하나님의 형상과 모양으로서의 인권에 대한 두 번째 시간을 가지겠습니다. 다음 시간을 또 기다려 주십시오

스물여섯번째

하나님 형상과 모양으로서의 인권 2

– 북한 동포 여러분께

창세기 (1장 26-28절)

하나님이 이르시되 우리의 형상을 따라 우리의 모양대로 우리가 사람을 만들고 그들로 바다의 물고기와 하늘의 새와 가축과 온 땅과 땅에 기는 모든 것을 다스리게 하자 하시고 하나님이 자기 형상 곧 하나님의 형상대로 사람을 창조하시되 남자와 여자를 창조하시고 하나님이 그들에게 복을 주시며 하나님이 그들에게 이르시되 생육하고 번성하여 땅에 충만하라, 땅을 정복하라, 바다의 물고기와 하늘의 새와 땅에 움직이는 모든 생물을 다스리라 하시니라

마태복음 (5장 6절)

의에 주리고 목마른 자는 복이 있나니 그들이 배부를 것임이요

사랑하는 북한동포 여러분
오늘도 전번 시간에 이어서 '하나님의 형상과 모양으로서의 인권에 대하여 두 번째 시간을 가지지려고 합니다. 먼저 하나님의 말씀부터 봉독해 드리겠습니다.
하나님께서는 하나님의 말씀인 성경 창세기 1장 26 28절까지에서 다음과 같이 말씀하십니다.
"하나님이 이르시되 우리의 형상을 따라 우리의 모양대로 우리가 사람을 만들고 그들로 바다의 물고기와 하늘의 새와 가축과 온 땅과 땅에 기는 모든 것을 다스리게 하자 하시고 하나님이 자기 형상 곧 하나님의 형상대로 사람을 창조하시되 남자와 여자를 창조하시고 하나님이 그들에게 복을 주시며 하나님이 그들에게 이르시되 생육하고 번성하여 땅에 충만하라, 땅을 정복하라, 바다의 물고기와 하늘의 새와 땅에 움직이는 모든 생물을 다스리라 하시니라 아멘
사랑하는 북한동포 여러분 사람이 어떻게 이 땅에 거주하며 살아갈 수 있었는지 그리고 어떻게 사람이 기원되게 되었는지 하는 문제는 오늘 하나님께서 너무나도 상세하게 말씀하여 주었습니다. 지난번 시간에도 이야기 했지만 사람은 하나님의 형상과 모양대로 하나님이 만들었습니다. 하나님께로부터 기원된 인간이 하나님께 불순종하여 오늘에 이르는 동안 죄악된 삶을 살면서 인간의 기원문제에 대한 여러 가지 학설들을 인간들이 만들어 낸 것만은 사실입니다. 때문에 인간들은 하나님께서 창조하여 주신 우리 인간들의 창조의 근원에 대하여 잘 모르고 있습니다. 인간 창조에 대한 기원을 정확히 알고 그것을 믿는 것은 인간들이 죄악된 인간에서 그 죄를 회개하고 하나님으로부터 사함 받아 창조의 본질을 회복하는 아주 중요한 문제입니다. 다시 말해서 죄악된 인생관으로부터 변화된 하나님이 바라시는 인생관으로의 혁명이라고 말할 수 있습니다. 그러기 때문에 우리는 하나님을 믿어야 하는 것입니다. 지난번 시간에는 하나님의 형상과 모양으로서의 인권 중 가장 중요한 생명권에 대하여 이야기 했습니다. 그러면 오늘도 계속해서 생명권을 비롯한 기타 하나님

의 형상과 모양안에 있는 다양한 인권에 대하여 이야기 할 것이며 여러분들은 이 시간을 통하여 인권에 대한 가장 올바른 견해와 관점 그리고 입장을 가져야 할 것입니다. 인권이 무엇인가 하는 문제는 지난번 시간에 북한의 철학 사전에서 정의한 내용을 가지고 이야기 했습니다. 그 정의에 갈등과 모순이 있지만 무엇보다 먼저 인권이란 무엇인가를 정확히 알아야 할 것입니다. 그래야 인권이 어디에서 왔으며 지금 우리가 그 인권을 향유하고 있는가, 못하고 있는가, 못하고 있다면 왜 못하고 있는지를 정확히 알고 인권의 향유를 위한 정당한 투쟁을 해야 할 것입니다.

하나님께서는 인간을 창조하실 때 인간에게 자유의지를 주었습니다. 하나님께서 주신 것은 다 인권입니다. 그것이 하니님께서 인간에게 주신 권리이기 때문입니다. 자유의지는 인간들이 무한한 자유를 누릴 수 있다는 것이며 그 자유를 절제할 수 있는 의지도 주었다는 것입니다. 왜 입니까. 인간들은 한 없이 연약하고 부족합니다. 의지가 약할 수도 있고 강할 수도 있습니다. 무한한 자유를 누릴 수 있다고 해서 죄악 된 인간이 생각하는 대로 삶을 살라는 것이 아니다 라는 것입니다. 이 세상 주관 권세를 잡은 것은 마귀과 사탄의 영입니다. 때문에 사람들이 생각하는 것 자체가 다 죄인 것입니다. 이 세상에 보이지 않는 영의 세계는 존재하나 그 영의 존재는 크게 두가지입니다. 하나는 진리의 영이신 하나님의 영이시고 이것을 흔히 선이라고 말할 수 있습니다. 그리고 또 하나는 마귀와 사탄의 영입니다. 흔히 이것을 악이라고 합니다. 그러기 때문에 이 세상에는 선과 악의 영들이 존재하고 있는 것입니다.

사랑하는 북한 동포여러분

원래 악의 영은 타락한 천사를 말하는 것인데 이 타락한 천사도 피조물로 하나님께서 창조하신 영입니다. 하나님은 이 천사를 만드신 목적이 하나님을 잘 섬기라고 만드신 것인데 그만 자기가 하나님처럼 될 수 없을가 하여 하나님을 배반하고 말았습니다. 하나님을 배반하고 타락한 이 영을 하나님께서는 스올 곧 구덩이 맨 밑에 떨어지게 하였습니다. 바로 이 악한 영이 세상권세를 잡고 우리 인간들을 하나님의 뜻대로 살지 못하게 하고 하나님을 믿지 못하게 하고 있는 것입니다. 북한 당국자들이 하나님이 없다고 하면서 하나님을 믿는 사람들을 잡아다가 죽이는 것은 바로 이 마귀와 사탄의 말을 듣고 행하는 아주 큰 죄악인 것입니다. 여기에 대하여 하나님께서는 이사야 선지자를 통하여 성경 이사야 14장 12절부터 16절 말씀에서 구체적으로 기록하고 있습니다. 여러분들이 성경을 접할 수 있는 기회가 있다면 반드시 이사야서 14장 12절부터 16절을 읽고 하나님의 음성을 듣고 하나님께로 돌아오는 여러분들이 되시기를 간절히 기도합니다. 구약성경 984페지에 기록되어 있습니다.

하나님께서 주신 자유는 하나님께서 허락하신 권리안에서 아주 중요한 자리를 차지합니다. 인간은 자유해야 합니다. 이것은 북한 당국자들도 떠들고 있는 것입니다. 문제는 자유를 향유함에 있어서 하나님의 사상과 뜻 그분의 통치하에 있는 자유를 말하는 것이지 마귀과 사탄의 영에 이끌리어 방탕하고 방종한 것을 자유로 착각하는 것은 본질에 있어서 자유가 아닙니다. 때문에 하나님께서는 성경 요한복음 8장 32절에서 "진리를 알지니 진리가 너희를 자유롭게 하리라" 고 말씀하고 계십니다. 진리가 아니면 자유가 아니라는 것입니다. 저는 지금도 기억하고 있습니다. 제가 근무하던 부대의 군기에는 '조국의 자유와 독립을 위하여' 라는 글이 새겨져 있었습니다. 지금도 같을 것입니다. 작년도 7월 27일 북한당국만이 주장하는 전승기념일에 열병식하는 부대들의 앞에 군기수들이 펼쳐들고 나가는 군기들을 자세히 보니 아직도 자유라는 글이 새겨져 있는 것을 보았습니다. 그렇다면 그 글은 진리를 위해서 필요한 것이지, 김일성 집안의 봉건적 세습통치를 위해 필요한 것이라면 그 글은 여러분들에게 자유를 주지 못할 뿐 아니라 육군,해군, 항공 및 반항공군, 노동적위군 모든 부대들의 위업과 사명도 참다운 자유를 위한 것이 아니라 죄악된 사람 김일성, 김정일, 김정은을 위한 것으로서 신이 아닌 사람을 신처럼 섬겨야 하는 우상의 필요한 수단 밖에는 안 되는 것입니다.

그렇다면 이제부터 실제로 북한 영혼들에게 자유가 있는가 없는가 없으면 왜 없는가 하는 문제를 하나하나 찍어가면서 말씀드리겠습니다.

오늘은 여행의 자유에 대해서 말씀을 드리겠습니다. 사랑하는 북한동포 여러분 원래 하나님께서 사람을 만드시고 이 세상 천지만물을 다스려 가는 것에 대한 아주 중요한 축복을 주시었습니다. 이 세상 천지만물을 다스려 나가려면 반드시 사람들이 마음대로 여행을 할 수 있어야 합니다. 때문에 여행의 자유는 곧 하나님께서 주신 것입니다. 그런데 북한동포 여러분들에게 있어서 현실은 그렇지 못합니다. 자국 내에서도 여행의 자유가 없습니다. 전 세계 지구 그 어디에도 구애받지 않고 여행할 수 있는 자유는 상상 할 수도 없는 것이고 지금 살고 있는 북한 땅안에서도 여행의 자유가 없으니 이것은 감옥이나 다름이 없는 것입니다. 솔직히 말해서 김일성, 김정일, 그리고 김정은이 정치를 잘 해서 모든 인민들에게 약속한대로 이밥에 고기국, 기와집에 비단옷을 입고 살 수 있었다면 3만명 시대로 가는 탈북자들이 그 땅에서 나오지도 않았을 것이며 더욱히 심각한 것은 여행의 자유가 있었더라면 그들이 배고픔을 달래기 위해 그리고 조금이나마 가족을 위해 피땀 흘려 번 돈을 가지고 다시 고향과 가족에게 돌아갔을 것입니다. 배고파서 떠나는 사람, 살겠다고 떠나는 사람, 이들에게 여행의 자유를 왜 허락하지 못합니까. 그들을 떠나지 않게 하려면 먹을 것을 주던가, 인간은 살기 위해 태어난 것입니다. 여행을 위해 태어난 것입니다. 이것이 하나님이 주신 권리입니다. 그런데 먹을 것도 주지 않으면서 살겠다고 떠나면 반역자라고 잡아다 죽이니 먹을 것을 주지 않는 김일성, 김정일, 김정은은 도대체 무엇입니까. 왜 그들은 인민들을 굶어죽이고 쌀을 얻으려 여행을 하려면 반역자라고 해서 죽일 수 있는 권한을 그들에게 누가 허락하신 것입니까. 가장 악독한 인권유린 자가 그들입니다. 인민들을 굶겨 죽이고 쌀을 얻으려고 그리고 돈을 벌려 간다고 해서 죽이는 그런 자들이 어떻게 위대한 영도자가 되는 것인가 하는 것입니다.

사랑하는 북한동포 여러분 이제는 여러분들도 알 때가 되었습니다. 그리고 말할 때가 되었습니다. 하지만 말할 수도 없고 자유롭게 의사를 표방할 자유도 없다는 것을 잘 알고 있습니다. 말 할 수 있고 자유롭게 의사를 표방할 자유도 하나님께서 주신 것입니다. 이 문제는 다음시간에 말씀을 드리기로 하겠습니다. 이것을 알아야 합니다. 진리는 진리이기 때문에 언제나 승리하게 되어 있다는 것을 말입니다. 북한의 김일성, 김정일, 김정은이 북한 동포들에게 아무리 여행의 자유를 허락하지 않고 강하게 통제하며 옥죄인다고 해도 여행의 자유 그 자체가 진리이기 때문에 여행을 완전히 통제 할 수 없다는 것을 말입니다. 지금 북한의 현실을 보면 여행 증명서가 있어야만 여행하게 되어 있는 법률이 그대로 살아있지만 사실은 유명무실하다고 합니다. 왜 입니까. 여행의 자유를 갈망하는 것은 인간의 속성으로서 하나님께서 온 권리이기 때문입니다. 지금은 각 곳에 버스가 생겼다고 합니다. 그 버스는 노동당에서 해결해 준 것이 아니라 북한의 동포들이 직접 구입하여 자기가 거주하고 있는 행정기관이나 또 공장 기업소에 등록하고 운행을 한다고 합니다. 운행기간과 시간은 관계없이 전국 각지에 어디에나 다 다닌다고 합니다. 물론 기관 기업소에 등록을 했으니 등록비를 내야 할 것입니다. 이것은 세금이 아니라 당연한 것입니다. 그래서 북한 동포들이 이제는 이 버스를 탈 수 있는 돈만 있으면 어디든지 간다고 합니다. 이것이 바로 하나님께서 이끄시는 방법입니다. 노동당에서 아무리 통제해도 이길 수 없는 것은 바로 그들은 악한 영에 이끌려 마귀와 사탄의 도구로 이용당하고 있기 때문에 지금 당장은 그들이 이기는 것 같지만 결국은 이기지 못하는 것입니다. 말자하자면 진리가 승리하게 되어 있는 것입니다. 북한은 버스나 승용차 기타 화물차를 포함한 모든 윤전기재들이 움직이려고 하면 각 곳에 국가보위부 초소, 그리고 인민보안성 초소들이 많아 여행의 자유를 통제 했습니다. 그런데 지금은 유명무실 되었다고 합니다. 그 초소에 근무하는 근무성원들도 먹고 살아야 하겠는데 김일성, 김정일, 김정은이 먹여주지 않으니 자체로 먹고 살 수 있는 일을 하지 않으면 안되게 된 것입니다. 그래서 모든 통행하는 윤전기재들이 통제하는 그들에게 돈을 줄 테니 통제하지 말아달라고 해서 지금은 통행증이 없어도 북한 땅 어디든지 간다고 합니다. 물론 버스 값에 초소통과비까지 포함되는 것만은 사실일 것입니다.

사랑하는 북한동포 여러분 보십시오 노동당이 아무리 통제해도 여행의 자유가 이렇게 하나하나 실현되어 가고 있는 것 아닙니까. 북한의 김일성은 1970년 10월 5차 당 대회에서 전국의 버스화 즉 이것은 농촌의 버스화를 말했지만 이것을 노동당은 실현하지 못했고 여행의 자유를 갈망하는 북한의 동포들이 한 것입니다. 이렇게 진리는 승리하게 되는 것이 바로 하나님의 역사입니다.

사랑하는 북한 동포 여러분

왜 여행의 자유를 통제하는 것입니까. 여행의 자유를 통제한 것은 김일성, 김정일, 김정은 밖에는 없습니다. 그들은 김일성부터 시작된 최고의 권력을 세습하면서 유일적 영도체제를 수립하였습니다. 그 권력을 영원히 누리려고 여행의 자유까지 빼앗는 것입니다. 여행의 자유가 허락되면 북한이 아닌 세상의 정보들 특히 진리의 정보들이 북한 영혼들 속에 들어가 그들이 알게 되고 알게 되면 깨닫게 되고 깨닫게 되면 결단하게 되고 결단하면 움직이게 되어 있는 것이 사람이 아닙니까. 그들은 김일성 김정일 김정은이 하는 정치가 옳지 않다는 것을 다 알게 되는 것이 제일 무서운 것입니다. 그래서 통제하는 것입니다. 이제는 하나님께서 주신 각종 권리 인권을 찾아야 합니다. 오늘은 이만 하겠습니다. 다음 시간에도 하나님께서 주시는 창세기 1장 26-28절을 가지고 하나님 형상과 모양으로서의 인권에 대하여 세 번째 시간을 가지려고 합니다. 또 기다려 주십시오

스물일곱번째

하나님 형상과 모양으로서의 인권 3

– 북한 동포 여러분께

창세기 (1장 26-28절)

하나님이 이르시되 우리의 형상을 따라 우리의 모양대로 우리가 사람을 만들고 그들로 바다의 물고기와 하늘의 새와 가축과 온 땅과 땅에 기는 모든 것을 다스리게 하자 하시고 하나님이 자기 형상 곧 하나님의 형상대로 사람을 창조하시되 남자와 여자를 창조하시고 하나님이 그들에게 복을 주시며 하나님이 그들에게 이르시되 생육하고 번성하여 땅에 충만하라, 땅을 정복하라, 바다의 물고기와 하늘의 새와 땅에 움직이는 모든 생물을 다스리라 하시니라

마태복음 (5장 6절)

의에 주리고 목마른 자는 복이 있나니 그들이 배부를 것임이요

사랑하는 북한 동포여러분

인권은 인간에게 부여된 권리입니다. 권리는 권력이나 권한보다 더 강합니다. 우선 보편적인 성격을 띠고 있는 것이 권리입니다. 그리고 천부적인 주권과 사랑에 의하여 부여된 만인에 대한 평등적 권리입니다. 권력이나 권한은 제한된 일부의 사람들에게 주어지는 것이지만 인권은 그렇지 않습니다. 그렇기 때문에 강한 것이고 그렇기 때문에 향유되어야 할 권리입니다. 그 권리를 유린한다는 것은 하나님과 원수가 되는 것이며 온 인류와 원수가 되는 것입니다. 때문에 인권을 유린할 권한은 누구에게도 없으며 부여되지 않는 권한을 상용하는 것은 월권행위입니다. 오늘도 계속해서 하나님의 형상과 모양으로서의 인권에 대하여 여러분들과 함께 이야기를 나누려고 합니다. 그러면 하나님께서 주신 말씀부터 봉독해 드리겠습니다.

하나님께서는 성경 창세기 1장 26, 27, 28절에서 다음과 같이 말씀하고 계십니다.

"하나님이 이르시되 우리의 형상을 따라 우리의 모양대로 우리가 사람을 만들고 그들로 바다의 물고기와 하늘의 새와 가축과 온 땅과 땅에 기는 모든 것을 다스리게 하자 하시고 하나님이 자기 형상 곧 하나님의 형상대로 사람을 창조하시되 남자와 여자를 창조하시고 하나님이 그들에게 복을 주시며 하나님이 그들에게 이르시되 생육하고 번성하여 땅에 충만하라, 땅을 정복하라, 바다의 물고기와 하늘의 새와 땅에 움직이는 모든 생물을 다스리라 하시니라 아멘

하나님의 형상과 모양으로서 인간에게 부여된 인권에서 가장 중요한 문제는 평등입니다. 평등권이란 남녀노소 할 것 없이 평등한 권리는 가질 뿐 아니라 행사를 한다는 것을 말합니다. 이것은 하나님께서 바라시는 것이며 또 인간을 만드실 때 인간은 다 평등하도록 하나님이 만드셨기 때문에 평등권이란 바로 하나님의 본질이며 하나님의 인간에 대한 차별없는 사랑의 표현인 것입니다. 돌이켜 보건데 인류가 기원하여 오늘 21세기까지의 년륜을 새기며 살아오는 과정에 평등은 파괴되었고 파괴된 평등을 복원하기 위해 애쓰는 것, 또한 인

류입니다. 자유민주주의에 뿌리를 두고 국가를 건설한 국가들은 법치적 평등을 주장하며 법아래 누구나 다 평등할 수 있다는 법치주의적 평등을 생명으로 하고 있는가 하면 북한의 공산주의자들을 비롯한, 지금은 공산권의 공동체가 붕괴는 되었지만 역사에 기록된 북한을 비롯한 공산권의 평등의 원칙과 정책을 보면 막스와 레닌에 의한 공산주의 사상에 기초한 프로레타리아 혁명을 통한 평등을 구현하여 왔으며 지금도 그것을 완성시키려고 하고 있습니다. 분명히 말씀을 드리건데 법치에 의한 평등을 실현하려는 자유민주주의 국가에서도 또 프로레타리아 혁명의 원칙을 가지고 평등을 실현하려고 하는 북한과 같은 국가에서도 사람의 힘으로는 절대로 평등을 실현할 수 없다는 것입니다. 이 세상의 모든 일과 진리는 하나님께로부터 시작된 것이기 때문에 하나님의 통치하에서만이 가능하다는 것입니다. 하나님의 진리의 평등사상을 국가와 민족의 정책에 반영하고 그대로 구현해 나아간다면 얼마든지 하나님의 형상과 모양으로서의 평등은 실현할 수 있는 것입니다.

사랑하는 북한동포 여러분

그런데 지금 북한의 현실은 어떻습니까. 우리는 언제나 솔직해야 합니다. 우선 프로레타리아 혁명을 통해 이미 착취계급을 완전히 청산하고 1958년 사회주의 제도 수립의 완성을 온 세상에 선포한 것이 바로 당신들 북한입니다. 그렇다면 착취계급과 피착취계급의 불평등은 완전히 없어졌다는 것이 정론일 것입니다. 그러나 사실은 그렇지 않습니다. 지금 북한은 국가에 의한 국가 권력으로서의 착취가 강행되고 있는 것입니다. 전 국가적으로 하루에 양정규정상 필요한 식량은 1만톤이면 충분하지는 않지만 그래도 그것이면 된다고 한 것이 바로 북한당국입니다. 그러나 현실은 1만톤도 공급하지 못하여 수백만의 인민들을 굶어죽게 하였습니다. 김정일이 생존해 있을 때 인민들은 먹을 것이 없어 가정이 해체되고 교원들은 교단을 떠나고 가정에서 뛰쳐 나온 꽃제비 아이들이 전국을 누비고 다닐 때 김정일은 기쁨조를 끼고 매일 밤 파티로 호화스러운 세월을 보냈다는 것을 오늘 북한의 인민들은 얼마나 알고 있는 것입니까. 김정일뿐 아니라 그 측근들, 간부들은 국가에서 준 권력을 가지고 굶지 않고 살았습니다. 더욱더 한심한 것은 대한민국을 비롯한 세계 유엔 기구를 통하여 모자라는 식량을 보내주면 그것을 죽어가는 인민들 특히 어린이들에게 공급해야 하는데 한쪽으로 빼돌려 장마당에 내다 팔아 폭리를 채우는 것도 간부들이었습니다. 인민들이 굶어죽으면 간부들도 굶어죽어야 합니다. 아니 김정일 김정은도 굶어 죽어야 합니다. 이것이 진정한 평등이고 하나님의 평등 통치입니다. 그래서 북한은 국가권력에 의한 착취국가라는 것입니다. 만일 대한민국에서 대통령과 그 밑의 장관들 국회의원들 국가를 관리하는 사람들이 이런 짓을 하였다면 언론에 의해 숨길 수도 없지만 대한민국의 국민들은 절대로 용서하지 않습니다. 그래서 대한민국은 국민이 주인이고 국민이 간부사업을 하기 때문에 모든 간부들은 국민앞에 벌벌 떠는 것입니다. 북한은 이번 3월에 최고 인민회의 대의원 선거가 있다는 것을 알고 있습니다. 그러나 중앙당 조직지도부와 간부부의 간부사업차원에서 선출된 사람들이 대의원 후보자로 이미 결정된 것을 인민들은 좋든 나쁘든 찬성해야만 하는 식으로 나라의 간부들을 선출한다면 그들이 인민의 심부름꾼으로 제대로 일을 하겠습니까. 간부들은 자기를 선출해준 국민을 무서워해야지 위에 있는 사람을 무서워하며 아첨을 해서는 절대로 안됩니다. 김일성이 나라의 어린이들은 왕이라고 했습니다. 그리고 김정일도 현지지도의 길에서 주먹밥을 먹는다고 했습니다. 그렇다면 나라의 왕이라고 했던 어린이들을 왜 굶겨 죽였습니까. 21세기 아프리카도 아닌 북한땅에서 왜 북한인민들을 굶어죽게 하였습니까. 혁명이 승리하려면 억 천만번 죽을 수도 있다는 수식어로는 절대로 설명이 안되는 것이 아닙니까. 수 많은 지하자원과 얼마든지 자급자족할 수 있는 황해남북도와 평안남도의 열두 삼천리벌 아름다운 금수강산 송화의 끝없는 과수원 근면하고 성실한 북한의 노동력 이런 조건을 가지고 왜 굶어 죽게 하고 세상에서 제일 못사는 나라로 만들었는가 하는 것입니다. 사랑하는 북한 동포여러분 억울하지 않습니까. 북한의 인민들이 무슨 죄가 있습니까. 수령을 잘 만나지 못한 것이 죄입니다. 하나님을 만나면 이 모든 어려움이 단숨에 해결됩니다. 북한의 수령은 여러분들이 하나님을 만나지 못하게 합니다. 왜 그렇습니까. 여러분들이 하나님을 만나면 북한의 김일성, 김정일, 김정은은 위대한 존재가 아니라 한갓 죄인된 인간에 불과 하다는 것을 인민들이 알게 되기 때문입니다. 착취하고 억압하고 인민들을 굶어죽게 하면서도 기쁨조를 옆에 끼고 호화롭게 살면서 눈썹 하나 까딱하지 않는 지도자들은 참된 지도자가 아닙니다. 없어져야 합니다. 북한 인민들이 하나님을 아는 것을 제일 무서워하는 것이 바로 북한의 김일성, 김정일, 김정은입니다. 2013년 2월에 진행된 조선노동당 제8차 당사상사업일군 대회에서도 모기장을 2중 3중으로 치라고 김정은은 말했습니다. 이것은 북한의 인민들을 2중 3중으로 탄압하고 착취하라는 소리와 같은 것입니다.

사랑하는 북한동포 여러분

불평등한 나라는 세상에 많치만 북한처럼 불평등하면서도 인민들이 말 한마디 못하는 나라는 없습니다. 김일성이 생존에 우리인민은 참 좋은 인민입니다. 라고 말했고 김정일도 그런 식으로 말했다는 것을 우리는 잘 알고 있습니다. 이들이 무엇 때문에 인민들이 좋다고 말했을 것 같습니까. 그것은 다름이 아니라 굶어죽고 쓰러지고 하면서도 불평 불만 그리고 먹여달라고 살게 해달라고 나라의 지도자들에게 말 한마디 못하고 그냥 속절없이 죽어가는 인민들이기 때문에 인민이 좋다고 말했을 것입니다. 그렇다면 북한인민들은 몰라서 말을 못했습니까. 다 알고 있습니다. 그러나 말 한마디 잘 못하면 늘 정치범 수용소가 입을 벌리고 대기하고 있다는 것을 북한 인민들은 다 알고 있으며 거기에 한번 걸려들면 연좌 죄로 대를 이어 죽어야 하니 단지 그것이 무서워서 말 못하는 인민들을 참 좋은인민이라고 말한 김일성, 김정일, 김정은 이 사람들은 정말 철면피입니다. 이런 독재 정치를 하면서 김일성은 북한은 정치대국이라고 말했습니다. 한마디로 북한은 독재의 대국입니다.

북한에서 출신성분에 의한 불평등은 또 얼마나 파렴치 합니까.

북한에서의 출신성분은 출생할 당시 부모들이 어떤 성분을 가지고 있었는지를 말해준다. 그리고 사회성분은 본인이 일정한 교육과정을 마치고 사회에 진출할 때 어떤 직업을 가질 수 있는가가 바로 사회성분입니다. 때문에 사회성분은 자녀들의 출신성분이 되므로 아주 중요합니다. 출신성분의 구성을 보면 긍정과 부정으로 볼 수 있는데 긍정은 기본계급 출신에 백두산에서 김일성과 같이 항일을 했다는 사람들의 출신성분으로 제일 좋습니다. 흔이 백두산 줄기라고 합니다. 다음으로 좋은 것은 1950년 6.25 때를 말합니다. 이때에 어느편에 서서 싸웠는가 중요합니다. 그 외에도 복잡한 출신성분을 51개로 분류하고 북한인민 모두에게 연좌제를 실시하여 출신성분에 의하여 불평등의 삶을 살아야 하는 것이 바로 북한입니다. 불평등의 직접적인 표현들을 보면 우선 출신성분이 나쁘면 아무리 능력이 있고 표징이 좋아도 간부가 될 수 없다는 것이다. 여기서 분명하게 말하고 싶은 것은 당의 계급정책에 따라 출신성분이 나쁜 사람들은 간부가 될 수 없는데도 김정일과 김정은은 간부가 되었고 그것도 제일 높은 간부를 초월하여 신이 된 것은 불평등의 최고 극치를 이루는 것이다. 북한에서 제일동포들의 출신성분은 제일 나쁜편으로 분류된다. 그렇다면 김정일도 그 와이프가 제일동포이니 출신성분이 나쁜 것이며 백두 혈통으로 보기에는 부적합한 것이다. 김정은도 어머니가 제일동포이니 출신성분이 나쁜 것이다. 이들에게 당의 계급정책을 적용한다면 나라의 최고 지도자이기는커녕 아오지 탄광에 채탄공이 되는 것이 적재적소에 배치되는 것입니다. 그런데도 김일성의 집안에서 태어났다는 것 하나로 인해 나라의 대통령이 된다는 것은 있을 수 없는 것입니다. 출신성분에 의한 불평등을 이야기하자면 끝이 없습니다. 기타 나라에서 필요한 간부들을 내신하고 선발하는데서도 출신성분이 나쁜 사람들은 영원히 간부가 못되는 것이고 출신성분이 좋은 사람들은 대를 이어 계속 간부가 되는 것입니다. 그러니 얼마나 불평등한가 하는 것입니다.

북한이 사회주의 지상낙원이라고 자랑하는 것 중의 하나가 무상치료제와 무료교육제도입니다. 어느 국가나 복지정책을 실시하려면 돈이 있어야 합니다. 말하자면 예산이 있어야 한다는 것입니다. 북한도 무상치료에 의한 복지나 무료교육에 의한 교육정책을 실현하려면 돈이 있어야 합니다. 그런데 북한은 세금이 없는 나라라고 세상에 선전하고 있습니다. 세금이 없다면 나라는 무슨 돈으로 관리 운영하고 있는가 하는 것입니다. 참 이해가 되지도 않는 논리를 선전선동하고 있는 것은 세상을 속이는 것입니다. 북한은 모든 것이 다 국가의 것 당의 것 김정은의 것이기 때문에 모든 경제활동 및 무역활동 기타 모든 활동에서 이루어지는 재정에 한에서 원천징수하는 방법으로 국가가 필요한 재정을 마련한다는 것입니다. 그런데 어느 한 집의 아들이 공부는 잘 하지만 출신성분이 나빠 대학에 입학을 못한다고 볼 때 얼마나 억울하며 불평등한가 하는 것입니다. 그 집 부모들은 경제활동에 성실히 참가하여 경제 활동에서 이루어진 재정에 자기 아들도 대학에 가서 공부할 수 있는 재정이 분명히 깃들어 있다는 것입니다. 부모들의 경제활동에서 분명이 국가의 무료교육을 위한 제정이 나라에 들어가 있는데도 출신성분이 나쁘다는 이유로 대학에 가지 못하니 결과는 출신성분이 나쁘면 아무리 일을 하여 무료교육에 대한 나라의 재정에 내 몫도 있지만 그 집 아들은 대학공부를 못하니 결국 출신성분 좋은 집안의 아들을 위해서 일을 해야하는 노동착취, 재정착취, 인권착취, 보이지 않는 착취를 당하는 것이 바로 북한입니다.

이런 불평등한 삶을 누가 만들었는가 하는 것이다. 바로 노동계급의 국가이고 노동계급의 당이 영도한다는 북한에서 만들어진 것입니다. 그러니 출신성분이 나쁘면 삶이 개진될 희망은 영원이 없는 것입니다. 이 얼마나 억울한 불평등의 삶이 존재하는가 하는 것입니다. 하나님은 이런 삶을 제일 싫어하시는 분이십니다. 그래서 우리 예수님이 이땅에 오셨을 때 잘 사는 사람의 모습으로 온 것이 아니라 목수의 집안 제일 못사는 집안 죄인된 우리의 모습으로 오셨던 것입니다. 북한 노동당 간부들이 예수님의 품성으로 당사업을 한다면 불평등은 없어질 것입니다. 하나님께서는 모든 인간들에게 동일한 삶의 권한을 부여하여 주시었는데 이런 불평등은 마귀와 사탄의 영에 잡혀 있는 북한 당국자들에 의해 자행되는 것입니다. 이런 본질을 알고 사랑하는 북한 동포여러분 하나님께로 돌아오십시오 오늘은 이만 하겠습니다.

다음시간에도 하나님의 형상과 모양으로서의 인권 네 번째 시간을 가지려고 합니다. 다음 시간을 또 기다려 주십시오. 아멘

스물여덟번째

하나님 형상과 모양으로서의 인권 4

– 북한 동포 여러분께

창세기 (1장 26-28절)
하나님이 이르시되 우리의 형상을 따라 우리의 모양대로 우리가 사람을 만들고 그들로 바다의 물고기와 하늘의 새와 가축과 온 땅과 땅에 기는 모든 것을 다스리게 하자 하시고 하나님이 자기 형상 곧 하나님의 형상대로 사람을 창조하시되 남자와 여자를 창조하시고 하나님이 그들에게 복을 주시며 하나님이 그들에게 이르시되 생육하고 번성하여 땅에 충만하라, 땅을 정복하라, 바다의 물고기와 하늘의 새와 땅에 움직이는 모든 생물을 다스리라 하시니라

마태복음 (5장 6절)
의에 주리고 목마른 자는 복이 있나니 그들이 배부를 것임이요

사랑하는 북한 동포 여러분

인간에게 있어서 하나님의 형상과 모양으로서의 인권에 대한 문제를 정확히 알고 그것을 그대로 향유할 수만 있다면 그것은 대단한 축복인 것입니다. 그래서 지금까지 세 번에 거쳐서 하나님의 형상과 모양으로서의 인권이 무엇이며 그 내용이 무엇인지 말씀을 드렸습니다. 오늘도 역시 하나님의 형상과 모양으로서의 인권에 대하여 계속해서 말씀드리려고 합니다. 그러면 먼저 하나님의 말씀부터 봉독해 드리겠습니다. 하나님께서는 하나님의 말씀인 성경 창세기 1장 26.27.28절에서 다음과 같이 말씀하십니다.

"하나님이 이르시되 우리의 형상을 따라 우리의 모양대로 우리가 사람을 만들고 그들로 바다의 물고기와 하늘의 새와 가축과 온 땅과 땅에 기는 모든 것을 다스리게 하자 하시고 하나님이 자기 형상 곧 하나님의 형상대로 사람을 창조하시되 남자와 여자를 창조하시고 하나님이 그들에게 복을 주시며 하나님이 그들에게 이르시되 생육하고 번성하여 땅에 충만하라, 땅을 정복하라, 바다의 물고기와 하늘의 새와 땅에 움직이는 모든 생물을 다스리라 하시니라 아멘

사랑하는 북한 동포여러분

오늘 여러분들과 이야기를 하려고 하는 문제는 공평하신 하나님의 형상과 모양으로서의 인권에 대하여 이야기 하려고 합니다. 하나님의 형상과 모양 이것은 참 광활하며 넓고도 깊고 전체로서의 개념입니다. 그러므로 이것만이 하나님의 형상이고 모양이다 저것만이 하나님의 형상이고 모양이다. 이렇게 딱 찍어 단정 지을 수 없는 문제입니다. 하나님의 형상과 모양안에 공평이라는 하나님의 속성이 있습니다. 사전적 의미에서의 공평은 어느 한쪽으로 기울거나 치우침이 없이 고르다는 의미에서의 개념을 공평이라고 말할 수 있습니다. 바로 그렇습니다. 하나님은 공평하십니다. 하나님은 이 세상에 어려운 사람, 그리고 잘 사는 사람, 남자나 여자나 노인이나 어린이나 그리고 육체적으로 건강한 사람이나 육체적으로 장애를 가진 사람이나 그리고 원치 않은 질병으로

고생하는 사람 모두에게 공평하신 분이십니다. 잘 사는 사람만을 위한 하나님이 아니시고 더욱이 북한 당국의 외곡된 교육을 받은 북한동포 여러분들에게 있어서 하나님하면 미제의 침략적 앞자비와 도구로서 하나님 존재를 생각할 수 있는데 하나님은 절대로 그런 분이 아닙니다. 때문에 하나님은 미국의 하나님이 아닙니다. 여러분들은 하나님하면 벌써 미국과 썩어빠진 자본주의와 떼어 놓을 수 없는 존재로 생각하는 것이 사실상 현실입니다. 하지만 현실을 정확히 직시해야 합니다. 하나님은 진리의 하나님이시고 어느 한 국가나 민족의 편에 서있는 하나님이 절대로 아닙니다. 하나님은 누구에게나 공평하게 사랑해 주십니다. 그리고 누구나 하나님을 찾기만 하면 찾아가 주시는 분이십니다. 공평하신 하나님이시기 때문에 모든 인류에게 공평하게 권리를 부여하여 주시었습니다. 그래서 인권하면 천부인권이라고 정의하고 있으며 반드시 보편적이라는 것입니다. 이 기회에 북한 당국자들에게 이야기 하고 싶은 것은 보편이라는 입장과 계급적 입장이라는 모순과 갈등을 없애야 한다는 것입니다. 오늘 북한의 모든 문제는 하나님의 관점에서 보고 판단하는 것이 아니라 고집스럽게 계급적 관점에서 이 세상을 보고 판단하기 때문에 그 어떤 문제도 해결되지 않고 있는 것입니다. 물론 민족이나 국가들의 역사를 보면 지난날 서로 싸움도 했고 또 강대국들은 힘이 없는 국가들을 식민지화도 했습니다. 우리 민족만 놓고 보더라도 타국 영토에 화살 한 촉 던져본 적이 없는 단일 민족이지만 외세로부터 침략을 당한 것은 수천번이나 된다고 합니다. 그래서 우리 민족을 백의민족이라고 합니다. 심지어 동족끼리 싸운 것도 바로 우리 민족입니다. 자 그렇다면 이제 어떻게 할 것입니까. 지난날 역사에 기록된 문제 때문에 대를 이어 자자손손 영원히 원수로 살아야 한단 말입니까. 이럴 수는 없는 것입니다. 그래서 서로 화해가 있고 용서가 있는 것입니다. 바로 화해와 용서의 신학이 하나님을 아는 지식안에 들어가 있는 것입니다. 북한당국처럼 미국과 대한민국을 한 하늘아래서는 절대로 같이 살 수 없는 철천지 원수로 보는 계급적 철학을 고집한다면 우리 민족은 영원히 갈라질 수 밖에 없는 것입니다. 북한의 무장력이 아무리 미사일과 핵으로 무장하고 그것을 가지고 대한민국까지 북한의 최고 지도자가 통치하겠다고 생각한다면 크나큰 오산이라는 것을 알아야 합니다. 원수까지도 사랑하라고 하신 하나님의 말씀에 담겨진 그 깊고 심오한 진리를 깨닫는 북한 당국자들과 북한 동포들이 되시기를 간절히 기도드립니다.

사랑하는 북한 동포여러분

공평하신 하나님앞에 인간은 평등합니다. 이것은 인간에게만 가지는 특권이며 하나님의 형상과 모양입니다. 이렇게 하나님께서 공평하게 인간들에게 주신 권리를 그 누구도 또 어떤 국가도 민족도 유린할 권리가 없습니다. 평등속에 인류의 평화가 있고 그 평등 속에 하늘 나라가 있는 것입니다. 그런데도 불구하고 북한의 당국자들은 그렇지 않습니다. 세계평화 기구인 유엔에서도 북한의 인권문제가 거론되고 있는 것은 세상이 다 아는 문제입니다. 그러면 북한 당국자들의 인권유린 행위에 대하여 하나씩 하나씩 말씀을 드리겠습니다. 오늘 이 시간에 다 이야기 할 수 없으므로 계속해서 다음 시간에도 이야기 할 것입니다. 먼저 이야기하고 싶은 것은 왜 북한당국자들은 장애인들에 대한 평등의 권리를 유린합니까. 장애인들도 하나님의 형상과 모양으로서의 인간입니다. 평양에서는 장애인이 살 수 없다는 불평등한 정책을 실시하고 있는 것이 바로 북한입니다. 왜 평양에는 장애인이 살 수 없습니까. 김일성, 김정일, 김정은이 사는 곳이기 때문에 장애인은 살 수가 없습니까. 그리고 장애인이 평양에서 살면 평양의 가치가 떨어집니까. 평양에서 장애인이 살면 나라가 망신입니까. 김일성, 김정일, 김정은의 품속에서 사는 북한의 사람들 속에는 장애인이 있을 수 없다는 것입니까, 장애인은 우리 민족이 아닙니까. 장애인도 당당한 인간이며 하나님의 형상과 모양으로서 더 이웃과 나라의 사랑과 보살핌을 받아야 할 사람들입니다. 장애인이 평양에서 살면 위대하다고 하는 수령들인 김일성, 김정일, 김정은의 권위나 인격에 치명적인 타격을 받습니까.

세상에 어느나라도 이렇게는 하지 않습니다. 오직 북한만 그렇게 하고 있습니다. 그래서 북한은 세계의 고아가 된 것입니다.

그뿐이 아닙니다. 국가적으로 특별히 키가 작은 사람들이 있습니다. 속된 말로 말하면 난쟁이들을 말하는 것입니다. 이들도 인간입니다. 이들도 당당한 하나님의 피조물이며 하나님의 형상과 모양으로서의 권리를 향유해야 할 사람들입니다. 인류가 살아가는 데 반드시 장애인은 우리와 동행하며 살아가게 되어있습니다. 하나님은 장애인에 대한 사랑은 더 많이 하십니다. 예수님이 이 땅에 오셔서 제일 긍휼이 여기고 사랑하신 사람들이 바로 장애인 고아 과부들이었습니다. 특히 소경 절름발이 병을 앓고 있는자 귀머거리 문둥병 등 장애인들을 사랑으로 고쳐주셔서 건강하게 만들어 주시면서 다시는 죄를 짓지 말라고 가르쳐 주었습니다. 뿐만 아니라 예수님이 죽은 사람을 살리시며 앞으로 우리도 주님 안에서 부활 할 수 있다는 믿음을 목도 하도록 하시었습니다. 그런데 북한 당국자들은 키가 작은 사람들에 대하여서는 그 씨를 완전히 없애버리려는 정책을 쓰고 있습니다. 이들에 대해서 산골 외딴 곳에 격리시켜 살게 하고 있으며 거기서 점점 그 씨가 말라가게 하고있습니다. 이 얼마나 파렴치한 살인 행위이고 인권유린 행위입니까. 오늘 세계적으로 북한의 인권하면 많은 경우 정치범 수용소문제만을 이야기하고 있으며 이슈화되고 있습니다. 그러나 위에서 이야기한 이러한 정책들까지 온 세상은 알고 규탄해야 하는 것입니다. 이것보다 더한 인권유린 행위는 산모들이 애기를 낳을 때 만일 그 중에 장애아가 태어나면 그 아이를 죽인다는 것입니다. 짐승도 이런 짓은 못하는 행위인데 어떻게 인간중심 철학을 지도사상으로 하고 있다는 북한 당국자들이 이런 행위를 한단 말입니까. 이 세상에 감추어질 것이 하나도 없습니다. 아무리 북한 당국자들이 세상 모르게 이러한 살인 행위를 하고 있지만 하나님은 알고 있으며 그로 인해 세상의 모든 인류가 알게 되고 오늘의 북한 당국자들을 위해 기도하고 있는 것입니다.

이것뿐이 아닙니다. 먹고 살겠다고 북한을 떠나 잠시 잠깐 중국에 체류하면서 어쩔 수 없이 불가피하게 연약한 여인들이 임신을 하면 감옥이나 노동 단련 대에서 강제로 낙태를 시킨다는 것을 우리는 잘 알고 있습니다. 왜 입니까. 소위 김일성 민족의 혈통 때문입니까. 민족의 혈통보다 더 중요한 것이 인간의 생명입니다. 민족은 혈통에 있는 것이 아니라 영토와 전통과 민족을 특징 짓는 언어와 그 민족의 교육에 있는 것입니다. 때문에 세계는 국제결혼도 하고 또 살고싶은 나라에 가서 살 수 있는 이민정책도 있는 것입니다. 북한 당국자들이 많이 이야기 하는 것이 자주권 에 대한 문제인데 그 자주권이 사람의 피줄에 있는 것이 아닙니다. 어느 나라에서나 인종에 관계없이 하나님이 주신 평등한 권리를 마음껏 법적으로 보호를 받으며 행사하고 살아가는 것이 바로 자주권인 것입니다.

북한 당국자들의 장애인 정책도 그렇습니다. 평양에서 다 쫓아 버린 장애인들은 지방으로 갈 수 밖에 없는데 지방의 도, 시, 군 행정기관들에서 실시하고 있는 장애정책은 편의 관리소들을 만들어 가지고 장애들이 노동을 하면서 살아갈 수 있게 하고 있습니다. 물론 노동력이 있으면 장애인이라도 노동을 해야 합니다. 여기서 우리가 말하고자 하는 것은 그 정책에 따르는 환경과 조건이 너무나 열악하다는 것입니다. 복지는 하나도 없고 열악한 노동의 환경 속에서 노동을 해야만 살아갈 수 있는 그들의 삶은 지옥이나 다름이 없습니다. 저는 대한민국에 와서 깜짝 놀란 것은 장애인들에 대한 국가의 복지와 사회적으로 형성된 그들에 대한 우대입니다. 기차나 버스를 타도 장애인 좌석이 따로 있고 도로나 층계를 오르고 내릴 때 장애인들이 편리하게 다닐 수 있는 길을 따로 만들어 놓았습니다. 기차나 버스를 탈 때 장애 급수에 따라 할인까지 해 줍니다. 구체적으로 다 나열할 수는 없지만 이런 정책들을 보면서 지상낙원이라고 하는 북한에 대하여 다시 한번더 생각해 보지 않을 수 없었습니다.

사랑하는 북한 동포여러분

오늘 북한에 사는 장애인들이 이렇게 불평등하게 살고 있는 것은 북한 당국자들의 인권에 대한 견해와 관점을 옳게 가지고 있지 못한데 있습니다. 우선은 인권은 하나님께서 주신 보편적 특별한 권리라는 것을 깨달아야 합니다. 때문에 누구도 유린할 권리가 없다는 것입니다. 오늘 북한의 현실은 차마 눈 뜨고 볼 수 없는 상황입니다. 왜 이런 상황에서 북한의 영혼들이 불쌍하게 살아야 하는가 하는 것입니다. 한마디로 북한 당국자들이 하나님을 인정하지 않고 하나님을 믿는 사람들을 고문하고 처형하는 것에서 하나님과 원수가 된 응당한 징벌입니다. 이제라도 하나님을 부르면 북한은 세상에서 제일 잘 사는 나라가 될 것입니다. 오늘 대한민국의 여성 장애인인 송명희라는 자매가 쓴 시를 읽어주는 것으로 오늘 이야기를 마치겠습니다.

나 가진 재물 없으나
나 남이 가진 지식 없으나
나 남에게 있는 건강 있지 않으나
나 남이 없는 것 있으니

나 남이 못 본 것을 보았고
나 남이 듣지 못한 음성 들었고
나 남이 받지 못한 사랑 받았고
나 남이 모르는 걸 깨달았네

공평하신 하나님이 나 남이 가진 것 나 없지만
공평하신 하나님이 나 남이 없는 것 갖게 하셨네

다음 시간에도 하나님의 형상과 모양으로서의 인권에 대한 다섯 번째 시간을 가지겠습니다. 또 기다려 주십시오

스물아홉번째

하나님 형상과 모양으로서의 인권 5

– 북한 동포 여러분께

창세기 (1장 26-28절)

하나님이 이르시되 우리의 형상을 따라 우리의 모양대로 우리가 사람을 만들고 그들로 바다의 물고기와 하늘의 새와 가축과 온 땅과 땅에 기는 모든 것을 다스리게 하자 하시고 하나님이 자기 형상 곧 하나님의 형상대로 사람을 창조하시되 남자와 여자를 창조하시고 하나님이 그들에게 복을 주시며 하나님이 그들에게 이르시되 생육하고 번성하여 땅에 충만하라, 땅을 정복하라, 바다의 물고기와 하늘의 새와 땅에 움직이는 모든 생물을 다스리라 하시니라

사랑하는 북한 동포여러분

오늘 북한 노동당이 선전하는 것을 보면 북한의 인구 2천여만 명이 한결같이 김정은의 두리에 굳게 단결하여 김정은 한 사람의 명령과 지시에 절대 복종하는 하나의 조직된 역량으로 바라보게 됩니다. 그러나 노동당이 선전하는 것을 듣지도 말고 보지말고 있는 사실을 그대로 보면 물과 기름이 섞일 수 없듯 국가의 상부구조는 상부구조대로 존재하고 국가의 토대는 토대대로 존재합니다. 두 역량이 공존하기는 하지만 한 역량은 장악과 통제를 더욱 강화하여 인민들이 죽든 말든 나는 살아야 된다는 통제역량이고 하나는 우리 먹고 살기 힘이드니 좀 가만 내버려두라 이렇게 항거하는 국가의 토대를 이루는 처참한 인민들이 보입니다. 이렇게 두 살림이 존재하는 것이 북한이라고 생각합니다. 또 이것이 사실이구요. 며칠 전에 북한은 최고인민회의 대의원 선거를 하였습니다. 누구나 다 정중하고 깔끔하게 옷을 입고 선거장에 나와 춤도 추고 선거표를 투표함에 넣는 모습을 보았습니다. 그모습을 보면서 한편 좋다고 춤을 추지만 저 춤의 율동이 정말로 흥이나서 추는 춤일까 저 춤을 추면서도 이제 선거를 끝나고 집에 가면 먹을 것이 없는데 그 걱정을 하면서 춤을 추자니 얼마나 고통스러울까 이렇게 생각하지 않을 수 없었습니다.

사랑하는 북한동포 여러분

선거는 어느 국가나 어느 민족이나 자주권이 있는 국가와 민족이라면 다 진행되는 것입니다. 그리고 그 선거를 통해서 누구든지 나라의 정치에 참여하게 됩니다. 그래서 선거는 민주주의 꽃이라고 합니다. 북한도 모든 공민에게 정치적 자결권이 있습니다. 정치적 자결권은 국가도 있어야 되지만 그 나라 공민도 있어야 합니다. 이것은 하나님의 평등의 원칙입니다. 하나님의 형상과 모양으로 창조된 인간에게 가장 중요한 권리입니다. 모든 인간에게 부여된 권리입니다. 그래서 인간은 정치적 권리 즉 정치적 인권을 향유할 수 있는 자격을 가지고 있습니다. 우리는 여기서 하나님의 말씀부터 받아 한자 한

자 봉독해 나아가면서 하나님의 음성을 여러분들이 듣게 되시기를 바랍니다.

하나님께서는 하나님의 말씀인 성경 창세기 1장 26.27.28절에서 다음과 같이 말씀을 하십니다.

"하나님이 이르시되 우리의 형상을 따라 우리의 모양대로 우리가 사람을 만들고 그들로 바다의 물고기와 하늘의 새와 가축과 온 땅과 땅에 기는 모든 것을 다스리게 하자 하시고 하나님이 자기 형상 곧 하나님의 형상대로 사람을 창조하시되 남자와 여자를 창조하시고 하나님이 그들에게 복을 주시며 하나님이 그들에게 이르시되 생육하고 번성하여 땅에 충만하라, 땅을 정복하라, 바다의 물고기와 하늘의 새와 땅에 움직이는 모든 생물을 다스리라 하시니라 아멘

우리는 지금 하나님의 말씀을 받아 봉독했습니다. 분명히 하나님께서는 하나님의 형상과 모양으로 사람을 창조하시고 그들 모두에게 이 땅의 주인으로서 결정적 역할을 하며 살아가라는 축복을 주었다는 것을 하나님의 말씀에서 알 수 있습니다. 그러니 인간은 하나님이 창조하신 천지만물을 관리할 수 있는 청지기로서 주인이라는 권리를 하나님으로부터 부여 받은 것입니다. 뿐만 아니라 천지 만물을 관리하고 더 발전시켜 나가기 위한 능력인 창조성도 부여 받은 것입니다. 북한 당국자들이 인간의 자주성 이란 말을 많이 합니다. 그 뿐이 아니라 인간의 창조성에 대해서도 이야기를 많이 합니다. 특별히 많이 하는 것이 북한 당국자들입니다. 그러나 알 것은 하나님은 인간을 창조하실 때 이미 인간들에게 이 땅에서 주인으로서의 결정적 역할을 할 것에 대하여 인간들에게 그 권리를 부여하여 주셨다는 것을 인정하고 주체사상을 걷어 들이는 것이 겸손함이라 할 수 있습니다.

하나님의 인간 창조에 대한 말씀은 출신성분이 좋은 사람들에게만 주시는 말씀이 아닙니다. 또 북한과 같이 상부구조 안에서 사는 사람들에게만 주신 말씀도 아닙니다. 거듭 말씀드리지만 모든 인간에게 주신 평등은 축복의 말씀이신 것입니다. 오늘도 역시 하나님의 말씀을 놓고 아주 불평등하고 억압적이

고 착취적이며 모순과 갈등이 가득찬 북한 전체의 국가구조와 인민들의 삶 속에서 이번에 진행된 최고인민회 대의원 선거에 대한 문제만을 가지고 이야기하려고 합니다. 원래 이 세상에서 평등의 가치를 제일 먼저 들고 나온 것이 공산주의자들이며 오늘의 북한입니다. 그런가 하면 오늘에 와서 제일 평등하지 못한 것이 과거 공산주의를 당의 최고 강령으로 삼았던 나라들이며 그중 완전 불평등의 나라가 바로 북한입니다. 북한은 역사적으로 그러해 왔지만 이번 선거에서도 불평등의 나라 독재의 나라 민주주의 억압의 나라 위선의 나라임을 온 세상에 다시 한 번 더 보여 줌으로서 온 세상 사람들로 하여금 비웃음을 자아냈습니다. 북한의 헌법에 최고인민회의 대의원 선거는 일반적, 평등적, 직접적, 비밀 투표의 방법으로 최고인민회의 대의원 선거를 실시한다고 법제화 하고 있다. 이것은 철저하게 민주주의 방법으로 선거를 실시한다는 것입니다. 그러나 그렇게 하지 않는 것이 바로 북한이다. 법을 제정해 놓고도 법대로 하지 않는 것이 북한입니다. 선거가 민주주의 원칙이 지켜지지 않으면 반드시 그것은 독재적 방법으로 진행될 수 밖에 없는 것입니다.

그러면 북한의 선거를 하나하나 찍어가면서 이야기를 계속하려고 합니다.

우선 첫째로 모든 선거구에 대한 후보자 추천은 왜 복수가 아니고 단수로 후보자를 출마 시키는지 여기에 대하여 북한 노동당은 답변해야 할 것입니다. 여기서부터 민주주의가 난도질 당하고 있는 것입니다. 북한 공민들에게 민주주의가 적용된다면 북한 공민 누구나 다 최고 인민회의 대의원 후보자로 출마할 수 있어야 민주주의가 발현되는 것입니다. 누구나 다 최고인민회의 대의원이 되겠다면 공민권을 가진 공민이라면 다 후보자가 될 수 있다는 것입니다. 여기에는 남자든, 여자든, 또 장애인이라도 제외되는 것이 아닙니다. 북한 당국자들처럼 선거구마다 후보자가 복수가 아니고 단수라면 이것은 선거가 아닙니다. 후보자가 자신들의 공약을 가지고 인민과 조국을 위해 열심히 일하겠다는 다짐을 가지고 출마하면 그 많은 후보자들 가운데서 전체 공민들이 신뢰가 가고 믿음이 가는 후보자에게 찬성투표를 하면 되는 것입니다. 결과 표를 제일 많이 받은 후보자가 대의원이 되어야 하는 것이 선거입니다. 북한 당국자들처럼 당중앙위원회 조직지도부 간부부에서 최고인민회의 대의원들을 선발 내신하여 당 중앙위원회 비서국 회의에서 전원일체 찬성의 원칙에 통과되면 그 사람들을 선거구 마다 한 사람씩 후보자로 내려보내는 것이 후보자이라면 왜 후보자라고 선거일 며칠전에 공포합니까. 그저 후보자가 아니라 당에서 임명한 최고인민회의 대의원 이라고 딱 찍어 말하면 되는 것을 말입니다. 선거는 후보자가 복수일 때 그 자체가 선거라고 말 할 수 있는 것이지 당에서 미리 내신한 사람에게 투표를 하는 것은 사실상 선거가 아니라 선거의 형식을 갖춘 노동당의 독재 행위인 것입니다. 독재 행위의 결과 99.7프로가 선거에 참가하여 백프로 찬성투표 했다고 나오는 것입니다.

물론 북한의 최고인민회의가 조선민주주의 인민공화국의 최고 주권기관으로 되어 있기는 하지만 철저하게 당의 영도를 받아야 하는 것만큼 전혀 아무런 실권이 없다는 것을 온 세상이 다 알고 있기는 합니다. 나라의 예산을 심의하려고 해도 그렇고 또 입법기관으로서 법을 수정보충하려고 해도 그렇고 또 최고인민회의 고유권한으로 사법기관의 장들을 임명하려고 해도 모두가 다 당에 보고하고 당의 결론에 따라 최고인민회의가 운영된다는 것을 다 알고 있습니다. 최고 인민회의뿐 아니라 모든 사법기관 경제를 책임진 내각 그리고 국방의 의무를 수행하는 인민무력부 등 북한 안의 모든 프로레타리아 독재 체제가 다 당에 보고하고 결론에 따라 움직이어야 하니 북한은 노동당의 국가라고 말하는 것이 정답일 것입니다. 더 정확히 말해서 노동당의 당수가 김정은이므로 당, 국가, 최고인민회의, 사법기관, 인민무력부, 내각, 프로레타리아 독재 체제가 다 김정은의 것이라고 말하는 것이 가장 정확한 답변일 것입니다. 이런 원리로부터 우리 민족도 김일성 민족이라고 북한 당국은 당당히 부르고 있는 것입니다. 어떻게 우리 민족이 김일성 민족이 되고 우리 한반도가 김일성 조국이 될 수 있는가 하는 것입니다. 최근에 와서는 백두산 대국이라는 말까지 하고 있으니 하나님이 그 땅에 대한 징계를 풀 수가 없는 것입니다.

둘째로 선거는 철저하게 비밀투표의 방법으로 치러져야 합니다. 그러나 북한의 선거는 비밀 투표의 방법으로 치러지지 않는다는 것입니다. 모든 선거구 선거장 마다 선거당일에는 당위원회에서 한 명 인민위원회에서 한 명 국가보위부에서 한 명 인민보안성에서 한 명 기타 당 핵심이라고 하는 사람들로 감시 조를 구성하여 선거장 구석구석에서 감시를 하고 있으니 어떻게 비밀 투표가 이루어진단 말입니까. 선거는 공개된 다수가결의 원칙의 선거도 있지만 선거 자체의 본질적 요구는 비밀 투표입니다. 비밀 투표를 해야 민주주의가 발현될 수 있습니다. 반대할 사람은 반대하고 찬성할 사람은 찬성하는 것이 민주주의 선거입니다. 물론 북한과 같이 단독후보에 대해 반대 찬성하기도 어렵지만 이렇게 곳곳에서 감시를 하고 있으니 모든 공민들의 의사가 정확히 반영된 선거가 이루어질 수가 없는 것입니다. 그런데도 북한은 감시합니다. 만일 후보자에 대해 반대했다고 한다면 그 반대한 사람은 어떻게 됩니까. 라고 물어보는 사람들이 이 대한민국에 많습니다. 북한 당국자 여러분은 어떻게 답변을 해야 합니까. '묻지마 정치범 수용소로 보낸다' 이렇게 답변해야 정확할 것입니다. 한편 북한은 선거장 내부를 보아도 비밀 투표를 할 수 없게 선거장을 만들어 놓는다는 것입니다. 선거표를 받은 다음 투표함에 투표하기 전에 먼저 초상화에 인사를 하고 투표를 하는데 반대 찬성을 마음대로 표할 수 있도록 투표함을 가리워 놓고 투표하는 것이 아니라 북한은 투표함을 다 공개시켜놓고 투표를 하니 반대를 하고 싶어도 할 수 없게 선거장을 만들어 놓습니다. 이런 방법이든 저런 방법이든 북한은 비밀 투표를 할 수 없게 만들어 놓습니다. 그리고는 백프로 찬성 투표했다고 떠드는 것입니다. 원래 선거에는 백프로 찬성투표가 있을 수 없습니다. 북한은 망신스러워 해야 합니다. 백프로 찬성 투표 했다는 자체가 일반적, 평등적, 직접적 비밀투표의 방법으로 선거를 치르지 않았다는 것을 말합니다. 만일 해당 후보자에 대한 그리고 당과 수령에 대한 절대적인 진정성 있는 신뢰가 투표로 나타나 그 결과가 99.7 프로 였다면 북한에는 굶어 죽는 사람도 없어야 하고 국가보위부 인민보안성 정치범 수용소 이 모든 것이 존재하지 말아야 합니다.

서두에서도 이야기 한 바와같이 나라의 상부구조는 기름, 나라의 토대는 물 이렇게 기름과 물이 따로 돌아가면서 살아가는 곳이 북한인데 어떻게 찬성투표가 백프로라고 말할 수 있습니까. 이것은 진리를 속이는 것이고 정의를 속이는 것입니다. 그래서 북한을 위선국가라고 하는 것입니다. 아닌 것을 아니라고 해야지 아닌 것을 독재의 방법으로 정의를 속이려고 한다면 이것은 하나님을 속이는 것입니다. 북한 당국자 여러분 밑에 있는 순수한 공민들은 이렇게 하는 것이 진정한 의미에서의 선거는 아닌데 라고 생각하고 있다는 것을 알고나 있습니까. 그렇게 알고 있으면서도 말 못하는 곳이 바로 북한입니다. 하나님은 누구에게나 다 마음껏 말할 수 있는 자유와 권리를 주었습니다. 하지만 북한은 말할 수 있는 자유과 권리를 강제로 박탈하고 있습니다. 그리고 당에서 하라는 말만 하라고 합니다. 어떻게 이런 나라가 다 있습니까. 이런 나라는 하루 빨리 정리정돈 되어야 합니다. 대한민국 선거 문화를 보십시오. 얼마나 자유로운 가를 말입니다. 이런 문화를 배워야 합니다. 하루 빨리 하나님을 인정하고 하나님께로 돌아올 때 모든 것이 다 회복됩니다. 오늘은 이만 하겠습니다. 다음 시간에도 하나님의 형상과 모양으로서의 인권 여섯 번째 시간을 가지겠습니다. 또 기다려 주십시오.

서른번째

하나님 형상과 모양으로서의 인권 6

– 북한 동포 여러분께

창세기 (1장 26-28절)

하나님이 이르시되 우리의 형상을 따라 우리의 모양대로 우리가 사람을 만들고 그들로 바다의 물고기와 하늘의 새와 가축과 온 땅과 땅에 기는 모든 것을 다스리게 하자 하시고 하나님이 자기 형상 곧 하나님의 형상대로 사람을 창조하시되 남자와 여자를 창조하시고 하나님이 그들에게 복을 주시며 하나님이 그들에게 이르시되 생육하고 번성하여 땅에 충만하라, 땅을 정복하라, 바다의 물고기와 하늘의 새와 땅에 움직이는 모든 생물을 다스리라 하시니라

사랑하는 북한 동포여러분

얼마 전 국제평화기구인 유엔에서 북한의 인권문제를 상정하고 유엔 인권위원회를 비롯한 여러 나라들이 북한의 심각한 인권문제를 규탄하는 회의가 있었습니다. 여기서 북한 대표는 궁색한 변명만 하다가 나중에는 회의장을 퇴장하는 수모를 당했습니다. 본인이 퇴장을 했지만 이것은 국제무대에서 퇴장시킨 것이나 같은 것이며 여기에 더는 참을 수 없어 북한 대표는 퇴장하지 않을 수 없었을 것입니다. 사랑하는 북한 동포여러분 여러분들은 국제 평화기구인 유엔에 대해서 정확히 알고 있어야 합니다. 여러분들은 유엔 하면 미국이 주장하는 미합중국의 어느 한 하수 기관인 것처럼 생각할 것입니다. 이것도 역시 북한 당국자들이 북한 인민들에게 그렇게 교육을 했기 때문에 안타까움을 가지고 있습니다. 유엔은 미국의 하수 기관도 아니며 말 그대로 국제평화를 위한 세계기구입니다. 여기에는 세계의 모든 나라가 꼭 같은 권리를 가지고 가입되어 있으며 국제적으로 평화에 위협을 주는 문제들을 토의 결정하고 각국들에서 집행을 하는 것입니다. 좀 더 알기 쉽게 설명을 하기 위해 1950년 6월 25일 이 한반도 동족상잔의 비극적 전쟁을 놓고 이야기를 하겠습니다. 1950년 6.25하면 여러분들은 미국이 일으킨 전쟁이며 누가 누구를 해방시키려고 한지는 모르겠지만 해방전쟁이라고 떠드는 것이 북한입니다. 이 기회에 여러분들에게 정확히 알려 드립니다. 6.25전쟁은 옛 소련의 스탈린과 중국의 모택동의 사촉하에 김일성이 일으킨 철저한 남침전쟁이었습니다. 그래서 유엔에서는 긴급회의를 열고 전쟁을 일으킨 김일성과 북한의 무장력을 격파하고 대한민국의 평화를 위해 미국을 비롯한 15개 국가의 군대를 유엔군의 명의를 가지고 전쟁에 참가 하였던 것입니다. 여기서 만일 북한 당국이 주장하는 것처럼 미국의 사촉 하에 이승만 괴뢰도당이 전쟁을 일으켰다면 북한의 평화를 위해 유엔에서는 15개 국가의 군대를 북한에 파병했을 것이었습니다. 이 문제를 놓고 북한 당국은 정당한 논리를 가지고 설명을 할 수 없으니 유엔이 미국의 압력과 사촉 하에 거수기 노릇을 하였다고 주장하는데 유엔에는 공산국가든 중립국가든 자본주의 국가든 동일한 그리고 평등한 권리를 가지고 가입하여 권리를 행사하기 때문에 어느 한 나라에 의해서 좌지우지 될 수 없는 명실공히 국제평화기구입니다. 더 가깝게는 북한이 핵시험을 했을 때도 북한에 대한 국제적 제제문제를 토의하였으나 중국이 반대했기 때문에 그 제제가 정당하게 집행되지 못하고 말았습니다. 그런데도 미국이 좌지우지하는 것입니까. 그러다가 제3차 핵시험을 했을 때에는 중국도 어쩔 수가 없으니 북한에 대한 경제 및 군사적 제제를 골자로 하는 안건에 찬성할 수 밖에 없었습니다. 이렇게 공명정대하게 운영되는 것이 유엔입니다. 그런데도 북한 당국은 유엔하면 미국의 하수기관인 것처럼 생각이 들도록 북한 인민들을 교육하고 있다는 것입니다. 지금 유엔의 사무총장은 대한민국의 반기문이라는 사람이 하고 있습니다. 이 한가지만을 놓고도 대한민국의 위상은 대단한 것입니다. 물론 북한 동포여러분들은 이런 일이 있다는 자체를 전혀 모르고 있을 것입니다. 북한 당국자들이 이런 소식을 여러분들에게 전할 수 없습니다. 북한 당국자들은 인민들을 당과 수령에게 맹종맹동의 충성심을 유발하는 뉴스는 만들거나 전하지만 기타 북한 자체 내에서 일어나는 일들 그리고 세계에서 일어나는 일들을 있는 그대로 절대로 전하지 않거나 못하게 하는 것이 북한 당국자들이라는 것을 잘 알고 있습니다. 그러나 이것을 알아야 합니다. 이 세상에서 일어나는 일들을 인간이라면 다 알아야 합니다. 이것을 알 권리라고 합니다. 때문에 대한민국에서는 국민들의 알 권리를 행사하고 있으며 누구도 이를 거부하거나 막지 못하고 있습니다. 북한도 언론의 자유가 법적으로 명시되어 있습니다. 언론의 자유란 바로 인민들이 알 권리가 있다는 것을 법적으로 명시했다는 것인데 실지 그것을 이행하는 데에는 그렇지 않다는 것입니다. 그래서 시종일관 북한을 위선국가라고 하고 있으며 독재 국가라고 하고 있으며 부정의의 국가라고 하고 있는 것입니다.

사랑하는 북한 동포여러분

하나님께서는 공의의 하나님이십니다. 공의 이것은 하나님 형상과 모양의 속성이며 그 자체가 하나님이십니다. 여기에는 하나님과 인류 전체와의 관계에서 원칙과 평등을 전제로 하고 있다는 것입니다. 하나님은 세계를 움직이고 통치하고 계십니다. 그 통치가 일방적이고 평등적이며 공의적이며 원칙적입니다. 왜 그렇습니까. 그것은 하나님이 천지만물은 물론 인간도 창조하셨기 때문입니다. 철저하게 인간만은 하나님의 형상과 모양으로 창조하셨다고 하나님이 말씀하십니다. 그러면 하나님의 말씀을 봉독해 드리겠습니다. 하나님은 성경 창세기 1장 26.27.28절에서 다음과 같이 말씀하십니다.

"하나님이 이르시되 우리의 형상을 따라 우리의 모양대로 우리가 사람을 만들고 그들로 바다의 물고기와 하늘의 새와 가축과 온 땅과 땅에 기는 모든 것을 다스리게 하자 하시고 하나님이 자기 형상 곧 하나님의 형상대로 사람을 창조하시되 남자와 여자를 창조하시고 하나님이 그들에게 복을 주시며 하나님이 그들에게 이르시되 생육하고 번성하여 땅에 충만하라, 땅을 정복하라, 바다의 물고기와 하늘의 새와 땅에 움직이는 모든 생물을 다스리라 하시니라 아멘

하나님의 이 말씀대로 인류는 천지 만물을 다스려 왔습니다. 그리고 역사를 기록해 왔습니다. 그리고 문화를 새겨왔습니다. 바로 인간의 알 권리란 하나님의 역사를 인간들이 반드시 알아야 한다는 것입니다. 그것이 긍정적이든 부정적이든 모든 것을 다 말입니다. 하나님의 말씀인 성경은 이 세상에 감추일 것이 하나도 없다고 말씀하고 있습니다. 하나님의 역사를 인간들이 알아야 한다는 것이 얼마나 당연한 것입니까. 하나님께로부터 하나님의 형상과 모양으로 온 인간이 하나님을 아빠 아버지라 부르면서 하나님의 역사를 알아야 하는 것은 도덕이고 의리이기도 합니다. 권리라면 이것은 철저한 인권입니다. 인간에게 부여된 권리라면 반드시 지켜야할 의무가 있고 한편 이것을 거부하거나 못하게 독재하는 것은 하나님과 원수가 되는 행위입니다.

그렇다면 오늘 북한의 행태들을 보면 북한 당국자들은 하나님이 두렵지도

않은 것 같습니다. 북한이 저지르고 있는 죄행들을 놓고 보면 정말 이렇게 기도하고 싶습니다. '하나님 저 못되게 노는 북한을 하나님의 전지전능하신 능력으로 한 순간에 없애버려 주세요' 라고 말입니다. 하지만 이것은 짧은 우리 인간들의 순간의 생각이고 하나님은 절대로 그렇지 않습니다. 하나님은 오래 참으십니다. 그리고 사랑의 하나님이십니다. 때문에 북한의 당국자들이 하루 빨리 죄행을 깨닫고 회개하고 하나님께로 돌아오시기를 기다리고 있습니다. 그러면서도 공의의 하나님으로서 북한 당국자들과 동포들이 깨달을 수 있도록 싸인을 보내십니다. 바로 그것이 오늘 북한의 현실입니다.

사랑하는 북한 동포여러분

알 권리가 하나님께서 온 보편적 권리라면 자유가 있어야 합니다. 알려줄 자유가 있어야 하고 또 듣고 보고 할 자유가 있어야 합니다. 그래야 조금도 제한 없이 알려줄 수 있고 또 알아 인민들 자신들이 판단하고 분석하고 결단하도록 해야 합니다. 이렇게 되는 것이 자유 독립국가입니다. 또 민주주의 국가입니다. 북한은 국호 자체가 조선민주주의 인민공화국입니다. 그런데 왜 민주주의는 조그마한 싹도 없이 말살시켰고 인민들의 공화국이 아니라 당의 공화국 수령의 공화국으로 만들어 놓았습니까. 아무리 생각해 보아도 억울합니다. 하나님께서 온 인간들의 귀와 눈을 왜 이다지도 막으려 합니까. 무엇이 무서워 보지 못하고 듣지 못하게 하려 합니까. 여기 대한민국에서는 북한의 텔레비전 그리고 라디오 북한영화 북한뉴스 모든 것을 볼 수 있습니다. 하지만 북한 당국이 보여주지 않기 때문에 보지 못하고 듣지 못하고 있습니다. 세계의 모든 나라들이 다 그렇게 자유롭게 듣고 보고 그리고 알고 있습니다. 중국이라는 나라도 공산권중의 한 나라이지만 완전히 자유가 보장되어 국내의 것은 물론 세계 모든 나라의 뉴스나 영화 등 모든 것을 보여 줍니다.

다만 북한이라는 나라 하나만 인민들의 귀와 눈을 막고 가리우고 있는 것입니다. 우리가 알고 있는 바에 의하면 북한에서 대한민국의 영화나 노래 등 이런 것들을 중국을 통해서 구입하여 몰래 듣거나 보면 크게 처벌을 받는다는 것으로 알고 있습니다. 심지어 얼마 전에는 대한민국의 드라마 북한말로 하면 텔레비전 연속극을 보았다는 이유로 처형을 했다는 소식도 들었습니다. 왜 대한민국의 영화나 텔레비전 연속극을 보지 못하게 합니까. 그것을 보면 북한의 모든 영혼들이 한 민족이지만 70여년 헤어져 산 대한민국의 문화 기타 일어나는 일들 경제 정치 군사 문화예술 등을 구체적으로 알게 될 것입니다. 그러면서 이질화 된 것이 있다면 서로 이해를 하는데도 좋을 것인데 라디오도 못 듣게 한다고 합니다. 이렇게 외부의 정보를 차단시키면 나라가 발전할 수가 없습니다. 뿐만 아니라 북한 안에서 일어나는 일들도 자국내 인민들은 물론 우리 대한민국과 세계의 모든 나라들이 다 알게 해야 합니다. 문제는 있는 사실을 그냥 그대로 알게 해야 합니다. 사건 사고를 비롯하여 불리한 것들 즉 다시 말해서 김정은의 우상화 라든가 김정은 패밀리 안에서 일어나는 일들에 대해서는 절대 밖으로 나가지 못하게 가리고 좋다고 하는 것들만 알게 하려고 해서도 안됩니다. 그리고 언론인들에게 완전한 자유를 주어야 합니다. 그래야 세상에 돌아가는 모든 문제들을 다 취재하여 보도할 수 있습니다. 북한처럼 언론을 당이 통제해서는 안됩니다. 어쩌다가 남과 북이 회담을 할 때보면 북한은 최고 존엄을 들고나와 북측에서 대한민국의 언론을 통제하려는 기도도 종종 보게 됩니다. 대한민국의 당국도 대한민국의 언론을 통제하지 못하는데 어떻게 북한이 대한민국의 언론을 통제하려 합니까. 어리석은 생각입니다. 그만큼 북한은 통제된 사회라는 것입니다. 외부의 정보가 그리고 내부의 정보가 마음대로 들어오고 나가고 해야 국가가 발전하게 되고 민족이 세계의 한 일원으로 살아가게 됩니다.

뿐만 아니라 나라의 인민들이 거주 이동의 자유도 보장해 주어야 합니다. 말하자면 살고 싶은 곳에서 살수 있어야 합니다. 미국에 가서 살고 싶은 사람은 미국에 가서 살고 중국에 가서 살고 싶은 사람은 중국에 가서 살고 대한민국에 가서 살고 싶은 사람은 대한민국에서 살게 해야 합니다. 우리 대한민국의 국민들은 세계의 모든 나라들에서 자기가 살고 싶은 나라에 가서 살고 있습니다. 때문에 어느 나라에 가도 우리 교민들이 있습니다. 살고 싶은 나라에 가서 마음대로 사는데 여행의 자유야 더 말해 뭘 하겠습니다. 힘껏 일해 벌고 번 것을 가지고 나라에 세금을 내고 또 어려운 사람들을 도와도 주고 저축도 하고 좋은 차를 사서 타고 다니며 여가를 마음대로 즐기는 것이 여기 우리 대한민국인 것입니다. 솔직히 말해서 대한민국의 국민들이 북한에 가서 살고 싶은 사람들이 있다면 마음대로 가라고 합니다. 북한처럼 너무나 살기가 힘이 들어 중국으로 돈을 벌려 가는 것도 가지 못하게 하고 특히 대한민국으로 온 사람들을 배신자 인간쓰레기 등 이렇게 평가 하는 것은 그만큼 북한당국이 아득히 뒤 떨어져 있다는 것을 보여주고 있는 것입니다. 원인은 다른데 있지 않습니다. 첫째로는 김정은 패밀리의 우상숭배에 있고 두 번째는 마음껏 자유를 주면 너무나도 살기가 힘들어 너나 할 것 없이 다 북한을 떠날 것이니 그것을 막자는데 있는 것입니다.

사랑하는 북한 동포여러분

아무리 북한 당국자들이 무엇을 감추려고 해도 진리 앞에서는 절대로 감추지 못한다는 것을 알아야 합니다. 그리고 북한 당국자들은 여러 면에서 자신감이 없으면 이제라도 허심하게 해쳐놓고 자유롭게 살게 해야 나라가 발전하게 된다는 것을 알아야 합니다. 물론 나라 안에서는 좋은 것도 있고 나쁜 것도 있습니다. 좋은 것은 좋은 것이고 나쁜 것은 나쁜 것대로 인민들이 알고 세계가 알아야 비판 받을 것은 받고 고쳐 나아가게 되는 것이 아니겠습니다. 언제까지 그렇게 살겠습니까. 언론을 통제하기 때문에 김정은을 비롯한 북한 간부들의 여러 가지 비리들이 드러나지 않는 것입니다. 대한민국은 언론이 무서워서 절대로 나쁜 짓을 못합니다. 이렇게 정의가 부정의를 통제해야 하는 것입니다.

사랑하는 북한 동포여러분

단지 알 권리 이것이 단순한 것 같으면서도 여기에는 엄연하게 하나님의 공의의 뜻이 담겨져 있다는 것을 알아야 합니다. 그리고 알권리를 위해서 애써 노력하십시오. 저는 당에서 알려준 것은 없지만 김정일의 사생활을 구체적으로 알게 되면서 김정일을 미워하게 되었습니다. 제가 김정일과 결별한 책임은 김정일에게 있는 것입니다. 김정일 자신의 삶이 저로 하여금 하나님을 만나게 하였고 그와 결별하게 만들었습니다. 이렇게 사람의 알 권리는 대단한 힘을 가지고 있는 것입니다. 오늘은 이만 하겠습니다. 다음 시간에도 하나님의 형상과 모양으로의 인권에 대한 마지막 시간을 가지겠습니다. 또 기다려 주십시오

서른한번째

하나님 형상과 모양으로서의 인권 7

– 북한 동포 여러분께

창세기 (1장 26-28절)

하나님이 이르시되 우리의 형상을 따라 우리의 모양대로 우리가 사람을 만들고 그들로 바다의 물고기와 하늘의 새와 가축과 온 땅과 땅에 기는 모든 것을 다스리게 하자 하시고 하나님이 자기 형상 곧 하나님의 형상대로 사람을 창조하시되 남자와 여자를 창조하시고 하나님이 그들에게 복을 주시며 하나님이 그들에게 이르시되 생육하고 번성하여 땅에 충만하라, 땅을 정복하라, 바다의 물고기와 하늘의 새와 땅에 움직이는 모든 생물을 다스리라 하시니라

사랑하는 북한 동포여러분
오늘 북한에서 사는 모든 동포들이 천추 갈망하는 것이 있다면 친척방문을 명분삼아 평양에 한번 가보는 것과 사실은 꿈도 꾸지 못하는 것이지만 평양에서 살아보면 얼마나 좋을까 라는 생각을 북한에서 사는 사람들이라면 누구나 다 해보는 생각일 것입니다. 이루어질 수 없는 허황된 꿈이기는 하지만 말입니다. 오늘 말씀을 전하는 저도 이 대한민국으로 오기 전까지 평양에서 살았습니다. 제가 살던 곳은 평양시 룡성구역 이었습니다. 그리고 저희 부대는 만경대 구역에 있었습니다.

사랑하는 북한 동포여러분 오늘 북한에 거주의 자유가 없다는 것은 세상이 다 알고 있습니다. 조직적인 거주 이동을 제외한 자유의사에 의한 거주 의사는 전혀 없는 것이 북한입니다. 평양은 물론 전 국가적 차원에서 거주 이동에 자유를 허락하지 않으므로 해서 살고 싶은 곳에서 살지도 못하고 심지어 10년을 군대복무하고 제대 후 부모님들이 있는 고향으로 가서 살고 싶어도 가지 못하고 당이 가라고 하는 곳에 가서 좋든 나쁘든 살아야 하는 곳이 바로 북한이라는 것을 세상이 다 알고 있습니다. 뭐 세상에 저런 곳이 다 있는가 하고 말입니다. 그러면 이것이 왜 나쁜 것이고 죄가 되는가 하는 것을 하나님의 말씀을 놓고 그 말씀에 비추어서 분석해 보는 것이 좋을 것입니다.
하나님께서는 하나님의 말씀인 성경 창세기 1장 26.27.28절에서 다음과 같이 말씀하고 계십니다.
"하나님이 이르시되 우리의 형상을 따라 우리의 모양대로 우리가 사람을 만들고 그들로 바다의 물고기와 하늘의 새와 가축과 온 땅과 땅에 기는 모든 것을 다스리게 하자 하시고 하나님이 자기 형상 곧 하나님의 형상대로 사람을 창조하시되 남자와 여자를 창조하시고 하나님이 그들에게 복을 주시며 하나님이 그들에게 이르시되 생육하고 번성하여 땅에 충만 하라, 땅을 정복하라, 바다의 물고기와 하늘의 새와 땅에 움직이는 모든 생물을 다스리라 하시니라 아멘

하나님께서 말씀하신 바와 같이 하나님은 우리 인간들을 만드시고 이 땅 즉

지구 위에 거주시키며 천지만물을 잘 관리하라고 축복을 주시었습니다. 그러시면서 하나님은 생육하고 번성하라고도 말씀을 하시었습니다. 그러니 우리 인간들이 살 땅은 바로 이 지구입니다. 인류가 기원되어 오늘까지 오면서 국가와 민족단위로 살아오게 되었습니다만 그것도 하나님께서 그렇게 하신 것입니다. 그러나 하나님은 이 지구위 어디에나 살고 싶은 곳에 가서 살라고 하신 것이지 북한 당국자들처럼 너는 함경북도에서 살고 너는 안주 탄광에서 탄을 캐면서 대대손손 살고 너는 농사를 지으면서 절대로 도시에 가서 살 수 없다. 이렇게 거주에 대한 독재를 하지 않으셨습니다. 그래서 지금 인류는 자기가 원하는 곳에 살면서 하나님이 축복을 주신대로 하나님께서 창조하신 천지 만물을 관리하면서 살아가고 있는 것입니다. 인간은 자기가 살고 싶은 곳에 가서 살 권리가 있습니다. 그 권리가 바로 하나님께로부터 온 것입니다. 그래서 인권이라고 합니다. 그리고 하나님께로부터 온 것이기 때문에 보편적 천부 인권이라고 합니다. 지금 대한민국 땅에 중국에 있는 조선족 그리고 한족 그리고 세계 각국에서 온 사람들이 인종에 관계없이 얼마나 많은 사람들이 살고 있는지 모릅니다. 누구에게나 다 그런 인권이 있기 때문에 자유롭게 향유하고 있는 것입니다.

엄격하게 북한도 하나님께서 창조하신 땅이며 북한에서 살고 있는 영혼들도 다 하나님의 피조물들입니다. 그런데 북한당국이 하나님의 피조물을 독재로 거머쥐고 하나님께서 모든 인간들에게 허락하신 자유 그중에서도 거주 이동에 대한 자유까지도 박탈하고 있습니다. 때문에 북한 당국자들은 하나님과 원수가 된 것입니다. 하나님께로 온 존재가 하나님과 원수가 된다는 것은 슬픈 일입니다. 북한의 현실을 보십시오. 매해 농사가 잘 안되어 자급자족할 수 있는 농업 토지를 소유하고도 식량이 모자라 이미 많은 아사자들이 발생하였고 공업경제도 허덕이고 있습니다. 산천은 나무가 없어서 벌거숭이 산이 되었습니다. 전기가 부족하여 암흑 세상에서 살고 있습니다. 평양에 있는 김정은을 비롯한 그 최측근들만 하고 싶은 짓을 다 하면서 살고 있습니다. 북한 당국에 있어서 인민들은 어디에 있습니까. 1990년대 중반 김일성이 죽고 김정일이 김일성의 자리에 올라 앉는 문제는 법적 정치적 의전이 필요가 없었습니다. 말하자면 김일성 집안에서 태어나기만 하면 자격이 되든 말든 나라의 왕이 되는 체제를 이미 만들어 놓고 죽은 김일성이나 그것을 좀 더 구체화하여 업그레이드 한 김정일, 그래서 김정은도 나라의 왕이 되었으며 이제 김정은의 아들도 또 그나라의 왕이 될 것입니다.

김정일이 나라의 왕이 되자마자 배급제는 완전히 붕괴되어 수백만의 불쌍한 인민들이 굶어 죽었습니다. 이것은 북한 당국도 인정하는 것입니다. 그때 김정일은 식량을 선택할 것인가 총알을 선택할 것인가를 놓고 단호하게 총알을 선택했다고 했습니다. 총알을 선택하면 인민들은 굶어 죽는 다는 것을 김정일은 잘 알고 있었습니다. 이것은 반인민적 행위이며 살인적 행위이며 인간 중심 철학인 주체사상의 요구를 완전히 배격한 반당 반인민 반혁명적 행위였습니다. 반당 반혁명 종파분자는 사실 김정일입니다. 왜 총알을 선택했습니까. 미국과 대한민국은 절대로 북한을 침략한 적도 없지만 앞으로도 절대로 없을 것입니다. 그러나 알아야 할 것은 북한이 남침을 한다면 단호하게 물리칠 것입니다. 이와 같은 현실이 하나님과 원수가 된 결과라는 것을 북한 당국과 북한의 인민들이 알아야 합니다. 오늘 말씀의 주제가 거주 이동의 자유가 허락되지 않는 문제입니다. 특히 평양에 대해서 이야기를 좀 하려고 합니다.

사랑하는 북한 동포여러분

대한민국을 비롯한 온 세상은 북한의 평양을 평양공화국이라고 부릅니다. 왜 이렇게 부르는지 아시겠습니까. 분명 평양은 북한의 정치, 경제, 문화, 군사 그리고 우상숭배의 중심지입니다. 그리고 수도입니다. 그렇다면 더더욱 북한의 인민들이 마음대로 평양을 오고 가고 해야 하며 수도에서 살고 싶은 사람들은 다 살아야 합니다. 북한의 2천만이 다 평양에서 살기를 원한다면 다 평양에서 살도록 해야 합니다. 그런데 북한은 그렇게 하지 않고 있습니다. 출신성분이 나쁘면 평양에서 살수 없습니다. 출신성분을 따지고 그 출신성분으로 연좌죄를 실시하는 것, 이것 자체가 하나님과 원수가 되는 것입니다. 예수님이 이 땅에 사람으로 오셔서 인류의 죄를 사하시려고 십자가에서 우리 인류의 죄를 대신하여 죽으셨습니다. 예수님 십자가의 죽음은 출신성분이 좋은 사람에게만 해당되고 출신성분이 나쁜 사람은 해당되지 않는 것이 아닙니다. 누구나 다 예수님의 십자가 죽음이 나 때문에 죽으셨고 그 피로 죄사함을 받았다는 것을 믿기만하면 구원을 받게 되어 있습니다. 그런데 북한당국이 출신성분을 따진다는 것은 곧 전 인류 사랑에 대한 하나님의 뜻을 거부하는 행위가 되는 것입니다. 출신성분을 따지는 것은 김정은의 신변호위 때문에 그렇게 하고 있다는 것을 알고 있습니다. 진정 김정은이 인민을 위해서 일을 잘 하면 김정은을 해칠 사람은 이 세상에 없습니다.

평양에 사는 사람들에 대한 특별대우를 하는 것도 하나님의 뜻에 맞지 않습니다, 전국적으로 배급을 주지 못해 굶어 죽게 하면서도 평양 시민들에게는 배급을 준다고 합니다. 그렇다면 평양의 250만의 시민만 북한인민입니까. 전국가적으로 줄 수 없는 형편이니 평양이라도 주어야 한다고 해서 그렇게 하는지 모르겠지만 전국적으로 먹을 것이 없어 죽어가는 어린이들 만이라도 김정은이 생각했다면 어떻게 평양에만 배급을 줄 수가 있습니까. 만일 그럴 수 밖에 없다면 평양시민 250만 명만 가지고 조선혁명을 하고 나머지 인민들은 마음대로 살라고 자유를 선포하는 것이 좋을 것입니다. 농사는 지방에서 짓고 석탄도 지방에서 캐고 외화벌이도 지방에서 하는데 그 모든 것을 평양으로 끌어 올려다가 평양 시민들에게만 혜택을 주고 있으니 이것은 평양을 통한 지방인민들에 대한 착취행위라고 밖에는 볼 수가 없습니다.

평양 시민들에게는 평양 시민이라는 시민증을 따로 발급하여 지참시키고 있습니다. 그것으로 평양에서 사는 긍지와 영예감을 부풀려 주자는데 있겠지만 평양 시민과 지방 인민들의 가치가 서로 다른 것입니다. 평양에서 사는 사람도 지방에서 고생하며 사는 사람도 다 하나님의 창조하신 피조물이며 하나님의 사랑을 동일하게 받아야 할 만물의 영장으로서 가장 귀중한 사람들입니다. 그런데 어떻게 이런 차별대우를 한단 말입니까.

평양에는 국가의 상부구조 안에서 근무하는 권력자들이 많이 삽니다. 수도이기 때문에 얼마든지 그럴 수 있다고 생각합니다. 이런 사람들의 생활은 많이 호화스럽다고 합니다. 권력으로 착취해 먹으니 호화스럽고 명절 때가 되면 김정은이 인민들이 아글타글 벌어서 바친 외화로 외국에서 좋은 식품 그리고 사치스러운 상품들을 수입해서 간부들에게 하사하니 그것을 받아 감지덕지하며 살아가는 간부들 그들이 불쌍하기도 하지만 어쨌든 인민들은 굶어 죽는데도 점점 더 살쪄가는 평양의 특권층들 언제까지 인민들을 착취할 것입니까. 그러면서도 김일성도 그랬고 김정일도 그랬고 '우리 인민은 참 좋은 인민입니다' 라고 이야기 했지요 평양의 특권층들이 이렇게 호화롭게 살아가고 있는데 대하여 인민들이 몰라서 가만히 있는 줄 압니까. 항상 감옥과 정치적 감투, 연좌죄, 정치범 수용소, 소속되어 있는 당 조직들을 비롯한 근로단체 정치 조직들의 감시 등 이런 것들이 무서워 숨죽이고 가만 있는 것입니다. 생각이 없고 볼줄 몰라서 굶어 죽으면서도 반항 한번 하지 못하고 죽어가는 그들을 놓고 좋은 인민이다. 과연 세상에 이런 노예가 어디에 있습니까. 최근에는 미국을 철천지 원수라고 욕을 하면서도 미국의 술 담배 등 미국제를 수입하여 평양의 특권층들이 먹고 입고 쓰고 있다고 합니다.

평양에 있는 시민들은 지방에 있는 사람들과 연애도 못하며 시집장가도 못 간다고 합니다. 이런 현상도 오직 세상에 북한 밖에 없다는 것을 북한 영혼들이 다 알아야 합니다. 이 얼마나 억울한 삶을 살고 있습니까. 사랑하는 사람이 이 지구 위 어디에 있든 사랑하는 사람과 연애도 하고 가정도 이루는 것이 인륜이고 하나님의 뜻인데 그렇게 하지 못하고 있는 것이 바로 북한의 평양입니다. 평양의 여자들은 평양을 떠날 수 없어서 지방에 마음에 드는 남자가 있어도 시집을 못가는 것이며 평양의 남자들은 지방의 사랑하는 여자에게 장가를 들면 남자이지만 지방의 여자에게 시집을 가는 것처럼 남자가 지방의 여자에게 가야 하니 평양의 남자들이 지방에 아무리 마음에 드는 여자가 있다고 해도 장가를 갈 수 없는 것이 바로 북한의 평양입니다. 세상에 이런 법이 어디에 있습니까. 라고 물으면 여기 우리 북한에 있다. 라고 답을 할 사람들이 바로 북한의 당국자들이라는 것을 잘 알고 있습니다. 그래서 북한은 불쌍하다는 것이며 세계에서 외톨이가 된 고아라고 하는 것입니다. 그리고 빌어먹는 나라라고 하는 것입니다.

이렇게 평양을 북한의 평양 공화국으로 만들어 놓다 보니 누구나 다 평양에서 살고 싶어하는 것이 북한 인민들입니다. 저는 군인이었고 정치군관이었습니다. 군인은 작전과 전술에 따라 주둔지역이 결정됩니다. 북한인민 누구나 다 평양시민이 되고 싶어하는 것처럼 군인도 마찬가지입니다. 제가 복무하던 부대는 평양에 주둔하고 평양을 방어하는 임무를 수행하는 부대입니다. 장교들에 대한 인사는 작전 병종에 따라 전문적 부대에서 임무를 수행하는 것이 원칙입니다. 그러나 우리 부대는 평양에 주둔하고 있다보니 중앙당에서 권력을 가지고 있는 사람들을 비롯한 권력기관의 자녀들이 군관이 되어 많이 배치되어 옵니다. 말하자면 해군에서 군복무를 하고 군관이 되었으면 해군 군관으로 가야 합니다. 또 보병에서 군 복무를 하고 군관이 되었으면 보병군관으로 가야 합니다. 그런데도 불구하고 우리 부대는 빽을 통해서 인사이동 되는 군관들로 채워지다 보니 해군 공군 각종 병종들에서 군 복무를 한 사람들이 군관이 되어 부대의 군관 대열이 구성됩니다. 저는 이런 현상을 보면서 혁명의 원칙과 당의 원칙은 있으나 마나 한 것이고 오직 권력자들 간부들이 판을 치는 세상이 북한이구나 하는 것을 느끼면서 통탄하지 않을 수 없었습니다.

이와 같이 평양을 특수하게 관리하고 건설한다는 것은 수도이며 김정은의 권위와 관련되어 있어 세상 사람들에게 평양을 보여주고 북한이 다 그런 세상인줄을 착각하게 만들려고 그렇게 하고 있음을 알고 있습니다. 그러나 그렇게 가리운다고 해서 가리울 수가 있겠습니까. 그리고 이것은 때가 되면 반드시 역효과를 가져온다는 것을 알아야 합니다.

우리 하나님은 이렇게 하라고 천지를 창조하고 사람을 창조하고 당신들을 북한에 거주시킨 것이 아닙니다. 하나님께로 온 존재는 하나님의 뜻대로 살아야 합니다. 그렇지 못하면 반드시 지금 북한과 같이 저주가 임합니다. 이제라도 북한문제가 모두다 해결되려면 단 한가지 하나님을 인정하고 하나님의 사상대로 정치도 하고 경제도 하고 문화도 하고 그분 절대자이신 하나님 절대주의를 건설해 나가는 것을 당의 강령으로 바꾼다면 문제가 아주 달라집니다. 그것이 곧 축복입니다. 축복받고 인생을 살고 싶은 것이 인간의 본성입니다. 하나님께로 온 인생이기 때문입니다. 깨닫기를 바랍니다. 오늘은 이만 하겠습니다. 다음 시간에는 하나님의 말씀인 성경 고린도후서 4장 7절로 부터 10절 말씀을 가지고 보배로운 생명 이라는 제목으로 말씀을 전하겠습니다. 또 기다려 주십시오.

서른두번째

보배로운 생명

– 북한 동포 여러분께

고린도후서 (4장 7-20절)
우리가 이 보배를 질그릇에 가졌으니 이는 심히 큰 능력은 하나님께 있고 우리에게 있지 아니함을 알게 하려 함이라
우리가 사방으로 우겨쌈을 당하여도 싸이지 아니하며 답답한 일을 당하여도 낙심하지 아니하며 박해를 받아도 버린 바 되지 아니하며 거꾸러뜨림을 당하여도 망하지 아니하고
우리가 항상 예수의 죽음을 몸에 짊어짐은 예수의 생명이 또한 우리 몸에 나타나게 하려 함이라

사랑하는 북한 동포여러분
오늘 전할 말씀은 하나님의 말씀인 성경 고린도 후서 4장 7-10절 말씀입니다. 그러면 하나님의 말씀부터 봉독해 드리겠습니다.
"우리가 이 보배를 질그릇에 가졌으니 이는 심히 큰 능력은 하나님께 있고 우리에게 있지 아니함을 알게 함이라 우리가 사방으로 우겨쌈을 당하여도 싸이지 아니하며 답답한 일을 당하여도 낙심하지 아니하며 박해를 받아도 버린 바 되지 아니하며 거꾸러뜨림을 당하여도 망하지 아니하고 우리가 항상 예수의 죽음을 몸에 짊어짐은 예수의 생명이 또한 우리 몸에 나타나게 하려 함이라" 아멘

사랑하는 북한 동포여러분
그렇다면 하나님의 말씀에 기초하여 보배는 무엇이며 질그릇은 무엇인가부터 이해하는 것이 중요할 것입니다. 보배는 하나님 자신을 말씀하고 있는 것입니다. 지금까지 하나님은 어떤 분이신가에 대해서 여러분들과 여러번 이야기를 했습니다. 그렇지만 오늘 다시 한번 더 이야기 한다면 하나님은 이 세상 천지만물과 우리 인간들을 하나님의 형상과 모양으로 창조하신 창조주시라는 것입니다. 더욱히 인간을 창조하시기 전 하나님은 인간들이 이 땅 위에서 살아가는데 필요한 모든 것을 먼저 창조하시고 그리고 맨 나중에 사람을 창조하셨는데 중요한 것은 하나님의 형상과 모양으로 창조하였다는 것입니다. 그리고 하나님이 창조하신 천지 만물을 잘 관리하고 다스려 나가라고 하면서 우리 인간들을 이 지구 위에 거주시킨 분이 바로 하나님이십니다. 계속해서 하나님은 생육하고 번성하고 행복할 권리도 우리 인간들에게 주었습니다. 때문에 본질에 있어서 천지 만물을 비롯한 모든 인간들은 정확히 말씀을 드리면 하나님의 것입니다. 그리고 인간들은 하나님께서 창조하신 것을 담당하여 관리하고 다스려 나가며 살아가고 있는 청지기로서의 주인된 역할을 하는 것이 사람인 것입니다.

하나님은 영원 전부터 영원까지 계시는 분으로서 전지전능하시고 완전하시고 절대자이십니다. 우리 인간들은 하나님을 다 알 수는 없습니다. 그러나 하나님 자신이 우리를 만들어 주셨기 때문에 우리 인간들과 관계를 가지기를 원하시는 분이십니다. 이러한 하나님의 형상과 모양으로 지음을 받은 우리 인간들은 하나님의 형상과 모양으로 살아야 하는 것은 너무나도 당연한 것입니다. 하나님의 형상과 모양으로 산다는 것은 죄가 없으신 완전한 삶을 말하는 것입니다. 그러나 인간은 마귀과 사탄의 꾀임을 받아 완전한 삶이 파탄되었고 죄인으로 떨어지고 말았습니다. 그래서 성경은 인간을 본질에 있어서 진노의 자식이라고 증언하고 있으며 의인은 없나니 하나도 없다고 선언하고 있습니다. 인간은 죄를 지으면서 하나님과의 관계가 파탄되었고 죄로 인해 인간에게 사망이 오게 된 것입니다. 인간이 죄를 지은 문제를 놓고 제일 가슴아파 하신 분이 바로 하나님이십니다. 왜 그렇습니까, 다른 창조물과 달리 인간은 하나님의 형상과 모양으로 지음을 받았고 천지만물을 하나님의 뜻대로 다스려 나가야 할 존재가 바로 인간인데 인간이 죄를 짓고 나니 이 모든 것이 다 파탄된 것이나 다름이 없기 때문입니다. 인간이 하나님 앞에 죄를 지었으니 당연하게 죄 값을 치루어야 하는 것입니다. 그 죄값은 피로 죄 값을 치루어야 합니다. 죄는 곧 사망이요 피 흘림을 말하는 것입니다. 하나님께서는 하나님의 말씀인 성경 민수기 35장 33절에서 다음과 같이 말씀하십니다. "너희는 거하는 땅을 더럽히지 말라 피는 땅을 더럽히나니 피 흘림을 받은 땅은 이를 흘리게 한 자의 피가 아니면 속할 수 없느니라"아멘

사랑하는 북한동포 여러분
피를 흘린 자의 피가 아니고서는 속할 수 없다는 말씀이 무슨 뜻인지 이해가 됩니까. 한 마디로 피로서 하나님 앞에 인간은 죄 값을 지불해야 한다는 것입니다. 그러니 우리는 다 죽어야 마땅한 것입니다. 그러나 하나님께서는 우리를 너무나도 사랑하셔서 하나밖에 없는 외아들 독생자를 사람의 몸으로 이 세

상에 보내 주셔서 우리들을 대신해 십자가에서 피를 흘려 우리들의 죄를 하나님 앞에 속할 수 있도록 하시었습니다. 그 외아들이 바로 예수 그리스도이며 우리 인간들의 죄를 속하시려고 십자가에서 인간의 모습으로 죽으셨다가 하나님의 능력으로 사흘 만에 다시 부활하셔서 하늘에 올라 지금은 하나님의 우편에서 우리들의 기도를 중보하고 계십니다. 이 사건은 신화가 아니라 역사적 사실로서의 사건입니다. 이 사건을 믿기만 하면 우리는 죄 사함을 받을 수 있고 죽을 수 밖에 없는 인생에서 구원받아 영생하는 삶을 살게 되어 있습니다.

지금까지 보배는 무엇이며 질그릇은 무엇인가를 알기 위해서 길게 설명을 드린 것입니다. 한 마디로 보배는 성부와 성자 성령 삼위일체 하나님이시며 우리 인간들은 다 질그릇이라는 것입니다. 원래 보배는 보배로운 그릇에 담아야 합니다. 그러나 오늘 주시는 말씀을 보시면 누구나 할 것 없이 우리는 다 질그릇이지만 그 질그릇에 보배를 담았다고 말씀을 하십니다. 무엇보다도 여러분들은 우리 모두가 다 질그릇이라는 것을 인정해야합니다. 인정하고 싶지 않아도 우리는 질그릇에 불과 합니다. 이것은 성경이 선언하고 있으며 우리 인간들의 삶이 그것을 그대로 증명해 주고 있습니다. 여러분들은 북한 노동당이 교육하는 대로 세뇌화 되어 있기 때문에 이런 말을 들으면 생소할 것입니다. 그러나 아무리 신격화 되어 있다고 해도 사람은 다 질그릇입니다. 여기에는 수령이라고 해서 예외 되는 것이 아닙니다. 김일성도 질그릇이고 김정일도 질그릇이고 김정은도 질그릇입니다. 당 중앙위원회 조직지도부를 비롯한 총정치국장 최룡해도 질그릇입니다. 아무리 아니라고 한다고 해도 아닐 수가 없습니다. 때문에 하는 일마다 죄악된 일만 하고 있지 않습니까. 김일성 집안에서 태어나면 무조건 북한의 왕이 되어야 합니까 그것이 얼마나 큰 죄인지 여러분들이 알아야 합니다. 지금은 봉건시대가 아닙니다. 김정일보다 그리고 김정은 보다 똑똑하고 인민들이 배고픔을 모르고 잘 살게 정치를 할 사람이 북한에도 많습니다. 그런데 왜 김일성 집안에서 태어나면 무조건 그 북한의 왕이 되어야 합니까. 이렇게 하는 나라는 세계에 없습니다. 이것이 큰 죄입니다. 김정은의 어머니도 재일동포인데 백두 혈통이라고 거짓말하고 재일동포가 어머니이면 북한에서 출신성분이 제일 나쁜데 어떻게 왕이 되는 것입니까. 인간은 하나님께로 온 존재로서 누구나 다 동등한 인격과 존엄을 가지고 이 세상에 태어납니다. 그런데 북한은 김정은만 존엄이 있고 다른 사람들은 존엄이 없는 듯 항상 이야기를 합니다. 아닙니다. 최고 존엄이 따로 있을 수가 없습니다. 이것도 역시 세상에 북한밖에 없는 것입니다. 그래서 유엔에서는 북한의 인권문제를 논의하고 규탄하는 것입니다.

사랑하는 북한동포 여러분 이제는 여러분들이 깨달아야 합니다. 김일성, 김정일, 김정은 이 사람들은 신이 아닙니다. 사람이며 그것도 죄악 된 질그릇에 불과한 사람들입니다. 신이 아닌 사람을 신이라고 추앙하고 우상 숭배하는 죄를 하나님은 제일 싫어하십니다. 여러분들이 흔히 남조선이라는 국호로 알고 있는 이 대한민국은 하루가 어떻게 시작되는 줄 아십니까. 하나님 앞에 기도드리는 것으로 하루가 시작됩니다. 그러나 북한은 김일성, 김정일 동상이나 초상화 정성사업부터 시작해서 하루가 시작됩니다. 그러니 하나님께서 북한 땅에 복을 주시지 않는 것입니다. 남과 북을 다 체험한 제가 있는 그대로 말씀을 드리면 대한민국은 정말로 잘 삽니다. 대한민국의 물질적 부는 공산주의 사회 건설의 두 요새인 물질적 요새는 이미 점령이 되었다고 해도 절대로 틀린 말이 아닙니다. 먹을 것이 없어 걱정할 일이 없고 집 없이 사는 사람도 없습니다. 물론 우리가 지금 사는 집이 그 소유가 내 것이냐 그렇지 않으면 임대주택이냐 전세냐 이런 차이는 있지만 집이 없는 사람은 한 사람도 없습니다. 입는 것 너무나 많아서 처치 곤란입니다. 주 5일 근무제에 주말이면 승용차 타고 경치 좋은 곳으로 가 주간의 피로를 풀고 주일이면 교회에 가서 하나님께 예배를 드리며 다음주를 생각하면서 사는 곳이 대한민국입니다. 한마디 더하고 싶은 것은 여러분들이 먹을 식량보다 더 걱정인 땔감 걱정이 전혀 없다는 것입니다. 이렇게 말하면 여러분들이 이해하기가 힘들겠지만 어떻게 하면 더 즐겁게 살수 있을까 만을 생각하면서 살아가는 곳이 이 대한민국이란 말입니다. 이제 사람들의 정신적 문제만 해결하면 대한민국은 여러분들이 이상하고 있는 공산주의 사회 주체사상화가 실현된 사회가 될 것입니다. 하나님을 왕으로 섬기는 주체 사상화 를 말하는 것입니다. 그런데 북한은 그렇지 못하지 않습니까. 북한은 여러분들이 더 잘 알고 계시기에 여기에서 더 이야기를 하지 않겠습니다.

오늘 말씀으로 돌아와 이렇게 질그릇 같은 그릇에 보배를 감히 담을 수 없는 데도 불구하고 질 그릇에 주시었다고 말씀을 하십니다. 이것은 예수 그리스도를 믿는 사람들을 놓고 말씀을 하는 것입니다. 이 보배는 언제나 숨겨져 있습니다. 때문에 진리를 사모하는 자, 그리고 이 보배를 먼저 나의 질그릇에 담은 자들이 이 숨겨진 보배를 전하고 깨닫게 해 주어야 하는 것입니다. 그래서 이렇게 방송을 통해서 여러분들에게 말씀을 전하는 것입니다. 하나님께서는 하나님의 말씀인 성경 마태복음 13장 44절에서 다음과 같이 말씀하십니다. "천국은 마치 밭에 감추인 보화와 같으니 사람이 이를 발견한 후 숨겨 두고 기뻐하여 돌아가서 자기의 소유를 다 팔아 그 밭은 사느니라" 아멘 하나님께서 말씀을 하신 바와 같이 보배이신 하나님을 만나기만 하면 자기의 옛 삶은 다 팔아 치웁니다. 그리고 하나님을 삽니다. 돈을 내고 사는 것이 아니라 그분 하나님을 믿겠다는 신앙으로 사는 것입니다. 저는 평양에서 살았습니다. 그리고 정치군관이었습니다. 하지만 이렇게 좋은 하나님을 만나는 순간 평양을 팔았고 정치 군관을 팔았습니다. 그런 것 다 필요 없습니다. 오직 하나님 그분 한분이면 나의 인생에 모든 것은 다 해결되는 것입니다. 비록 우리 모두는 질그릇이지만 그 보배가 나의 질그릇에 담게 되면 나와 우리의 육체는 아무 능력이 없으나 그분 보배이신 그 하나님의 능력이 한이 없으시기에 그 능력으로 말미암아 늘 승리의 삶을 살 수 있다는 것입니다.

8절과 9절 말씀을 보십시오. "우리가 사방으로 우겨쌈을 당하여도 싸이지 아니하며 답답한 일을 당하여도 낙심하지 아니하며 핍박을 받아도 버린 바 되지 아니하며 꺼꾸러뜨림을 당하여도 망하지 아니하고" 라고 하나님은 말씀하여 주십니다. 사실 여러분들의 삶은 얼마나 힘이 듭니까 늘 삶의 전선에서 생명을 위협하는 굶주림이 우리의 생명을 우겨싸고 있으며 풀리지 않는 답답한 일들 그리고 군대에 나간 아들이 먹을 것을 먹지 못해 영양실조에 걸려 있고 기타 등등 먹을 것이 한줌 생기면 땔감이 없고 땔감 먹을 것 다 없을 때 여러분들은 누구를 원망하지도 못하지 않습니까 정치적 문제이니까요 그것은 곧 바로 김정은의 우상숭배와 관련되어 있는 문제이니까 말입니다. 참 속상한 삶이 바로 여러분들의 삶입니다. 그러나 낙심하지 않는 것은 그리고 망하지 않는 것은 우리가 항상 예수 죽인 것을 몸에 짊어 짐은 예수의 생명을 우리 몸에 나타나게 하려 함이라 이것은 바로 우리 몸, 질그릇에 담겨진 보배이신 하나님의 능력으로 살아가기 때문에 절대로 망하지 않는다는 것입니다.

사랑하는 북한 동포 여러분

만일 우리 모두 질그릇인 것만은 사실인데 그 안에 값없이 은혜로 주시는 그 보배를 담지 못한다면 우리가 어떻게 되겠습니까. 한마디로 마귀에게 끌려가 망하고 마는 것이며 지옥으로 가는 인생만을 가져 오게 됩니다. 지금 여러분들이 노동당의 장악통제 속에 있고 또 김정은을 좋다고 우상해야 하는 그 환경 속에 있지만 넘어지지 않고 망하지 않고 낙심하지 않고 떳떳하게 웃으면서 살아가려면 나의 질그릇에 보배를 담으십시오, 그러면 그 보배가 모든 것을 깨닫게 해 주십니다. 창조에 대하여 구원에 대하여 영생에 대하여 사랑에 대하여 공의에 대하여 진리에 대하여 정의에 대하여 모든 것을 깨닫게 해 주십니다. 이제라도 나의 마음에 하나님을 담으십시오. 그 담는 방법은 다른 것이 없습니다. 무조건 처음에는 하나님을 믿겠다고 고백하십시오 그리고 늘 기도하십시오. 고백하고 기도하는 것은 힘든 것이 없지 않습니까. 고백도 기도도 혼자 하는 것입니다. 보위부 몰래 혼자 할 수 있는 것입니다. 그러면 그때부터 하나님은 역사하십니다. 그러니 겉 사람은 노동당에서 하라고 하는 대로 할 수 밖에 없겠지만 속 사람은 하나님 안에서 즉 나의 질그릇에 담겨진 그 보배로 살아야 합니다. 그러면 그 보배의 능력으로 말미암아 늘 이기는 삶 승리하는 삶을 살아가게 됩니다. 오늘 이 말씀을 전하는 저도 그 땅에서 그 위대한 진리 신묘막측한 구원에 원리를 깨달은 사람입니다. 저는 솔직히 이야기합니다. 대한민국이 잘 살기는 하지만 대한민국이 좋아서 여기에 온 것이 아닙니다. 하나님이 좋아서 나의 질그릇에 담겨진 그 보배가 좋아서 모든 것을 다 팔아 그 보화를 산 것입니다. 사랑하는 북한 동포여러분 그 보화를 만나 꼭 축복받는 여러분들이 되시기를 축원합니다. 오늘은 이만 하겠습니다. 다음 시간에는 하나님의 말씀 성경 에스더서 5장 1절로 8절 말씀을 가지고 (애국적 신앙) 이른 제목으로 말씀드리겠습니다. 또 기다려 주십시오.

서른세번째

애국적 신앙

– 북한 동포 여러분께

에스더 (5장 1-8절)
제삼일에 에스더가 왕후의 예복을 입고 왕궁 안 뜰 곧 어전 맞은편에 서니 왕이 어전에서 전 문을 대하여 왕좌에 앉았다가
왕후 에스더가 뜰에 선 것을 본즉 매우 사랑스러우므로 손에 잡았던 금 규를 그에게 내미니 에스더가 가까이 가서 금 규 끝을 만진지라
왕이 이르되 왕후 에스더여 그대의 소원이 무엇이며 요구가 무엇이냐 나라의 절반이라도 그대에게 주겠노라 하니
에스더가 이르되 오늘 내가 왕을 위하여 잔치를 베풀었사오니 왕이 좋게 여기시거든 하만과 함께 오소서 하니
왕이 이르되 에스더가 말한 대로 하도록 하만을 급히 부르라 하고 이에 왕이 하만과 함께 에스더가 베푼 잔치에 가니라
잔치의 술을 마실 때에 왕이 에스더에게 이르되 그대의 소청이 무엇이뇨 곧 허락하겠노라 그대의 요구가 무엇이뇨 나라의 절반이라 할지라도 시행하겠노라 하니
에스더가 대답하여 이르되 나의 소청, 나의 요구가 이러하니이다
내가 만일 왕의 목전에서 은혜를 입었고 왕이 내 소청을 허락하시며 내 요구를 시행하시기를 좋게 여기시면 내가 왕과 하만을 위하여 베푸는 잔치에 또 오소서 내일은 왕의 말씀대로 하리이다 하니라

사랑하는 북한 동포여러분
하나님께서 제일 좋아 하는 사람이 어떤 사람들인지를 알고 있습니까. 오늘 말씀을 통해서 깨닫게 될 것입니다. 결론부터 말씀을 드리면 애국자들을 제일 좋아하십니다. 그러면 하나님의 말씀부터 봉독해 드리겠습니다.

하나님께서는 성경 에스더 서 5장 1절에서 8절 까지에서 다음과 같이 말씀하십니다.

"제삼일에 에스더가 왕후의 예복을 입고 왕궁 안 뜰 곧 어전 맞은편에 서니 왕이 어전에서 전 문을 대하여 왕좌에 앉았다가 왕후 에스더가 뜰에 선 것을 본즉 매우 사랑스러우므로 손에 잡았던 금 규를 그에게 내미니 에스더가 가까이 가서 금 규 끝을 만진지라 왕이 이르되 왕후 에스더여 그대의 소원이 무엇이며 요구가 무엇이냐 나라의 절반이라도 그대에게 주겠노라 하니 에스더가 이르되 오늘 내가 왕을 위하여 잔치를 베풀었사오니 왕이 좋게 여기시거든 하만과 함께 오소서 하니 왕이 이르되 에스더가 말한 대로 하도록 하만을 급히 부르라 하고 이에 왕이 하만과 함께 에스더가 베푼 잔치에 가니라 잔치의 술을 마실 때에 왕이 에스더에게 이르되 그대의 소청이 무엇이뇨 곧 허락하겠노라 그대의 요구가 무엇이뇨 나라의 절반이라 할지라도 시행하겠노라 하니 에스더가 대답하여 이르되 나의 소청, 나의 요구가 이러하니이다. 내일 만일 왕의 목전에서 은혜를 입었고 왕이 내 소청을 허락하시며 내 요구를 시행하시기를 좋게 여기시면 내가 왕과 하만을 위하여 베푸는 잔치에 또 오소서 내일은 왕의 말씀대로 하리이다 하니라" 아멘

애국자 하면 자기 조국과 민족을 사랑하고 조국과 민족을 위해 목숨이 요구된다면 목숨까지도 서슴없이 바칠 줄 아는 사람을 애국자라고 말할 수 있습니다. 그러나 하나님께서 요구하고 좋아하는 애국자는 민족주의자를 말하는 것은 아닙니다. 하나님께서 주신 오늘 말씀에서 하나님께서 좋아하시고 기뻐하시는 애국자 하나님께 합한 애국자는 과연 어떤 사람인가를 오늘 주신 말씀

을 해석하면서 은혜를 나누려고 합니다.

주전 5세기 말엽, 바사의 수산 궁을 배경으로 하는 본서 에스더는 한 유대인 소녀가 어떻게 해서 바사 제국의 왕후가 되었고 또 어떻게 자기 민족인 유대 민족을 파멸로부터 구출해 냈는지를 보여주는 놀라운 구원의 이야기이다. 에스더서는 주전 464년에서 436년 사이에 기록된 것으로 추정되나 누가 기록했는지를 정확히 알 수 없습니다. 많은 경우 본서의 이름 그대로인 에스더나 그의 사촌 모르드개인 것으로 전해 지고 있습니다. 바사 제국은 오늘의 이란이라는 나라를 말하는 것입니다. 당시 유대민족은 하나님으로부터 놀라운 축복을 받아 언약의 선택된 민족으로 지금의 이스라엘 땅에서 국가를 세우고 살았습니다. 그러나 하나님의 선민으로서의 유대민족은 죄를 많이 지었습니다. 하나님께서 주신 계명들을 지키지 않고 우상숭배를 비롯한 각종 범죄를 범할 때마다 하나님께서는 많은 선지자들을 보내 유대민족을 깨우쳐 주었지만 유대민족은 하나님의 말씀에 귀를 기울이지 않았습니다. 하나님은 오래 참으시면서 하나님께로 돌아오기를 기다려 주기도 하지만 공의의 하나님이신 하나님은 심판을 하십니다. 그 심판으로 하여 유대민족은 남과 북으로 갈라져 있었습니다. 12지파로 이루어진 이스라엘 민족은 북이스라엘은 10개의 지파 남 유다에는 2개의 지파로 갈라져 살았습니다. 갈라져 살면서도 정신을 차리지 못한 북 이스라엘 민족과 남 유다에 대하여 하나님은 앗수르라는 나라와 바벨론이라는 나라에 이스라엘 민족을 다 팔았습니다. 그래서 이스라엘 민족은 하나님께서 주신 땅을 다른 나라에 빼앗기고 다 팔려가 노예의 삶을 살게 됩니다. 오늘 주시는 말씀의 주인공인 에스더는 일찍히 부모를 여의고 사촌인 모르드개의 손에서 양육을 받아 성장하여 당시 바사제국의 왕후가 됩니다. 참으로 아름다운 여성이었던 같습니다. 한편 당시 바사제국의 왕은 아하수에로였습니다. 그리고 그 밑에 왕을 대변하다 시피 하면서 권력을 마음대로 행사한 하만이라는 자가 있었는데 이 하만은 유대족속이 아니라 아멜렉 족속이었습니다. 이 아말렉 족속은 이스라엘 민족이 출애굽할 때 이스라엘 민족을 몹시 괴롭혔던 족속이었습니다. 그래서 이스라엘의 초기 왕이었던 사울에게 하나님은 아말렉 족속을 완전히 전멸시키라고 명하신 적이 있습니다. 그런데 사울왕은 아말렉 족속을 전멸하지 않았습니다. 말하자면 하나님의 말씀에 불순종 한 것입니다. 결과 어떻게 됩니까. 오히려 아말렉 족속인 이 하만이 유대민족을 전멸키고자 꾀를 내여 왕께 보고하고 왕의 결제를 받아 유대민족을 완전히 전멸시키기로 하고 있었습니다.

이 사실을 알게된 왕후 에스더는 왕궁 안에 함께 있던 사촌인 모르드개에게 모든 유대민족이 3일간 하나님께 금식기도를 할 것을 부탁하고 본인 자신도 3일간 금식기도를 합니다. 그리고 왕에게로 나아기로 결심을 합니다. 당시 왕후라고 해도 왕의 부르심이 없이 함부로 왕 앞에 나가면 곧 그것은 죽음을 말하는 것이었습니다. 그러나 에스더는 민족을 구원하기 위해 “죽으면 죽으리라”는 결단으로 3일간 금식기도를 한 후 왕 앞에 나아갑니다. 오늘 주시는 말씀 1절과 2절에 기록되어 있습니다. 다시 한번더 말씀을 봉독해 드리겠습니다. “제 삼일에 에스더가 왕후의 예복을 입고 왕궁 안 뜰 곧 어전 맞은편에 서니 왕이 어전에서 전 문을 대하여 왕좌에 앉았다가 왕후 에스더가 뜰에 선 것을 본즉 매우 사랑스러우므로 손에 잡았던 금 규를 그에게 내미니 에스더가 가까이 가서 금 규 끝을 만진지라” 아멘 바로 이것이 모험적 신앙입니다. 민족을 구원하기 위한 모험적 신앙입니다. 모험적 신앙은 하나님께 목숨을 맡기는 신앙입니다.

우리는 여기서 먼저 사울 왕이 하나님의 말씀에 불순종한 결과가 어떻게 되었는가를 교훈 받아야 합니다. 만일 하나님의 말씀에 순종하여 그때 아말렉 족속을 전멸하였더라면 오늘에 이런 유대민족이 위험에 빠지는 일은 절대로 없었을 것입니다. 하나님은 알고 계시나 인간들은 그것을 모르고 있기 때문에 하나님의 말씀에 귀를 기울여야 하고 또 순종해야 한다는 것입니다. 이런 교훈은 오늘의 우리 삶 속에서도 그대로 실천되어야 합니다. 하나님의 말씀대로 사는 민족과 조국은 다 잘 살고 있습니다. 그러나 북한과 같이 하나님을 인정하지 않고 하나님과 원수가 된 민족과 나라는 다 징계를 받아 못 살고 세계로부터 미움을 받으면서 살아가게 됩니다. 사실상 오늘 북한은 대내적으로는 김정은에 대한 우상으로 인하여 그 사람은 위대하고 신적인 능력을 가지고 혁명을 이끄시는 대단한 사람으로 북한 영혼들에게는 비쳐지고 있는지 모르겠지만 대외적으로는 고립되고 무지하고 천하에 할아버지 아버지보다 더 포악한 인간으로 평가받고 있습니다. 매일 같이 핵을 만든다 미사일을 만든다. 청와대를 불바다로 만든다. 서해 백령도를 불바다로 만든다 하면서 호전적으로 나오고 있습니다. 아무리 위협해야 무서워할 사람은 대한민국에 한 사람도 없습니다. 대한민국 애국가 가사에 '하나님이 보우하사 우리나라 만세' 라는 신앙고백이 있다는 것을 알기나 합니까. 제발 미국과 대한민국은 여러분들에게 전쟁을 할 명분도 주지 않지만 또 여러분들이 사는 땅 북한을 침략해 올라가지도 않습니다. 두 제도를 체험한 이 목사도 북한에 있을 때에는 정말로 미국과 남조선 때문에 조국의 통일이 안 되는 줄 알았습니다. 그러나 대한민국에 와서 보니 김정은의 대남 적화 통일 야망 때문에 조국이 통일 되지 않는다는 것을 확실히 알게 되었습니다. 왜 대한민국과 이 땅에 사는 5천만의 영혼들이 이 좋은 대한민국 복 받은 대한민국을 김정은에게 내어 주겠습니까 어리석은 생각 날강도와 같은 생각은 절대로 하지 말아야 합니다. 만일 북한의 김정은이 도발을 하면 순간적인 피해는 입을 수 있습니다. 그렇지만 그것으로 평양도 그리고 김정은을 비롯한 그 측근들로 이루어진 수뇌부도 끝이라는 것을 알아야 합니다.

사랑하는 북한 동포여러분

하나님께서는 유대민족과 에스더가 3일동안 금식하면서 기도한 그 기도를 받으셨습니다. 그리고 응답하시었습니다. 아하수에로 왕에게는 여느때와 달리 그날따라 어전 앞에 선 에스더를 더 사랑스럽게 볼 수 있는 사랑의 마음을 부어 주었습니다. 그리하여 왕후 에스더에게 금 규를 내밀었고 왕후 에스더에게 왕후의 소청이 무엇이냐 나라의 절반이라도 주겠다고 하였습니다. 사실 왕 앞에 부르심을 받지 않고 나아가는 것은 죽음을 각오한 것이었습니다. 이때는 에스더를 왕후로 맞은지 5년이 지났을 때라고 합니다. 5년이면 왕으로 하여금 왕후 에스더에 대한 권태감이 있을 때입니다. 그런데 이날은 왕이 왕후 에스더를 더 없이 사랑스러워 했습니다. 이것은 보이지 않지만 하나님이 하시는 것입니다.

왕후 에스더에게는 하나님 지혜를 주시는 방법으로 응답하셨습니다. 큰 잔치를 차리게 하셨고 그 잔치에 철천지 원수인 하만을 꼭 대리고 나오도록 하십니다. 첫날 잔치에 나온 왕은 왕후 에스더에게 소청이 무엇이냐를 또 물어보십니다. 그런데 왕수 에스더는 뜸을 들여 왕으로 하여금 궁금증을 더 가지게 하고 다음날 잔치를 또 베풀겠으니 하만을 꼭 대리고 나오도록 하고 그때에는 소청을 말씀을 드리겠다고 하십니다. 바로 이것이 하나님이 에스더에게 주신 지혜였던 것입니다. 원래 인간은 궁금증을 가지면 더 접근하고 관심을 가지게 되어 있는 것입니다.

그리고 다음날 왕후 에스더는 드디어 잔치에 나와 술을 거나하게 마신 왕에게 소청을 말합니다. 그 소청이 바로 유대민족이 다 죽게 되었다는 것과 유대민족을 전멸하려고 하는 하만의 꾀에 대하여 말을 하면서 유대민족이 죽지 않게 해 달라고 왕에게 소청을 드립니다. 왕은 그때에야 유대민족을 전멸하려고 한 하만의 꾀를 알고 대노하여 반대로 하만을 죽입니다. 이때 왕후 에스더는 왕에게 다음과 같이 소청합니다. “왕후 에스더가 대답하여 이르되 왕이여 내가 만일 왕의 목적에서 은혜를 입었으며 왕이 좋게 여기시면 내 소청대로 내 생명을 내게 주시고 내 요구대로 내 민족을 내게 주소서 나와 내 민족이 팔려서 죽임과 도륙함과 진멸함을 당하게 되었나이다 만일 우리가 노비로 팔렸더라면 내가 잠잠 하였으리이다"아멘

민족을 구원하기 위한 소청이 얼마나 절절합니까. 이렇게 말할 수 있었던 것도 다 하나님이 그 에스더의 입에 그 말을 넣어 주셨기 때문인 것입니다. 그리하여 유대민족을 진멸하려고 하였던 하만과 하만의 세력을 완전히 진멸하고 유대민족을 구원하였던 것입니다.

이렇게 에스더는 애국자였습니다. 애국자는 민족이 위험에 처했을 때 구원하는 사람이 바로 애국자입니다. 민족과 조국을 위험에서 구원하는 것은 바로 하나님께 있는 것입니다. 하나님은 말씀 하십니다. "전쟁은 내게 속한 것이다" 라고 말입니다. 이것은 에스더와 같이 민족이 위험할 때 하나님께 간절히 기도하면 하나님은 구원의 역사를 이룩하신다는 것입니다. 이것은 우리 대한민국도 그런 체험을 했습니다. 1950년 6월 김일성에 의해 전쟁이 일어나고 부산까지 꼼짝 못하고 후퇴했을 때 대한민국의 많은 기독교인들이 하나님께 금식하면서 기도했습니다. 그 기도를 들으신 하나님께서 1950년 10월에 수도 서울을 수복할 수 있도록 하여 주셨고 1953년 7월에는 정전을 협정하도록 하고 남과 북 즉 하나님을 믿는 대한민국과 하나님을 믿지 않고 원수가 된 북한을 지금 세상 사람들에게 보게 하고 계시는 것입니다. 그리고 하나님이 보우하시는 나라는 잘 사는 구나 하나님이 하나님 되심을 하나님께서 알게 하시는 것입니다.

사랑하는 북한 동포 여러분 지금 에스더로 인해 민족이 구원 받은 그날을 이스라엘은 기념하고 있습니다. 그 기념일이 바로 부림절 이라고 합니다. 에스더가 아름다운 20대의 여성이 민족을 구원한 것은 죽으면 죽으리라는 그의 모험적인 신앙 때문이었습니다. 하나님을 위함이라면 진리를 위함이라면 얼마든지 모험을 할 수 있어야 합니다. 이러한 모험은 항상 하나님과 함께하여야

합니다. 그래서 에스더는 모험을 하기 전에 하나님께 3일간을 금식하면서 기도하였던 것입니다. 하나님이 함께 하시는 모험은 늘 승리합니다. 이것이 진리입니다. 여러분들도 하나님을 알고 믿고 하여 하나님께 기도하십시오. 그리고 결국은 김정은의 독재 슬하에서 구원받는 여러분들이 되시기를 축원 드립니다. 오늘은 이만 하겠습니다. 다음 시간에는 마태복음 28장 1-10절 말씀을 가지고 "부활하신 예수님" 이라는 제목으로 말씀을 전하겠습니다.

서른네번째

부활하신 예수님

– 북한 동포 여러분께

마태복음 (28장 1-10절)

안식일이 다 지나고 안식 후 첫날이 되려는 새벽에 막달라 마리아와 다른 마리아가 무덤을 보려고 갔더니
큰 지진이 나며 주의 천사가 하늘로부터 내려와 돌을 굴려 내고 그 위에 앉았는데
그 형상이 번개 같고 그 옷은 눈 같이 희거늘
지키던 자들이 그를 무서워하여 떨며 죽은 사람과 같이 되었더라
천사가 여자들에게 말하여 이르되 너희는 무서워하지 말라 십자가에 못 박히신 예수를 너희가 찾는 줄을 내가 아노라
그가 여기 계시지 않고 그가 말씀 하시던 대로 살아나셨느니라 와서 그가 누우셨던 곳을 보라
또 빨리 가서 그의 제자들에게 이르되 그가 죽은 자 가운데서 살아나셨고 너희보다 먼저 갈릴리로 가시나니 거기서 너희가 뵈오리라 하라 보라 내가 너희에게 일렀느니라 하거늘
그 여자들이 무서움과 큰 기쁨으로 빨리 무덤을 떠나 제자들에게 알리려고 달음질할새
예수께서 그들을 만나 이르시되 평안하냐 하시거늘 여자들이 나아가 그 발을 붙잡고 경배하니
이에 예수께서 이르시되 무서워하지 말라 가서 내 형제들에게 갈릴리로 가라 하라 거기서 나를 보리라 하시니라

사랑하는 북한 동포여러분

오늘 여러분들과 나눌 이야기의 제목은 '부활하신 예수님' 이십니다. 부활에 대한 정의를 여러분들은 다 알고 계시리라 믿습니다. 그러나 오늘 북한 사전에서 정의한 내용을 그대로 여러분들에게 말씀을 드려야 할 것 같습니다. 왜 입니까. 그것은 여러분들이 북한에서 살고 있고 북한에서 교육을 받았기에 북한에서 정의한 내용을 가지고 이야기하는 것이 좋을 것이라고 생각됩니다. 북한 사회과학 출판사에서 출판한 사전에 보면 부활이란 이렇게 정의하고 있습니다. '죽었다가 다시 살아나는 것, 낡고 시들어가거나 몰락해 가던 것이 다시 활기를 띠고 왕성하게 되는 것,' 을 부활이라고 정의하고 있습니다. 저는 평양에 있을 때 소련 작가 톨스토이가 쓴 장편소설 '부활' 을 본적이 있습니다. 권력과 부가 충만하였던 주인공 네흘류드가 몹시도 아름다웠던 까츄사를 성적으로 윤리적으로 유린함으로서 까츄사의 인생을 몰락으로 빠뜨리게 됩니다. 당시 저는 그 주인공 네흘류드에 대해 증오했습니다. 왜 책임도 못지면서 아름다운 여성의 인생을 몰락으로 빠뜨리는가 하는 것이었습니다. 권력과 부가 있으면 한 여성의 인생을 손에 잡힌 인형처럼 마구 유린해도 되는가 하는 것입니다. 그러나 작가는 네흘류드가 자기의 잘 못을 깨닫고 자신의 양심이 새로와지는 것과 함께 까츄사의 인생도 활기를 띠고 왕성하여 새로운 삶을 살게되는 것을 보면서 아 부활이란 이렇구나 하는 것을 깨달았던 때가 있었습니다. 물론 삶이 변화되는 것도 부활이라고 말할 수 있지만 본질에서 있어서의 부활은 죽었다가 다시 살아나는 것이 부활이라는 것을 하나님을 알고서야 알게 되었습니다.

사랑하는 북한동포 여러분

사람이 죽었다가 다시 살 수 있다고 생각하십니까. 절대로 그럴 수는 없다고 생각하실 것입니다. 그러나 우리 하나님의 독생자 예수님은 죽으셨다가 3일만에 다시 사셨습니다. 여러분들은 이해가 안 될 것입니다. 그러나 이것은 역사적 사실이며 놀라운 신비의 최절정입니다. 그러면 예수님이 다신 사신 즉 부활에 대하여 하나님은 어떻게 말씀하시는가를 성경 말씀을 통해서 여러분들에게 들려 드리겠습니다. 하나님은 하나님의 말씀인 성경 마태복음 28장 1절로부터 10절까지에서 다음과 같이 말씀하십니다,

“안식일이 다 지나고 안식 후 첫날이 되려는 새벽에 막달라 마리아와 다른 마리아가 무덤을 보려고 갔더니 큰 지진이 나며 주의 천사가 하늘로부터 내려와 돌을 굴려 내고 그 위에 앉았는데 그 형상이 번개 같고 그 옷은 눈 같이 희거늘 지키던 자들이 그를 무서워하여 떨며 죽은 사람과 같이 되었더라 천사가 여자들에게 말하여 이르되 너희는 무서워하지 말라 십자가에 못 박히신 예수를 너희가 찾는 줄을 내가 아노라 그가 여기 계시지 않고 그가 말씀 하시던 대로 살아나셨느니라 와서 그가 누우셨던 곳을 보라 또 빨리 가서 그의 제자들에게 이르되 그가 죽은 자 가운데서 살아나셨고 너희보다 먼저 갈릴리로 가시나니 거기서 너희가 뵈오리라 하라 보라 내가 너희에게 일렀느니라 하거늘 그 여자들이 무서움과 큰 기쁨으로 빨리 무덤을 떠나 제자들에게 알리려고 달음질할새 예수께서 그들을 만나 이르시되 평안하냐 하시거늘 여자들이 나아가 그 발을 붙잡고 경배하니 이에 예수께서 이르시되 무서워하지 말라 가서 내 형제들에게 갈릴리로 가라 하라 거기서 나를 보리라 하시니라” 아멘

사랑하는 북한 동포여러분

하나님께서 말씀하신 바와 같이 예수님은 십자가에서 못박혀 죽으셨다가 3일만에 다시 사셨습니다. 인간으로서는 죽은 사람을 다시 살릴 수 없습니다. 그러나 하나님은 살리기도 하고 죽이기도 합니다. 그래서 하나님은 전지전능하시고 생사 화복을 주관하신다고 늘 하나님을 믿는 사람들은 기도할 때마다 고백하는 것입니다. 인간을 만드신 하나님이 인간을 살리고 죽이고 하는 것은 하나님만이 하실 수 있는 능력입니다. 그렇다면 하나님의 외아들 독생자 예수님이 왜 죽으셔야 했는가부터 알아야 할 것입니다. 계속 여러분들에게 말씀을

드렸지만 인간들은 누구나 할 것 없이 다 죄인입니다. 왜 죄인입니까. 하나님이 인간을 창조하셨습니다. 창조당시에는 하나님의 형상과 모양으로 인간을 창조하셨기 때문에 인간들에게는 죄가 없었습니다. 죄가 없는 인간 이것이 인간창조의 본질입니다. 그러나 마귀과 사탄의 꾀임을 받아 하나님의 말씀에 불순종 함으로서 인간에게 죄가 들어왔고 생육하고 번성하는 인간에게 그 죄가 유전되면서 온 인류 인간들이 다 죄인이 되고 말았습니다. 그래서 인간은 죄인인데 이 죄가 단순하지 않다는 것입니다. 죄가 인간에게 들어오게 됨으로서 인간들에게 죽음이 왔고 피 흘림이 왔으며 그 피가 땅을 더럽히게 했습니다. 그렇다면 이 죄를 어떻게 하면 좋겠습니까. 인간의 편에서 볼 때에는 하나님 앞에서 하나님의 말씀에 불순종하여 죄를 지었으니 하나님께 죄 값을 치루어야 하는 것이 당연한 것이 아니겠습니까. 그런데 인간은 죄값을 치를 수 있는 것이 아무것도 없습니다. 인간에게 있어서 죄 값은 피입니다.
하나님께서는 하나님의 말씀인 성경 민수기 35장 33절과 34절에서 다음과 같이 말씀하십니다.
"너희는 너희가 거주하는 땅을 더럽히지 말라 피는 땅을 더럽히나니 피 흘림을 받은 땅은 그 피를 흘리게 한 자의 피가 아니면 속함을 받을 수 없느니라 너희는 너희가 거주하는 땅 곧 내가 거주하는 땅을 더럽히지 말라 나 여호와는 이스라엘 자손 중에 있음이니라" 아멘

하나님께서 말씀하신 바와 같이 우리 인간들이 죄를 지어 피를 흘리게 했고 그 피로 인하여 땅을 더럽혔습니다. 그러니 그 피를 흘리게 한자 바로 우리 인간들의 피가 아니고서는 우리 죄를 속할 수 있는 값이 아무것도 없는 것입니다. 때문에 우리는 본질상 죽은 것입니다. 우리의 피로 죄값을 치르고 나면 우리는 죽는 것 밖에는 없지 않습니까. 문제는 또 여기에 있습니다. 피가 죄값을 치루는 것만은 사실이나 이미 우리 인간들의 피에는 죄가 묻어 있으므로 온전한 죄값이 못됩니다. 하나님은 피만이 죄값이 되기 때문에 이스라

엘 민족에게 죄 사함을 받은 제사를 드릴 때마다 짐승의 피로 제사를 드리도록 했습니다. 그러나 짐승의 피는 상징적인 죄 사함의 값을 될 수 있으나 참다운 죄값은 안되는 것입니다.

그렇다면 하나님 편에서 이 문제를 어떻게 해결하시겠습니까 인간들이 죄를 지었으니 그 죄값으로 다 죽게 내버려 둘 수도 있습니다. 그러나 하나님은 우리들을 너무나도 사랑하셔서 죄 값을 치르게 하기는 해야 하는데 인간들 누구의 피로 죄값을 치르게 할 것인가 아무리 생각해도 인간들에게 죄값을 치를 인간은 없는 것입니다. 그래서 하나님은 하나밖에 없는 독생자 예수 그리스도를 사람으로 보내어 천국 복음을 인간들에게 전해주고 하늘의 뜻이 이 땅 위에 이루어지게 하기 위한 사역을 하시고 제자들을 키우시고 그들에게 사명을 주시고 십자가에 메어 달려 죽게 하십니다. 그리고 그 피로 인간들의 죄 대신 죄 사함의 제사를 드리게 하였습니다. 이에 대하여 하나님은 성경 요한복음 3장 16절에서 다음과 같이 말씀하시었습니다.

“하나님이 세상을 이처럼 사랑하사 독생자를 주셨으니 이는 그를 믿는 자마다 멸망하지 않고 영생을 얻게 하려 하심이니라”

오늘 주시는 하나님의 말씀에서 우리가 꼭 명심하고 알아야 할 것은 하나님의 독생자 예수 그리스도가 십자가에서 못 박혀 죽은 것은 우리 인간들의 죄 때문에 죽으셨다는 것입니다. 죄는 그냥 두어서는 안 됩니다. 죄는 반드시 해결해야 합니다. 그러니 예수님의 죽으심과 그 보혈의 피는 우리 모두 인간들의 죄 때문이며 여기에는 김일성의 죄도 있고 김정일의 죄도 있고 김정은의 죄도 있고 북한 노동당 당 일군들의 죄도 있고 북한 보위부의 죄도 있고 북한 인민보안성의 죄도 있고 북한 육, 해, 공군 군관들의 죄도 있고 무역기관 일꾼들의 죄도 있고 외교일꾼들의 죄도 있고 사법기관 일꾼들의 죄도 있습니다. 특히 김정일은 수백만 인민들을 굶어 죽인 살인죄 많은 여성들과의 음란 죄를 비롯한 특대형 죄를 저지른 죄인 중에 죄인인 것입니다. 그런데 그 죄를 대신하여 예수님이 죽으시고 그 피로 대신 죄사함의 제사를 드렸다는 것입니다.

그런데 이제 우리 인간들은 하나님께서 말씀하신 바와 같이 그 예수를 믿기만 하면 즉 나의 죄 때문에 죽으셨다는 그 사건을 믿고 예수 그리스도를 주로 믿고 영접하면 구원을 받고 영생을 얻게 된다는 것입니다. 즉 다시 말해서 죽을 수 밖에 없었던 우리가 영생을 산다는 것입니다. 어떻게 영생을 사는 것입니까. 비록 우리의 육체는 죽습니다. 그러나 우리의 영혼은 하늘에 올라가 하나님과 함께 영생하게 되는 것이고 그리고 육체도 우리 예수님이 다시 재림하시어 이 세상을 심판하실 때에 예수님이 다시 사신 것처럼 우리도 하나님께서 부활시켜 주시는 것입니다. 사랑하는 북한 동포여러분 이렇게 말씀을 하시면 여러분들은 이것이 사실인가 이렇게 생각할 수 있겠지만 모든 것이 사실이며 하나님께서 말씀으로 우리 인간들과 약속을 하신 것입니다. 그 약속이 다 하나님의 말씀인 성경에 그대로 기록되어 있습니다. 하나님께서 우리 인간들과 하신 약속은 지금 까지 그대로 다 이루어 졌습니다. 이제 우리 예수님이 다시 오신다는 약속하나 남아 있습니다. 예수님이 이 땅에 다시 오실 때에는 우리의 왕으로 오십니다. 그리고 그때에는 이 세상을 심판하십니다. 부활할 사람과 부활 할 수 없는 사람이 다 그때 가려집니다.

예수님은 십자가에서 못 박혀 죽으셨다가 3일만에 하나님의 능력으로 부활하시였습니다. 예수님 자신도 하나님이십니다. 때문에 하나님을 3위의 하나님이라고 합니다. 성자 성부 성령 하나님 3위이지만 한 하나님이십니다. 이런 문제는 조금 신학적으로 깊이 있게 들어가야 알 수 있는 문제인데 여러분들은 지금은 그저 예수그리스도를 나의 구주 나의 죄를 대속해 주신 분임을 믿고 고백하면 모든 것을 다 알게 됩니다. 사실 예수님은 이 땅에 오실 때 동정녀 마리아의 몸에서 성령으로 잉태하여 오시었습니다. 인간의 모습으로 하나님이 이 땅에 오신 것입니다. 이 땅에 오셔서 인간으로 그리고 하나님으로서 사역을 하시었습니다. 각종 병자도 고치시고 죽은 사람도 살리시고 천국 복음도 전하시고 그리고 십자가에서 죽으셨다가 다시 사신 것입니다. 사람은 죽었다가 다시 살지 못합니다. 오직 하나님의 능력으로는 다시 살 수 있습니다. 그 부활의 능력이 하나님께만 있다는 것입니다. 때문에 북한 사전에 죽었다가 다시 사신 것을 부활이라고 정의한 그 정의가 맞는 것입니다.

사랑하는 북한 동포여러분

이러한 예수님 우리들의 죄 때문에 죽으셨다가 다시 사신 예수님을 믿고 싶지 않습니까. 아직도 잘 믿어지지 않습니까. 여러분들은 어떤 것을 믿을 수 있습니까. 눈으로 본 것만 믿으려 하십니까. 우리 예수님이 십자가에서 돌아가시고 다시 사신 사건은 많은 사람들의 눈으로 확인한 바입니다. 오늘 주시는 말씀에 예수님 생존해 있을 때 그분을 위해 봉사하고 그분들을 통해 배우며 함께 하던 막달라 마리아와 다른 마리아가 예수님의 무덤에 갔을 때에는 벌써 예수님이 살아나셔서 갈릴리로 가셨다고 기록하고 있습니다. 이때부터 예수님이 자신이 다시 사신 모습을 많은 사람들에게 보여 주셨고 특히 때가 되어 다시 하나님 아버지가 계시는 하늘로 올라 가신 모습까지도 500여명이 보았다고 기록하고 있습니다. 말하자면 세상에는 여러분들 같은 사람들이 많기 때문에 예수님은 직접 사람들에게 보여주신 것입니다. 예수님 일부 제자들 중에서도 보지 못하고는 예수님의 부활을 믿지 못하겠다고 하자 그 제자 앞에 나타나 손에 못 자국을 보여주고 만져보게 하시고 보고서야 믿느냐 보지 못하고 믿는 것이 더 복되도다. 라고 하십니다. 여러분들도 기록된 성경은 볼 수 있으나 직접 예수님은 보지 못했습니다. 그러나 이 성경은 체험되고 본 것만을 기록한 것입니다. 아무 걱정하지 말고 믿으십시오 그러면 지금도 하나님 우편에 계시는 예수님이 우리의 기도를 다 들어 주십니다. 예수님을 믿어 모두가 다 구원받아 주님의 재림 시 여러분들도 부활하는 모두가 되시기를 축원합니다. 오늘은 이만 하겠습니다, 다음 시간에는 하나님의 말씀인 성경 느헤미야 4장 15-23절 말씀을 가지고 '병진 노선이 승리하는 까닭' 이라는 제목으로 말씀 드리겠습니다. 또 기다려 주십시오.

서른다번째

병진 노선이 승리하는 까닭

– 사랑하는 북한 노동당 간부 여러분께

느헤미야 (4장 15-23절)

우리의 대적이 우리가 그들의 의도를 눈치챘다 함을 들으니라 하나님이 그들의 꾀를 폐하셨으므로 우리가 다 성에 돌아와서 각각 일하였는데

그 때로부터 내 수하 사람들의 절반은 일하고 절반은 갑옷을 입고 창과 방패와 활을 가졌고 민장은 유다 온 족속의 뒤에 있었으며

성을 건축하는 자와 짐을 나르는 자는 다 각각 한 손으로 일을 하며 한 손에는 병기를 잡았는데

건축하는 자는 각각 허리에 칼을 차고 건축하며 나팔 부는 자는 내 곁에 섰었느니라

내가 귀족들과 민장들과 남은 백성에게 이르기를 이 공사는 크고 넓으므로 우리가 성에서 떨어져 거리가 먼즉

너희는 어디서든지 나팔 소리를 듣거든 그리로 모여서 우리에게로 나아오라 우리 하나님이 우리를 위하여 싸우시리라 하였느니라

우리가 이같이 공사하는데 무리의 절반은 동틀 때부터 별이 나기까지 창을 잡았으며

그 때에 내가 또 백성에게 말하기를 사람마다 그 종자와 함께 예루살렘 안에서 잘지니 밤에는 우리를 위하여 파수하겠고 낮에는 일하리라 하고

나나 내 형제들이나 종자들이나 나를 따라 파수하는 사람들이나 우리가 다 우리의 옷을 벗지 아니하였으며 물을 길으러 갈 때에도 각각 병기를 잡았느니라

사랑하는 북한 노동당 간부여러분

최근 북한은 경제건설과 핵 건설을 동시에 해 나가는 병진노선을 실천하고 있습니다. 물론 병진 노선은 북한에 있어서 새로운 노선은 아닙니다. 이미 1960년대에 한 손에는 망치와 낫을 또 한 손에는 총을 이러한 구호를 내걸고 경제건설과 국방건설의 병진노선을 실천해 보려고 했던 때가 있었습니다. 그때가 바로 당중앙위원회 4기 5차 전원회의에서 내놓은 방침이었습니다. 물론 그 방침은 실패하고 말았습니다. 만일 그 방침이 성공했더라면 오늘 북한의 경제상황이 인민들을 굶어죽게 하는 최악의 정도는 아니었을 것입니다. 그렇다면 병진노선에서 어느 것은 실패하고 어느 것은 성공했다고 말할 수 있습니까. 인민들을 굶어죽게 하였으니 경제건설은 실패한 것만은 부인할 수 없는 것이고 반면 미사일도 있고 핵도 만들었다고 하니 국방건설은 성공했다고 말할 수 있을 것입니다. 그러나 인민들을 굶어죽게 하면서 핵을 만들고 미사일을 만들었다면 이것은 병진노선 자체가 실패 했다고 밖에는 말할 수 없습니다. 사람을 죽여놓고 그것도 인민들을 한 두 명도 아닌 대 집단이 죽었는데 미사일은 뭐하며 핵은 뭐입니까. 핵도 미사일도 인민들을 위해 있는 것이 아닙니까. 인민들은 죽고 김정일만 살았으니 인민을 위한 것이 아니고 김정일을 위한 것으로 밖에는 볼 수 없습니다. 이런 교훈이 있음에도 불구하고 할아버지 김일성이 내 놓았던 병진 노선이 실패했는데도 불구하고 그 손자 김정은이 병진노선을 또 내 놓았으니 두고 볼 일이지만 절대로 성공할 수가 없을 것입니다. 아마도 죽음 위에 혁명의 승리가 있다. 혁명은 간고하니까, 지금은 이렇게 생각하고 있을 것이며 이런 논리로 인민들을 기만할 것입니다. 사실 인민들이 굶어죽으면 김정일도 굶어죽어야 하는 것이 아닙니까. 김정일은 나라의 왕이니 인민들은 다 죽어도 왕은 죽으면 안된다. 이렇게 이해해야 되는 것입니까. 역사적 교훈이 있는데도 불구하고 이번에 또 병진노선을 내 놓았다는 것은 무지한 것이다. 열백 번의 병진노선을 제시하더라도 그것이 하나님께로부터 온 것이면 승리하는 것이며 하나님께로서 오지 않은 것이면 실패하게 되어 있는 것이 진리이다.라는 것을 깨닫는 당 일군들이 되시기를 바랍니다.

북한 노동당 간부여러분

오늘 왜 병진노선에 대한 문제를 가지고 여러분들에게 이야기하는 것입니까. 여러분들의 정책중 병진노선의 정책이 과연 어디에서 나온 것입니까. 분명히 이것은 하나님의 말씀인 성경에서 나온 것입니다. 이 외에도 성경에서 훔쳐다가 당의 정책으로 내놓은 것이 여러 개가 더 있는 것으로 알고 있습니다만 성경에서 동기 부여가 되어 당의 노선과 정책으로 내 세웠다면 분명히 그것이 성공했어야 하는데 왜 북한 노동당이 하는 일들은 그렇게 성공하지 못하고 있는가 하는 것을 우리는 알아야 할 것입니다. 왜 병진노선이 성경에서 훔쳐갔다고 말할 수 있습니까. 그것을 깨닫고자 한다면 하나님의 말씀인 성경부터 여러분들에게 봉독해 드려야 할 것 같습니다. 그러면 하나님의 말씀을 봉독할 때 잘 들어주십시오. 하나님께서는 성경 느헤미야 4장 15절에서부터 23절까지에서 다음과 같이 말씀하십니다.

"우리의 대적이 우리가 그들의 의도를 눈치챘다 함을 들으니라 하나님이 그들의 꾀를 폐하셨으므로 우리가 다 성에 돌아와서 각각 일하였는데 그 때로부터 내 수하 사람들의 절반은 일하고 절반은 갑옷을 입고 창과 방패와 활을 가졌고 민장은 유다 온 족속의 뒤에 있었으며 성을 건축하는 자와 짐을 나르는 자는 다 각각 한 손으로 일을 하며 한 손에는 병기를 잡았는데 건축하는 자는 각각 허리에 칼을 차고 건축하며 나팔부는 자는 내 곁에 섰었느니라 내가 귀족들과 민장들과 남은 백성에게 이르기를 이 공사는 크고 넓으므로 우리가 성에서 떨어져 거리가 먼즉 너희는 어디서든지 나팔 소리를 듣거든 그리로 모여서 우리에게로 나아오라 우리 하나님이 우리를 위하여 싸우시리라 하였느니라 우리가 이같이 공사하는데 무리의 절반은 동틀 때부터 별이 나기까지 창을 잡았으며 그 때에 내가 또 백성에게 말하기를 사람마다 그 종자와 함께 예루살렘 안에서 잘지니 밤에는 우리를 위하여 파수하겠고 낮에는 일하리라 하고 나나 내 형제들이나 종자들이나 나를 따라 파수하는 사람들이나 우리가 다 우리의 옷을 벗지 아니하였으며 물을 길으러 갈 때에도 각각 병기를 잡았느니라" 아멘

우선 하나님의 이 말씀에 대해서 해석해 드리겠습니다.
이스라엘 민족은 선민입니다. 한마디로 말해 하나님이 선택한 백성이라는 것입니다. 이스라엘 민족은 하나님으로부터 선택받았다는 자존심이 강한 민족입니다. 그러나 그들은 자존심은 강하지만 한편 그 자존심이 하나님의 말씀에 순종하고 헌신하는 삶에서 표현되지 못하고 고집과 아집 목이 곧은 백성으로 하나님의 마음을 아프게 한 것도 사실이었습니다. 하나님께서는 이스라엘 민족을 애굽의 430년 노예살이에서 출애굽 시켜 가나안 땅으로 인도하셨고 민족과 국가를 건설하도록 이끌어 주었습니다. 그런데도 불구하고 이스라엘 민족의 역사를 보면 하나님의 말씀에 불순종하고 우상을 섬기면서 하나님의 마음을 계속 아프게 하였습니다. 그때마다 하나님께서는 선지자들을 보내어 하나님의 뜻을 전하고 말씀을 전했으나 이스라엘 민족의 불순종은 계속되었습니다. 우리 하나님은 공의의 하나님이십니다. 오래 기다리시지만 필요하다면 징계를 내리십니다. 그리하여 북 이스라엘은 앗수르라는 나라에게 남 유다는 바벨론이라는 나라에 다 잡혀가도록 하나님께서 역사하시었습니다. 70년동안 또 노예살이를 하고 하나님은 다시 가나안 땅으로 돌아오게 하십니다. 그 가나안 땅이 지금의 이스라엘 땅을 말합니다. 잡혀간 사람들 중에는 잡혀간 나라에서 고위급에서 일하던 사람들도 있었습니다. 그리고 돌아올 때에는 단번에 다 돌아온 것이 아니라 조건과 환경에 맞게 차근차근 돌아 올 수 밖에 없었습니다. 오늘 주시는 말씀은 느헤미야서입니다. 이 말씀은 느헤미야가 직접 하나님으로부터 영감을 받아 기록한 책입니다. 그리고 오늘 말씀의 주인공 자체가 바로 느헤미야입니다. 당시 느헤미야가 잡혀갔던 나라는 바사 제국 오늘의 이란이라는 나라입니다. 느헤미야는 잡혀간 바사 제국의 나라에서 왕의 술

관원으로 왕궁에서 자기의 직무를 수행하고 있었습니다. 술 관원이란 왕에게 드리는 술잔을 받드는 일을 하였는데 이것은 왕이 마시는 술잔에 독이 들었는지의 여부를 확인하는 대단히 높고 중요한 직위였습니다.

그때 느헤미야는 남아 있는 유다 사람들과 예루살렘 형편을 구체적으로 알게 됩니다. 예루살렘에서 잡혀가지 않은 사람들은 능욕을 받으며 예루살렘 성은 훼파되고 성문들은 다 불에 탔다는 안타까운 소식을 알게 됩니다. 그리고 슬퍼하며 하나님께 금식하며 기도합니다. 느헤미야의 기도의 한 구절을 소개합니다.

"이르되 하늘의 하나님 여호와 크고 두려우신 하나님이여 주를 사랑하고 주의 계명을 지키는 자에게 언약을 지키시며 긍휼을 베푸시는 주여 간구하나이다 이제 종이 주의 종들인 이스라엘 자손을 위하여 주야로 기도하오며 우리 이스라엘 자손이 주께 범죄한 죄들을 자복하오니 주는 귀를 기울이시며 눈을 여시사 종의 기도를 들으시옵소서 나와 내 아버지의 집이 범죄하여 주를 향하여 크게 악을 행하여 주께서 주의 종 모세에게 명령하신 계명과 율례와 규례를 지키지 아니하였나이다 옛적에 주께서 주의 종 모세에게 명령하여 이르시되 만일 너희가 범죄하면 내가 너희를 여러 나라 가운데에 흩을 것이요 만일 내게로 돌아와 내 계명을 지켜 행하면 너희 쫓긴 자가 하늘 끝에 있을지라도 내가 거기서부터 그들을 모아 내 이름을 두려고 택한 곳에 돌아오게 하리라 하신 말씀을 이제 청하건대 기억하옵소서" 아멘

느헤미야는 이렇게 민족을 대표하여 절절하면서도 진실하게 기도했습니다. 하나님은 진실한 기도를 받으십니다. 북한의 진실하지 못한 것이 하나님을 아프게 합니다. 오늘에 와서 핵보유국이라고 자신 있게 떠들어 대는데 김일성은 핵을 가질 능력도 없고 돈도 없고 핵을 가질 의사도 없다고 시종일관 이야기하면서 온 세상을 속여왔습니다. 이외에도 모든 것이 다 거짓말이니 위

선국가라고 하는 것입니다.

하나님께서는 느헤미야의 기도를 들으셨습니다. 그리고 응답하시었습니다. 당시 바사 제국의 왕이었던 아닥사스다 왕으로 하여금 느헤미야에게 빨리 예루살렘으로 올라가 훼파된 성을 재건하라는 명을 기쁘게 내리도록 하십니다. 그러면서 한편 예루살렘으로 올라가는 로상에서의 있을 모든 일들과 훼파된 성을 재건하는데 필요한 모든 조건들을 다 해결해 주도록 하십니다. 바로 하나님은 우리 눈에 보이지 않지만 기도를 들으시고 이렇게 응답하셨던 것입니다.

느헤미야에게 성을 재건하는 문제는 결코 쉬운 일은 아니었습니다. 우선 제일 큰 문제가 이 성을 재건하는 것을 방해하려는 세력이 있었다는 것입니다. 그렇다고 반대 세력과 싸운다고 해서 성을 재건하는 일을 멈출 수 없었고 또 성을 재건한다고 해서 반대 세력과 싸우지 않을 수 없었습니다. 그래서 느헤미야는 하나님께서 주시는 지혜로 병진노선을 제시하고 성 재건에 나선 모든 백성들이 한 손에는 기계를 잡고 한 손에는 창을 잡거나 칼을 차고 성을 제건하는 일을 하도록 하였습니다.

사랑하는 북한 노동당 일군 여러분

지금 여러분들이 추진하고 실천하고 있는 병진 노선 즉 경제건설도 핵 건설도 다 함께 추진시킨다는 노선이 신통하게도 느헤미야가 내 놓은 병진노선과 꼭 같은 것입니다. 다른 것이 있다면 느헤미야의 병진 노선은 하나님께로 온 병진노선이며 북한 노동당이 하는 병진노선은 김정은으로부터 온 병진노선이라는 것입니다. 김정은에게서 온 병진노선은 할아버지 김일성에게서 온 병진 노선이면서도 성경에서 몰래 훔쳐다가 당의 노선으로 정책을 만들었다는 것입니다.

노동당 일군 여러분 병진노선이 승리할 수 있는 비결을 하나 말씀드리겠습니다. 여러분들은 김일성이 제시하였던 병진노선이 실패한 것만큼 이 승리의 비결을 잘 알아야 이번에 내놓은 경제건설과 핵 건설의 병진 노선에서 승리할 수 있는 것입니다. 그 방법은 간단합니다. 느헤미야와 같이 하나님께 기도하십시오. 그러면 승리할 수 있습니다. 성경에서 병진 노선을 몰래 훔쳐다가 노동당의 정책으로 표절하면서 하나님을 인정하지 않는다면 어떻게 성공하겠다는 것입니까. 수차에 거쳐 이야기 하지만 성경은 하나님의 말씀입니다. 하나님의 말씀을 표절하면서 하나님을 떼어버리니 어떻게 그 노선이 성공 할 수가 있겠습니다.

원래 하나님은 여러분들이 하나님을 인정하고 느헤미야와 같이 기도하였다면 하나님은 여러분들에게 알려 주었을 것입니다. 절대로 핵은 만들지 말라고 말입니다. 핵을 만들어 대한민국을 위협하고 노골적으로 도발을 하는 것은 하나님의 뜻이 아니기 때문에 결코 하나님은 핵을 만들라고 하지도 않을뿐더러 핵을 가지고 말끝마다 위협하는 것을 하나님은 허락하지 않을 것입니다.

물론 세상에는 미국 러시아 중국을 비롯한 큰 나라들을 기본으로 하여 핵을 보유한 나라들이 몇 개 있기는 합니다. 그렇지만 이것은 쌍방간에 핵 억제력을 위한 견제용으로 보관되어 있는 것입니다. 그래서 세계적으로 법을 만들어 세계의 모든 나라들이 너도나도 핵을 만들지 못하게 핵 방지법을 두고 있으며 모든 나라가 다 법을 지키도록 합니다. 그리고 감시도 하고 통제도 하고 말입니다. 세계의 모든 나라들에서는 이 법을 지키면서 살아가고 있습니다. 그런데 북한과 같이 이 법을 탈퇴하면서까지 핵 확산을 한다면 누가 받아 줄 수가 있겠습니까. 북한의 핵 건설 역사는 하루 이틀에 이루진 것이 아님을 우리는 잘 알고 있습니다. 김정일은 살아있을 때 “조국 통일은 핵으로 시작하고 핵으로 끝내야 합니다.” 라고 말했다는 것을 말입니다. 사실상 대한민국을 비롯한 북한의 주변나라들이 핵을 만들 줄 몰라 핵무장을 하지 않는 줄 압니까 이제라도 핵을 만든다면 북한이 하나 하면 우리는 열백을 만들 수 있는 능력과 돈을 다 가지고 있습니다. 그러나 세계가 다 인정한 핵 확산 방지에 대한 법을 존중히 하고 그 법을 지키고 있기 때문에 만들지 않고 있을 다름입니다.

사랑하는 북한 노동당 일군 여러분
여러분들도 가만히 그리고 깊이 생각해 보면 참 잘못된 일이라는 것을 알 것입니다. 그 핵을 만들어 핵으로 대한민국을 먹겠다는 것입니까 미국을 먹겠다는 것입니까. 핵무기를 비롯한 대량살상 무기를 사용하려면 먼저 평양이 타격을 받게 된다는 것을 알아야 합니다. 미국도 대한민국도 북한을 전혀 침략해 올라갈 의사가 전혀 없는데 지금 무슨 짓을 하고 있는 것입니까 많은 인민들 어린이들 얼마나 죽였으며 앞으로도 얼마나 더 죽일려고 하고 있습니까. 핵 건설 경제건설 병진 노선은 성경에서 훔쳐 갔지만 절대로 성공하지 못합니다. 하나님의 뜻이 아니며 하나님의 것을 몰래 훔쳤기 때문에 성공하지 못합니다. 느헤미야는 그 어려운 속에서도 온 유대민족이 함께하여 파괴된 성을 재건하고 감사예배를 하나님께 드립니다. 여기서 북한 노동당 일꾼들은 배워야 합니다. 하나님과 원수가 되어서는 무엇을 해도 성공하지 못합니다. 이것이 진리입니다. 느헤미야를 보십시오 성을 재건하는 현장에서 한 순간도 떠나지 않고 민족과 함께 자고 함께 고생하며 자기에게 내려지는 녹도 받지 않고 힘들어하는 사람들에게 돌렸습니다. 당연히 느헤미야는 녹을 보장 받았지만 성을 재건하기 위해 담부하는 사람들을 더 생각하였던 참다운 유대 민족의 지도자였던 것입니다. 이런 성품을 가진 지도자들을 하나님은 기뻐하십니다. 김정일과 김정은 같이 인민들이 배고파 죽어가고 있을 때 기쁨조를 끼고 파티로 세월을 보내는 지도자는 하나님이 미워하십니다.

당일꾼 여러분 다시 한번 더 이야기 합니다. 이제라도 하나님을 인정하십시오 그러면 병진 노선은 성공합니다. 이것이 진리입니다. 오늘은 이만 하겠습니다. 다음 시간에는 성경말씀 사무엘 상 17장 45절로부터 52절말씀을 가지고 "전쟁은 하나님께 속한 것이다"라는 제목으로 말씀을 드리겠습니다. 또 기다려 주십시오

서른여섯번째

전쟁은 하나님께 속한 것이다

– 북한 노동당 일군들과
인민군 군관 여러분께

사무엘상 (17장 45-52절)
다윗이 블레셋 사람에게 이르되 너는 칼과 창과 단창으로 내
게 나아 오거니와 나는 만군의 여호와의 이름 곧 네가 모욕하
는 이스라엘 군대의 하나님의 이름으로 네게 나아가노라
오늘 여호와께서 너를 내 손에 넘기시리니 내가 너를 쳐서 네
목을 베고 블레셋 군대의 시체를 오늘 공중의 새와 땅의 들
짐승에게 주어 온 땅으로 이스라엘에 하나님이 계신 줄 알게
하겠고
또 여호와의 구원하심이 칼과 창에 있지 아니함을 이 무리에
게 알게 하리라 전쟁은 여호와께 속한 것인즉 그가 너희를 우
리 손에 넘기시리라
블레셋 사람이 일어나 다윗에게로 마주 가까이 올 때에 다윗
이 블레셋 사람을 향하여 빨리 달리며
손을 주머니에 넣어 돌을 가지고 물매로 던져 블레셋 사람의
이마를 치매 돌이 그의 이마에 박히니 땅에 엎드러지니라
다윗이 이같이 물매와 돌로 블레셋 사람을 이기고 그를 쳐죽
였으나 자기 손에는 칼이 없었더라
다윗이 달려가서 블레셋 사람을 밟고 그의 칼을 그 칼 집에서
빼내어 그 칼로 그를 죽이고 그의 머리를 베니 블레셋 사람들
이 자기 용사의 죽음을 보고 도망하는지라
이스라엘과 유다 사람들이 일어나서 소리 지르며 블레셋 사
람들을 쫓아 가이와 에그론 성문까지 이르렀고 블레셋 사람
들의 부상자들은 사아라임 가는 길에서부터 가드와 에그론까
지 엎드러졌더라

북한 노동당 일군들과 사랑하는 인민군 군관여러분

인류가 기원하여 오늘에 이르기까지 전쟁은 계속해 왔습니다. 전쟁의 시초 원인은 인간들의 죄 때문이라고 생각됩니다. 원래 창조시 인간은 죄가 없었습니다. 그러나 하나님의 말씀에 불순종 하면서 죄가 인간에게 들어오게 되었고 그 죄로 인하여 인류에게는 전쟁이 있게 되었습니다. 오늘 여러분들과 이야기를 나누려고 하는 주제는 "전쟁은 하나님께 속한 것이다"입니다. 전쟁은 하나님께 속했다는 것은 무엇을 의미합니까. 하나님께서 전쟁을 하지 말라고 하신 의미가 담겨져 있습니까. 그렇지 않으면 전쟁은 하나님께 속한 것이니 하나님께서 전쟁을 하라고 하신 의미가 담겨져 있습니까. 그것을 알자면 하나님의 역사와 하나님이 인간을 창조하신 후 인간의 역사에 간섭하신 하나님의 역사를 알아야 합니다. 그 모든 것이 하나님의 말씀인 성경에 기록되어 있습니다. 결론부터 말씀드리면 하나님께로 온 전쟁은 승리한다는 것입니다. 하나님은 전쟁의 방법으로도 역사하십니다. 이 세상에는 전쟁 일체를 반대하는 사람들도 있습니다. 이것도 하나님의 뜻일 수 있습니다. 그러나 위에서 말씀하신 바와 같이 인간들의 죄는 이 세상에 전쟁을 몰고 왔습니다. 그때 하나님이 직접 싸우셔서 애굽의 군대를 바다에 다 수장시키십니다. 그 뿐 아니라 출애굽한 이스라엘 민족을 괴롭히며 전쟁을 걸어온 민족과 인간들이 얼마나 많았습니까 그때마다 하나님은 이스라엘을 위해 싸우셨고 또 한편 이스라엘로 싸울 수 있도록 이끌어 주시었습니다. 하나님께서는 민수기 1장 3절과 4절에서 다음과 같이 말씀하십니다.

"이스라엘 중 이십 세 이상으로 싸움에 나갈 만한 모든 자를 너와 아론은 그 진영별로 계수하되 각 지파의 각 조상의 가문의 우두머리 한 사람씩을 너희와 함께 하게 하라"

이스라엘 민족도 전쟁을 많이 한 민족이지만 우리 민족도 전쟁을 많이 했습니다. 그런데 우리 민족의 싸움은 특징이 있습니다. 1950년 6월 25일 김일성에 의해 일어난 동족간의 전쟁을 제외한 약 3천번의 전쟁이 다 외세의 침략에 의해 일어난 전쟁이었다는 것입니다. 말하자면 타국영토에 화살 한촉 던져 본 적이 없는 민족이 바로 우리 민족입니다. 그런데도 불구하고 지금도 동족 즉 북한의 지도자와 노동당 인민군에 의해서 전쟁의 위험이 가장 짙은 곳도 또한 우리 민족입니다.

북한 노동당 일꾼들과 인민군 군관여러분
김일성은 정의의 전쟁은 승리하고 부 정의의 전쟁은 패한다고 한 때 말했습니다. 분명히 이것은 진리입니다. 정의의 전쟁 이것은 곧 하나님께서 온 것임을 말할 수 있습니다. 그러면서 김일성은 우리가 남조선을 해방하는 전쟁은 정의의 전쟁이라고 말했습니다. 왜 정의의 전쟁이냐 나라의 절반 땅을 미국놈들에게 빼앗겼기 때문에 그것을 되 찾아야 한다. 이것이 얼마나 당연한가 그리고 지주와 자본가 놈들에게 착취당하는 남조선 인민들을 해방해야 한다. 이 또한 얼마나 당연한가 그러니 우리가 하는 전쟁은 정의의 전쟁이다. 정의의 전쟁은 주동적으로 전쟁을 일으켜야 한다. 그리고 승리를 가져와야 한다. 이런 내용으로 이야기 한 것을 아직도 오늘 말씀을 전하는 이 목사의 귀에 쟁쟁하고 기억에 생생합니다. 그러나 김일성도 착각했고 그 말을 듣고 지금까지 전쟁 준비만을 해온 노동당 일꾼들과 인민군 군관여러분도 착각하고 있다는 것을 알아야 합니다. 오늘 주시는 하나님의 말씀을 놓고 좀더 이야기를 계속해서 하려고 합니다. 그러면 하나님의 말씀부터 봉독해 드리겠습니다.
하나님께서는 하나님의 말씀인 성경 사무엘상 17장 45절로 52절까지에서 다음과 같이 말씀하십니다.
"다윗이 블레셋 사람에게 이르되 너는 칼과 창과 단창으로 내게 나아 오거니와 나는 만군의 여호와의 이름 곧 네가 모욕하는 이스라엘 군대의 하나님의 이름으로 네게 나아가노라 오늘 여호와께서 너를 내 손에 넘기시리니 내가 너를 쳐서 네 목을 베고 블레셋 군대의 시체를 오늘 공중의 새와 땅의 들짐승에게 주어 온 땅으로 이스라엘에 하나님이 계신 줄 알게 하겠고 또 여호와의 구원하심이 칼과 창에 있지 아니함을 이 무리에게 알게 하리라 전쟁은 여호와께 속한 것인즉 그가 너희를 우리 손에 넘기시리라 블레셋 사람이 일어나 다윗에게로 마주 가까이 올 때에 다윗이 블레셋 사람을 향하여 빨리 달리며 손을 주머니에 넣어 돌을 가지고 물매로 던져 블레셋 사람의 이마를 치매 돌이 그의 이마에 박히니 땅에 엎드러지니라 다윗이 이같이 물매와 돌로 블레셋 사람을 이기고 그를 쳐죽였으나 자기 손에는 칼이 없었더라 다윗이 달려가서 블레셋 사람을 밟고 그의 칼을 그 칼 집에서 빼내어 그 칼로 그를 죽이고 그의 머리를 베니 블레셋 사람들이 자기 용사의 죽음을 보고 도망하는지라 이스라엘과 유다 사람들이 일어나서 소리 지르며 블레셋 사람들을 쫓아 가이와 에그론 성문까지 이르렀고 블레셋 사람들의 부상자들은 사아라임 가는 길에서부터 가드와 에그론까지 엎드러졌더라" 아멘

당시 이스라엘은 주변 나라들로부터 많은 침략을 당했습니다. 오늘 주신 말씀도 불레셋이라는 나라가 이스라엘을 침략하려고 많은 군 병력을 가지고 쳐들어 왔을 때의 일을 기록한 것입니다. 오늘 말씀을 통해서 과연 전쟁의 승리란 어떤 것인가를 알게 될 것입니다. 블레셋 군대의 장관 골리앗이라는 장관은 육체적으로도 거인이고, 칼 창 단창 갑옷을 입고 무장하여 이스라엘을 위협하였습니다. 이스라엘 사람들과 군대들은 그 위험이 대단하여 감히 대항할 염두를 내지 못하고 있었습니다. 그때 장차 이스라엘의 왕이 될 다윗이 17살의 어린 나이에 무장도 없이 돌맹이 몇 개를 제구에 넣고 골리앗을 대항하여 나아갑니다. 다윗은 정규군도 아니고 정식 군사훈련도 받지 못한 양치기 소년이었습니다. 그러나 이렇게 다윗이 용맹스러웠던 정신적 힘은 바로 하나님이었습니다. 그가 고백한 신앙을 다시 한 번 더 말씀드리겠습니다.
"다윗이 블레셋 사람에게 이르되 너는 칼과 창과 단창으로 내게 나아 오거니와 나는 만군의 여호와의 이름 곧 네가 모욕하는 이스라엘 군대의 하나님의 이름으로 네게 나아가노라" 아멘 이것이 다윗의 정신 육체적 힘의 전부였습

니다. 다윗에게는 조그마한 돌 몇 개 밖에는 없었지만 그가 던지는 돌이 골리앗의 이마에 박혀 죽게 됩니다.

사랑하는 북한 노동당 일군들과 인민군 군관여러분
당신들은 늘 전투와 전쟁에서 백전백승한다고 합니다. 싸움에서 이긴적도 없지만 이겼다고 하는 것이 바로 당신들입니다. 대표적으로 1950년 6.25 동족끼리 싸운 전쟁도 김일성이 먼저 전쟁을 일으키고 락동강 경계선까지 몰고 내려갔다가 다시 쫓겨간 전쟁인데 북한은 이 전쟁을 해방전쟁이라고 하고 이긴 전쟁이라고 작년도 7월 27일 정전 협정일을 전승일이라고 하면서 기념하였습니다. 여러분들이 이긴 전쟁이라면 현재 이 대한민국은 지구상에 존재하지 말아야 하는 것이 아닙니까. 거짓과 위선의 왕초 북한노동당, 양심에 화인 맞은 북한 노동당은 이렇게 밖에는 말할 수가 없습니다.
북한 노동당과 인민군 군관들은 전쟁에서 이기는 비결은 높은 사상적 우월성과 전술적 우월성으로 이긴다고 합니다. 맞습니다. 절대로 부인하지 않습니다. 전쟁에서 정신 사상적 문제는 매우 중요하며 전쟁을 승리로 이끌어 나가는 결정적 요인이라고도 말할 수 있습니다. 그런데 문제는 정신 사상적 문제가 어디에 기초하고 있는가 하는 것이 문제입니다. 어느 군대나 전쟁에 참가하는 군대는 다 정신이 있고 사상이 있습니다. 그 정신과 사상이 진리로 부터인가 아니면 비진리에서인가 하는 것입니다. 여기에서 전쟁의 승패가 갈리어 집니다. 다시 말합니다만 진리로 부터 전쟁을 승리로 추동하는 정신과 사상은 하나님으로부터 나오는 것입니다. 하나님은 진리의 절대적 분이시기 때문입니다. 6.25 때 북한으로부터 기습을 받은 대한민국이 남쪽으로 쫓겨가면서 하나님을 믿는 기독교인들이 하나님께 얼마나 기도한 줄을 여러분들은 모를 것입니다. 그 기도에 응답하신 하나님께서 북한군과 중공군을 반대로 쫓겨가게 하시어 오늘에 대한민국과 북한이 존재하게 된 것입니다. 한마디로 북한은 김일성이가 일으킨 6.25전쟁은 부 정의의 전쟁이며 그 전쟁을 막은 대한민국의 전쟁은 정의의 전쟁이었며 하나님께로 온 전쟁이었습니다.

사랑하는 북한 노동당 일꾼들과 인민군 군관여러분
최고의 정신적 사상적 우월성은 신앙입니다. 왜 그렇습니까. 김일성 김정일 김정은 이 사람들의 사상이 절대적인 것이 아닙니다. 그들은 김일성 집안의 권력이 북한이 존재하는 한 끝까지 권력을 잡고 휘두르겠다는 것이 아닙니까. 물론 김일성 집안에서 영원히 왕이 될 수도 있습니다. 그러나 실천을 통해서 체험한 바와 같이 인민들을 굶어죽게 하고 경제를 파탄시키고 세상에서 제일 못사는 나라로 만든 김일성 집안에서 영원히 왕이 존재해야 한다는 것은 아니지 않습니까 현명하다고 하는 노동간부들 그리고 인민군 군관 여러분 이제는 솔직해야 합니다.

지금도 여러분들은 대한민국의 무장력보다 머리수도 많고 특수부대도 많고 미사일 수자도 많고 지금은 핵까지 가졌다고 으름장을 놓는데 그것을 무서워할 사람은 세상에 한 사람도 없습니다. 왜 그렇습니까. 당신들이 하는 짓은 다 정의가 아니고 비 진리이기 때문입니다. 즉 마귀와 사탄에게 놀아나는 망할 수 밖에 없는 짓이기 때문입니다.

지금 말씀을 전하는 이 목사는 두 제도를 체험해 보고 있습니다. 솔직히 말해서 북한에 있을 때 나의 운명은 전쟁과 직결되어 있다고 생각했습니다. 그리고 만일 전쟁이 일어나면 영웅이 된다고 했습니다. 전쟁을 늘 바랐고 즐겨워 할 줄 알았습니다. 그러나 세상을 좀더 넓게 알게되면서 그리고 결정적으로 하나님을 알게 되면서 내가 지금 김정일로부터 속고 있구나 하는 것을 알게되였습니다. 진리를 사모하고 사는 것이 사람인데 인생의 좋은 시절을 다 속아 살았다고 생각하니 억울하기 그지 없었습니다. 분명히 말하건데 조국의 통일은 지금 북한 때문에 안 됩니다.

사랑하는 북한 노동당 일꾼들과 인민군 군관여러분

기회가 있을 때마다 여러분들은 서울 불바다 그리고 최근에는 청와대 불바다 백령도 불바다 소리를 자주 하면서 대한민국을 위협하고 있습니다. 대한민국 모든 국민들은 여러분들처럼 김일성 광장에 나아가서 프랑카드를 들고 그리고 주먹을 휘두르면서 구호를 외치는 사상을 동원하는 평양시 군중대회 같은 것은 안 하지만 자발적으로 다 알고 있습니다. 무엇을 해야 하는지 바로 그것이 북한이 다시 전쟁을 일으킨다면 그때에는 끝장을 내겠다는 것을 다 알고 있습니다. 대한민국의 수뇌부가 그리고 집권당이 그렇게 하라고 하지도 않습니다. 그러나 우리들의 삶이 그리고 주일마다 늘 드리는 예배를 통해 진리와 비 진리를 하나님께서 알려주기 때문에 우리 대한민국의 모든 영혼들은 싸울 것이고 또 하나님께서 이기게 하여 주실 것입니다. 북한은 김정은의 이름으로 우리에게 싸움을 걸어오겠지만 우리는 만군의 여호와 하나님의 이름으로 북한을 맞받아 나아갈 것이고 승리할 것입니다. 오늘 주신 말씀에 다윗이 그러했던 것처럼 우리도 그렇게 할 것입니다. 계속해서 여러분들에게 이야기 합니다. 전쟁을 하려면 하십시오. 우리에게는 최고의 정신력인 신앙이 있고 우리에게도 있을 수 있는 필요한 모든 무기들이 질적으로 장비되어 있습니다. 전쟁으로 한반도 문제를 해결하겠다면 북한의 영혼들은 노동당의 위선적인 선전에 임시 결속되고 동원될 수는 있을 것입니다. 그러나 그들도 진실을 알면 속아 온 것에 분노할 것입니다. 이제 결론적으로 말씀을 드리면 전쟁은 하나님께 속한 것입니다. 하나님께 속한 전쟁은 늘 승리합니다. 북한 노동당이 부르짓는 전쟁의 이론과 논점은 하나님께 속한 것이 아닙니다. 평화적인 섬 연평도에 포를 쏘고 물에 빠진 사람들을 건져주고 치료해 주고 잘 먹여주고 조난당한 어부들을 건져주어 의사대로 편안하게 보내 주었는데도 있지도 않는 고문이요 구타요 하면서 걸고 드는 이 파렴치한 위선자들, 원래 우리는 당신들이 그렇다는 것을 이미 알고는 있지만 그렇다고 얻을 것은 아무도 없다는 것을 진심으로 알아야 합니다. 하나님 안에서는 적도 없고 아군도 없습니다.

오직 화해와 용서뿐입니다. 이 진리를 깨닫고 계급적 철학을 폐하고 사랑의 철학으로 돌아오기를 간절히 기도합니다. 오늘은 이만 하겠습니다. 다음 시간에는 하나님의 말씀인 성경 요한복음 14장 4-6절 까지의 말씀을 가지고 "하나님이 이끄시는 인생" 이란 제목으로 말씀드리겠습니다. 또 기다려 주십시오

서른일곱번째

"하나님이 이끄시는 인생"

– 인민군 군관 여러분께

요한복음 (14장 4-6절)
내가 어디로 가는지 그 길을 너희가 아느니라
도마가 이르되 주여 주께서 어디로 가시는지
우리가 알지 못하거늘 그 길을 어찌 알겠사
옵나이까
예수께서 이르시되 내가 곧 길이요 진리요 생
명이니 나로 말미암지 않고는 아버지께로 올
자가 없느니라

사랑하는 북한의 육군 해군 항공 및 반한공군 군관여러분
인생은 어디에서부터 시작된다고 생각하십니까. 많은 경우 부모가 낳아준 때로부터 시작된다고 생각하는 것이 정답일 것입니다. 김일성은 생존해 있을 때 사람에게는 육체적 생명과 정치적 생명이 있는데 육체적 생명은 부모가 주고 정치적 생명은 수령이 준다고 했습니다. 그리고 수령이 준 정치적 생명은 영원한 것이다. 라고 이야기 했습니다. 오늘 말씀을 전하는 이 목사는 그때에는 그것이 맞다고 생각했습니다. 그렇지만 조선혁명의 직업적인 혁명가로서 혁명 실천을 통해 체험하고 깨닫게 된 것은 북한의 수령들은 정치적 생명을 준다는 미명하에 노예적 충실성을 강요했고 또 노예로 살았다는 것입니다. 정치적 생명이 무엇일까요 정치조직에 소속되어 정치조직생활을 하는 것 그리고 입당하는 것 그리고 죽는 것, 물론 그 과정에 평가도 있고 훈장도 있고 등용되어 높은 직급으로 올라가기도 하고 그 과정 순간순간 느끼는 기쁨 이 모든 것을 합하여 영원한 정치적 생명이라고 해야 할까요 저는 대성산에 있는 혁명열사릉 이라든가 그리고 형제산구역 신민리에 있는 애국열사묘를 참관할 때와 임무수행을 위해 혼자서 그 옆을 지날 때마다 생각을 해 보았습니다. 저기 뭍인 사람들은 과연 영원한 생명이 있는가 저 반신상과 비석에 박혀 있는 사진 그리고 지워지지 않도록 비문에 파 놓은 저들의 이름 그것으로 인해서 저들에게 영원한 생명이 주어졌다면 조선에 혁명가들이 다 저기 뭍이는 것은 아닌데 저기 뭍이지 못한 사람들은 과연 무엇이란 말인가. 사실 저기에는 뭍이지 못했지만 저들보다 더 충실하다 이름 없이 죽어간 사람들이 얼마나 많은가 그러면 그들은 무엇이란 말인가 물론 알아주던 몰라주던 묵묵히 충성을 하다가 죽으면 수령은 그리고 당은 언제나 알아준다고 합니다. 수령들도 다 죽었는데 그리고 지금의 김정은도 언젠가 죽는 것만은 정한 것인데 수령들의 시체를 박제해 놓았다고 해서 그들이 살아 있는 것은 아니지 않습니까. 분명히 죽었다는 것입니다. 그렇다면 수령들처럼 또 열사릉에 뭍인 사람들처럼 이름을 남긴 사람들은 영원한 것이고 이름을 남기지 못한 사람들은 그것으로 끝이 나

는 것이나 다름이 없지 않는가 이런 문제들을 깊이 있게 생각할 때마다 정답을 찾을 수 없었습니다. 그러면서도 아래 사람들에게는 수령은 영원한 정치적 생명을 준다고 수령에게 충실한 사람들은 영원히 사는 것이나 다름이 없다고 늘 교양하고 교육을 했습니다. 차라리 영원한 생명을 수령이 준다는 것이 아니라 당과 수령 조국을 위해 헌신한 분들이기에 그들을 기리고 기념하기 위해 열사릉을 만들었고 조국와 민족은 그들을 영원히 잊지 않을 것이다.라는 차원에서 열사릉의 존재 이유가 설명된다면 이해가 될 것입니다. 그래서 모든 국가들과 민족들은 열사릉이 있고 현충원이 있는 것입니다.

사랑하는 북한의 육군 해군 항공 및 반한공군 군관여러분
솔직히 여러분들은 어떻게 생각하십니까. 여러분들도 참 답답하리라 생각합니다. 인생은 한번 왔다가 꼭 한번 가는 것인데 한번 왔다가 가는 인생에 대한 견해와 관점을 인생관이라고 합니다. 인생은 한번인데 거기에 대한 견해와 관점이 서로 달라 서로 다른 인생의 길을 걸어가는 것이 인류입니다. 특히 인류가 기원하여 발전해 오면서 국가와 민족단위로 이념이 생기고 그 이념 때문에 서로 싸우고 전쟁도 하면서 고유한 민족과 국가의 이익에 부합된 철학들이 생겨 났습니다. 오늘 대한민국과 북한의 철학이 그래서 서로 다른 것입니다. 대한민국의 철학은 자유민주주의 철학입니다. 그리고 북한의 철학은 유물론 철학이라고 하지만 본질에 있어서는 계급적 철학이며 좀더 구체적으로는 갈등과 모순은 많지만 김일성 집안에서 영원히 왕이 생겨나야 한다는 이상한 철학이 바로 북한의 철학입니다. 철학은 세계관을 줍니다. 그리고 그 세계관에 따라 인생관이 결정됩니다. 그래서 북한의 모든 군종 병종 안의 군관들은 우선은 수령을 위해 그리고 당을 위해서 조국을 위해서 충성을 맹세하고 헌신하고 있을 것입니다. 그런데 그 끝이 어떠한가 하는 것입니다. 솔직히 말해서 수령이 그리고 당이 책임져 주는 것도 아니며 영원한 생명을 줄 수도 있는 것도 아닙니다. 실천을 통해서 여러분들도 깨달은 것이 아닙니까 그러니

지금의 삶이 몹시도 고달플 것입니다.

그러면 인간에게 이것도 아니고 저것도 아니고 가장 정정당당하고 정의롭고 진리의 정로는 없는가 하는 것입니다. 그 인생길이 있다는 것입니다. 그 길은 보화와 같아서 사실 찾기가 쉽지 않지만 그 길을 찾기만 하면 모든 것을 버리고 그 길로 들어서게 됩니다. 그 길이 바로 오늘 주시는 하나님의 말씀에 있습니다. 그러면 하나님의 말씀을 봉독해 드리겠습니다. 하나님께서는 하나님의 말씀인 성경 요한복음 14장 4.5.6절에서 다음과 같이 말씀하십니다.

"내가 어디로 가는지 그 길을 너희가 아느니라 도마가 이르되 주여 주께서 어디로 가시는지 우리가 알지 못하거늘 그 길을 어찌 알겠사옵나이까 예수께서 이르시되 내가 곧 길이요 진리요 생명이니 나로 말미암지 않고는 아버지께로 올 자가 없느니라" 아멘

북한군 군종 병종 안의 군관 여러분

이것이 도대체 무슨 말입니까. 이 말씀을 이해하려면 하나님이 살아 계시다는 것을 전제로 해야 합니다. 하나님을 아는 지식을 이 한순간에 다 습득할 수 없지만 기본적인 것들 우선은 하나님은 천지만물과 우리 인간들을 창조하신 창조주이십니다. 그리고 예수님은 하나님의 외아들 독생자이십니다. 아버지와 아들은 하나입니다. 하나님이 인간을 만드실 때 하나님의 형상과 모양으로 남자와 여자를 만드시었습니다. 여기서 여러분들은 이해가 잘 안 될 것입니다. 원숭이가 사람이 된 것으로 우리는 왜곡된 교육을 받았기 때문입니다. 원숭이가 사람이 됐다는 것은 아무런 근거도 없습니다. 그러나 하나님이 인간을 만드신 것은 하나님 자신이 성경에서 증언하고 있습니다. 하나님이 우리 인간들을 만드셨기 때문에 인간에게는 종교성이 있는 것입니다. 인간이 하나님께로 온 존재임으로 하나님의 삶을 살아야 하는 것이 인간입니다. 하나님의 삶을 산다는 것은 죄가 없이 산다는 것을 말합니다. 분명히 우리는 죄 없이 살아야 하는 것이 맞습니다. 그러나 인간은 마귀과 사탄의 꾀임을 받아 죄를 짓

고 말았습니다. 하나님은 죄를 지은 인간을 버릴 수도 있었습니다. 그러나 하나님은 인간을 너무나도 사랑하셔서 우리 인간들의 죄 값으로 독생자 예수님을 십자가에서 못 박아 죽게 하시고 그 피로 인간들의 죄값을 다 치르도록 하시었습니다. 이제 인간에게 남은 것은 우리들의 죄 때문에 십자가에서 죽으시고 3일만에 다시 사셔서 지금은 하늘에 계신 하나님 우편에서 우리들의 기도를 중보하고 계시는 그 예수님을 구주로 믿기만 하면 구원을 얻어 영생하는 생명을 우리들에게 주시는 것입니다. 이렇게 말하면 여러분들은 무슨 꿈 같은 이야기를 하나 할 것입니다. 이것은 꿈이 아니라 현실입니다. 때문에 영생은 수령이 주는 것이 아니라 하나님이 주신 다는 것입니다. 오늘 주시는 말씀의 뜻이 바로 그것입니다. 인간은 하나님으로부터 온 존재이며 또 하나님께로 가는 존재입니다. 그래서 인간의 인생은 하나님이 이끄신다고 말씀하고 있는 것입니다. 하나님께서 시작된 인생이 예수 그리스도를 믿고 죄 사함을 받을 때 하나님께로 갈 수가 있는 것입니다. 죄를 가지고서는 하나님께로 갈 수 없기 때문입니다. 때문에 오늘 주시는 말씀에 우리 예수님이 길이요 진리요 생명이니 예수님으로 말미암아 하나님께로 간다고 말씀하고 계시는 것입니다. 우리 인간들에게 허락하신 인생길은 이 한길 즉 예수 그리스도로 말미암아 하나님께로 가는 한길 밖에는 하나님께서 허락하신 적이 없습니다.

사랑하는 북한의 군종 병종 군관여러분

지금 여러분들의 삶이 몹시 고달프지요 군사적 당적 통제와 함께 선군노선에 혹사당하고 후방공급사업도 잘 안되고 정말로 죽을 맛일 것입니다. 오늘 말씀을 전하는 목사도 1973년도 197군부대 지금의 김일성정치대학 중등반을 졸업하고 중대 정치지도원이 되었을 때에도 모든 공급이 시원치 않았습니다. 중대 배치되어 와서 처음으로 제기되는 과업이 중대 교양실을 꾸려야 하는데 신설되는 중대가 7개 였으니 7개 중대가 자연히 경쟁이 되는 것입니다. 그때 국가에서 주는 것은 하나도 없어서 모든 것을 도둑질 하여 중대 교양실을 7개중

대 중에 제일 먼저 제일 멋있게 꾸렸던 생각이 납니다.

사랑하는 북한의 군종 병종 군관여러분

모든 것이 힘이 드는 것만 사실인데 사실상 뭐 시원스레 앞길도 보이지 않지 않습니까. 중앙당 무력부 총정치국 등 저 꼭대기의 빽을 가지고 있는 군관들은 문제가 다르지 않습니까 등용되어서 높은 직급으로 가는 군관들은 다 그런 사람들 아닙니까. 제가 있던 부대는 평양을 방어하는 부대였습니다. 육해공군에서 빽이 있는 자식들은 다 우리 부대로 기어 들어오는데 정말 충실성과 능력에서 정수분자가 아니라 빽에서의 정수분자들이 들어와 부대 군관대열을 채우는 것을 보면서 참 기가 막혔습니다. 사실상 김일성 때에는 충실성을 절대적 표징으로 보고 간부사업을 했는데 김정일 때부터 뇌물 바람과 함께 빽으로서의 간부사업을 하다 보니 사실 중앙당 총 정치국 등 맨 꼭대기의 빽을 가진 놈들만 살길을 만난 것이 지금의 현실 그대로입니다. 간부들이 또 간부를 낳는 세상이니 아무리 군관학교를 졸업하고 부대에 배치되어 힘껏 일을 좀 해보려고 해도 김이 빠지는 것이 또한 사실입니다. 그렇다고 해서 제대를 빨리해서 사회에 나간다고 해도 뭐 뾰족한 수가 없는 것이 제대군관들입니다. 모든 것이 국가 기업이니 기업을 창설할 수도 없고 설사 할 수 있다고 해도 재정도 없고 능력도 없고 심지어 제대군관들을 농촌으로 보낸다고 하니 참으로 한심하기 짝이 없고 이런 삶 속에서 앞길이 전혀 보이지 않을 것입니다.

제가 있던 부대에 보위군관 한 분은 영웅이었습니다. 옛날 평양에 순화강이 있습니다. 그 순화강 공사에서 영웅이 되었고 김일성과 팔짱을 끼고 사진도 찍었고 김일성 혁명역사 도록에 사진까지 남겼던 분이 있었습니다. 그런데 암에 걸렸습니다. 부대에서는 최선을 다 했습니다. 그때 다른 부대에서 복무하던 군관 한명이 아버지가 중당에 있으니 그 빽으로 평양에서 복무시킨다고 하면서 우리 부대에 배치되었는데 영웅이었던 보위군관과 거의 동시에 암에 걸렸습니다. 그 군관의 아버지가 김정일에게 그 사실을 이야기 했고 김정일은 즉흥적으로 돈을 아끼지 말고 그를 외국병원에 보내어 치료를 하라고 명을 내렸습니다. 결국 영웅인 보위군관은 죽었고 빽좋은 집안의 군관은 외국까지 가서 치료를 받고 완치되어 귀대하는 현상을 보고 참 답답하기 그지 없었습니다. 빽 좋은 집안의 자식이 치료받는데 지불된 돈은 천문학적이며 그것은 다 인민들이 벌어드린 외화 였습니다. 아무리 영웅이면 뭘 합니까 그래도 영원한 생명을 수령이 준다는 것에 동의합니까. 만일 대한민국에서 이런 현상 즉 아버지 빽을 가지고 좋은 부대에 배치된다든가 또 특별히 국가의 외화를 가지고 외국에서 치료를 받은 사실이 있었다면 대한민국 국민들은 형평성 없는 처사에 가만이 있지를 않습니다. 그렇게 한 사람이 대통령이라 할지라도 대한민국 국민들은 탄핵을 합니다. 그래서 대통령을 그 자리에서 내려오게 합니다. 이것이 자유민주주의 국가의 우월성입니다. 여러분들은 김정일 지금은 김정은이 어떤 짓을 한들 긍정적인 혹은 부정적인 말을 마음대로 하겠습니까. 만일 그랬다면 늘 입을 벌리고 있는 정치범 수용소 아니면 총알을 받고 죽어야 하는 것이 여러분들의 운명이 아닙니까. 그래서 북한을 독재 국가라고 하고 인권유린 국가라고 하는 것입니다.

하나님은 공평하십니다.

하나님은 인류 모두의 아버지이시고 가장 든든한 빽입니다. 우리들의 죄를 위해 아들까지 인간의 모습으로 보내어 십자가에서 가장 고통스럽게 죽게 하시고 그 피로 우리들의 죄를 사할 수 있는 제사를 드리고 3일만에 하나님의 능력으로 부활하시어 다시 아버지 하나님 우편에서 우리들의 기도를 들어주시는 하나님만이 온 인류의 아버지이십니다.

최근 북한의 군종 병종 군관으로 있던 분들이 대한민국으로 많이 옵니다. 왜 많이 오겠습니까 군대에서도 앞길이 보이지 않고 사회에서도 앞길이 보이지 않고 하니 따뜻한 남쪽나라 이 대한민국으로 오는 것입니다. 이들은 앞을 보아도 막혔고 뒤를 보아도 막혀 있던 인생들이 대한민국에서 하나님을 만나 하나님이 이끄시는 인생을 새롭게 잘 살고 있습니다. 바로 그것이 영생입니다. 열심히 일하는 사람에게 하나님은 반드시 복을 주십니다.

북한 군종 병종 군관 여러분 이제라도 우물 쭈물 하지 말고 올바른 판단을 내리십시오 언제나 하나님은 여러분들을 기다리고 있습니다. 북한에서도 하나님을 영접하고 믿을 수 있습니다. 그때부터 하나님은 여러분들을 위해서 역사하시며 여러분들의 인생을 책임져 주십니다. 오늘은 이만 하겠습니다. 다음 시간에는 하나님의 말씀인 시편 108편 1-6절 말씀을 가지고 "북한 노동당과 문학예술" 이란 제목으로 말씀드리겠습니다.

서른여덟번째

북한 노동당과 문학예술

– 북한 노동당 문학예술 일군 여러분께

시편 (108장 1-6절)

하나님이여 내 마음을 정하였사오니 내가 노래하
며 나의 마음을 다하여 찬양하리로다
비파야, 수금아, 깰지어다 내가 새벽을 깨우리로다
여호와여 내가 만민 중에서 주께 감사하고 뭇
나라 중에서 주를 찬양하오리니
주의 인자하심이 하늘보다 높으시며 주의 진실은
궁창에까지 이르나이다
하나님이여 주는 하늘 위에 높이 들리시며 주의
영광이 온 땅에서 높임 받으시기를 원하나이다
주께서 사랑하시는 자들을 건지시기 위하여 우리
에게 응답하사 오른손으로 구원하소서

북한 노동당 안에서 당 사상 사업일군으로 일하는 당 일꾼들의 사명은 전당 전군 전민이 주체사상으로 튼튼히 무장하고 어떤 어려운 난관이 앞을 막아도 당과 수령을 옹호하고 충성하며 배고파 죽는 한이 있더라도 김정은 만세를 부르도록 하는 것이 곧 사명일 것이다. 한마디로 정의하면 노예적 굴종사상으로 무장시키는 것이 그들의 임무일 것입니다. 여러분들은 그렇지 않다고 해도 역사는 이미 그렇게 기록 하고있습니다. 역사는 그 창조자가 인민대중이며 고로 역사의 기록도 인민대중이 기록한다고 생각하면 착각입니다. 역사는 진리가 기록합니다. 그 진리는 노동당 사상사업 일꾼들의 진리는 진리가 아닙니다. 진리라고 하는 것은 우리 눈 앞에 보이지 말라고 아무리 외쳐도 없어지지도 않고 영원히 존재하는 것이 바로 진리이기 때문입니다. 여러분들의 사전에 진리란 간단하게 말해서 실천을 통해서 검증된 것이라고 정의되어 있다는 것을 잘 알고 있습니다. 그렇다면 북한 노동당이 정권을 잡은 그날부터 오늘까지 혁명의 나날들을 한번 돌아볼 필요가 있을 것입니다. 그것이 바로 실천이였으니까요. 백전백승의 강철의 당으로 조선혁명의 참모부로서 지금까지 우리가 무엇을 했는가라고 허심하게 돌아볼 때 몹시 얼굴이 뜨겁고 진리 앞에 창피할 것입니다. 왜 입니까. 말하지 않아도 이미 여러분들은 다 알고 있겠지만 간단히 종합적으로 말씀을 드리면 반세기가 넘어 70여년 동안 김일성, 김정일의 혁명역사 연구실과 김일성, 김정일 동상을 방방곳곳에 세워놓은 것 밖에는 한 것이 없지 않습니까. 강철공업을 비롯한 중공업 기계공업 공업경제는 다 파탄되었고 농업경제도 아무런 창조성도 없는 주체농법 때문에 망한 것이 현실이 아닙니까. 그러니 경공업은 발전할래야 발전 할 수도 없고 인민생활은 이미 수백만이 굶어 죽었고 지금도 중국에서 밀수입해 장마당에서 장사하는 수입으로 살아가는 불쌍한 인민들 이러한 현실이 진리인데 이 진리 앞에 노동당 문학예술 일꾼들이 한번 이야기 해 보십시오. 그러면 여러분들은 무엇을 말하겠습니까. 핵을 만들었고 미사일을 쏘았고 마식령에 스키장을 만들었고 평양시 문수동에 물놀이 장을 만들었고 김일성 종합대학 교수들에게 좋은 아파트를 지어주었고 수차에 거쳐 열병식을 했고 기념일 때마다 김일성 김정일 시체에 참배했고 김정은의 생각과 조금만 달라도 현대판 종파로 몰아다 죽이고 대한민국 영토에 포 쏘고 무인기 보내여 사진 찍고 대한민국 수뇌부를 천박한 말로 비방하고 단지 김정일 아들이라는 이유로 왕이 된 김정은의 최고 존엄만 외쳐온 것이 여러분들의 당 조선노동당이 한 일이고 그것을 문학예술로 그려낸 것이 바로 당신들 문학예술 일꾼들이라고 말해야 할 것입니다. 또 김정은의 현명한 문학예술부분에 대한 지도하에 모란봉 악단이 새로 생겼다고도 이야기해야 할 것입니다.

문학예술 이것은 전체 인민들을 주체사상으로 무장시킴에 있어서 가장 중요한 역할을 하는 노동당 사상사업의 중요한 도구로 되는 것을 우리도 인정합니다. 그 만큼 문학예술이 인간을 계몽하고 동원하며 인간의 세계관 형성에 결정적 역할을 하는 것은 인류가 인정하는 것입니다. 김일성도 옛 소련 작가 고리끼가 쓴 장편소설 '어머니'를 보고 혁명을 하게 되었다고 말했습니다. 그리고 그는 총칼이 미치지 못하는 곳에 한편의 시와 노래는 천만군을 대신한다고도 이야기 했습니다. 이것이 무슨 말입니까 문학예술이 총과 칼 보다 더 위력하고 무섭다는 것이 아니겠습니까. 오늘 말씀을 전하는 이 목사도 바로 그랬습니다. 손에 잡히는 대로 읽고 보았으며 그 가운데는 장편소설, 중편소설, 단편소설, 시 그리고 정치적인 기사들 영화도 빼놓치 않았습니다. 영화에서는 특히 전투영화 기타 노래 춤 다 좋아했고 나를 오늘 여기까지 오게 하는데 큰 역할을 한 것이 바로 문학예술이라고 생각합니다. 지금도 제가 본 소설, 시, 실화, 영화, 노래, 춤 하나도 빼놓지 않고 다 생각납니다. 문제는 어떤 문학예술 작품을 접하는가 하는 것이 중요하다는 것입니다.

이 방송을 듣고 계시는 북한 노동당 사상사업 일꾼들과 그리고 북한 동포 여러분 그렇다면 저 목사는 여기서 끝까지 혁명에 충성을 해야지 왜 대한민국에 가서 목사가 되었지라고 생각하며 저에게 반문할 수 있습니다. 그것에 대해서는 차근차근 답변을 드리겠습니다. 여러분들은 저의 답변에서 은혜를 받기를 바랍니다. 하나님의 말씀에서 가장 참다운 문학예술이란 어떤 것인가 하는 것을 알아야합니다. 먼저 하나님의 말씀부터 봉독해 드리겠습니다. 하나님께서는 하나님의 말씀인 시편 108편 1절로부터 13절에서 다음과 말씀하십니다. "하나님이여 내 마음을 정하였사오니 내가 노래하며 나의 마음을 다하여 찬양하리로다 비파야, 수금아, 깰지어다 내가 새벽을 깨우리로다 여호와여 내가 만민 중에서 주께 감사하고 뭇 나라 중에서 주를 찬양하오리니 주의 인자하심이 하늘보다 높으시며 주의 진실은 궁창에까지 이르나이다 하나님이여 주는 하늘 위에 높이 들리시며 주의 영광이 온 땅에서 높임 받으시기를 원하나이다 주께서 사랑하시는 자들을 건지시기 위하여 우리에게 응답하사 오른손으로 구원하소서 하나님이 그의 성소에서 말씀하시되 내가 기뻐하리라 내가 세겜을 나누며 숙곳 골짜기를 측량하리라 길르앗이 내 것이요 므낫세도 내 것이며 에브라임은 내 머리의 투구요 유다는 나의 규이며 모압은 내 목욕통이라 에돔에는 내 신발을 벗어 던질지며 블레셋 위에서 내가 외치리라 하셨도다 누가 나를 이끌어 견고한 성읍으로 인도해 들이며 누가 나를 에돔으로 인도할꼬 하나님이여 주께서 우리를 버리지 아니하셨나이까 하나님이여 주께서 우리의 군대들과 함께 나아가지 아니하시나이다 우리를 도와 대적을 치게 하소서 사람의 구원은 헛됨이니이다 우리가 하나님을 의지하고 용감히 행하리니 그는 우리의 대적들을 밟으실 자이심이로다" 아멘

북한 노동당 문학예술 부분 일꾼여러분

위에서 간단히 강조했지만 사람은 어떤 문학예술 작품을 접하는가에 따라 세계관이 형성됩니다. 진리의 문학예술 작품을 접하면 진리의 세계관이 형성되어 한 생을 진리가 가르치는 대로 옳게 살게 되고 그렇지 못하면 옳게 살지 못합니다. 계급적 철학을 세계를 보고 판단 분석하는 기준으로 하고 있는 노

동당의 문학예술은 잘 못된 것입니다. 온 세상은 계급적 성격을 띠고 있지 않습니다. 그러나 여러분들은 계급적 성격을 띠고 있다고 주장하고 있습니다. 사물의 성격을 규정함에 있어서는 그 창조의 본성적 성격을 있는 그대로 부여하는 것이 가장 옳은 것이고 그것이 또 맞는 것입니다. 그렇다면 모든 사물의 창조적 근원을 우리는 알 필요가 있습니다. 말하자면 천지 창조에 대한 문제인데 이 문제를 놓고도 근거 없는 또 논리적으로 증명도 안된 이론과 학설들이 많습니다. 말하자면 35억년전에 우주의 빅뱅에 의해 생명체도 생겨나고 지구도 생겨났다는 주장은 아무런 근거가 없습니다. 천지 만물의 창조와 인간의 창조는 창조주가 따로 있습니다. 바로 하나님이십니다. 하나님 자신이 그것을 증언하고 있으며 천지 만물 자체가 하나님께서 창조하셨음을 증명하고 있습니다. 때문에 모든 만물은 하나님의 창조적 성격이 부여되어 있는 것입니다. 그러므로 북한 노동당은 하나님의 창조적 성격만이 부여되어 있는 만물에 계급적 성격을 고의적으로 부여 시키는 것은 하나님의 권위에 도전하는 것이며 날 강도적 논리입니다.

이런 창조적 논리를 근거로 하여 문학예술도 하나님의 창조적 성격이 자연히 부여되는 것이며 거기로부터 하나님에 대한 감사와 고마움을 가지고 우리 인간들이 터뜨리는 감정이 각종 문학예술로 표현될 때 그것이야 말로 참된 인간학이라고 말할 수 있습니다. 북한 노동당의 문학예술론은 민족적 형식에 사실적 사회주의적 내용을 담으라고 합니다. 그리고 문학예술은 철저한 인간학으로서 인간의 다양한 삶을 그리되 전형적인 인간을 그리라는 것이 북한 노동당의 문학예술론입니다. 여기에 김정일은 더하여 문학예술은 철저히 비 반복 적이어야 한다고 했습니다. 북한의 문학예술은 백프로가 반복적입니다. 왜 그렇습니까. 수령이라는 존재 우상, 그 아래 충성이라는 명목하에 노예적 굴종적 삶을 그릴 수 밖에 없기에 모두가 다 반복적입니다. 그래서 사실상 생명력을 잃은 문학예술인 것입니다. 옳습니다. 미래지향적인 전형적인 인간을 그릴 때 인간들은 감동되고 그 전형적인 인간처럼 살기를 다짐하게 됩니다. 그래서 이 말씀을 전하는 목사도 북한 노동당의 문학예술에 완전히 미쳤던 것입니다. 대표적 작품들을 보면 장편소설 투쟁의 노래, 전사들, 대하는 흐른다 등이 있습니다. 투쟁의 노래 주인공은 대한민국 이화여대 학생 지혜라는 학생이었습니다. 무남동녀 외딸로서 중산층 집안에서 고이 자란 그녀는 대모에 나가지 않고 조용히 학업에만 열중해도 손해 볼 것이 없었고 또 부모들의 요구도 그러했습니다. 그러나 그는 마지막 계엄군과 투석 전을 벌이는 남학생들에게 치마에 돌을 담아 나릅니다. 아련한 한 여성의 성장하는 세계관과 함께 호흡하며 울며 소설을 끝내고 즉시 일기장에 다음과 같이 피력하였던 것이다. "지혜 조금만 참으면 내가 내려간다. 수령이시여 명령만 내리시라" 그러나 수령이 세 번 바뀌었지만 아직도 명령을 내리지 못하고 있습니다. 장편소설 영원한 봄 이 소설을 보면서 혁명의 승리가 영원한 봄인줄 알았습니다. 이외에 모든 작품들이 나를 혁명가로 이끌어 가기에 흠이 없었습니다. 노래와 시 영화 모든 작품이 다 그랬습니다. 무용 '조국의 진달래' '수령님 여기는 최전선입니다' '초소의 꾀꼴새' 등 노래 '백두산의 만병초' '진달래 꽃 수놓아 가네', 등, 초소에서 혼자 외롭게 보초를 설 때 멀리서 이런 노래들이 스피커를 통해 들려올 때에는 총을 잡은 손에는 힘을 주었고 '가수여 힘껏 그리고 마음껏 노래 부르라 조국의 초소는 염려 말라' 라고 고백하곤 하였습니다. 영화 '전사의 맹세' '잊지 못할 전우 ' ' 한 간호원에 대한 이야기 ' 이런 영화들의 주인공의 정신 세계는 곧 나의 삶의 중심에 자리 잡았습니다. 문학예술의 힘으로 당성, 노동계급성, 애국심, 혁명에 대한 긍지 그리고 자랑 이런 정신 세계가 균형 잡히면서 나를 직업적인 혁명가로 자라나게 하였습니다. 비단 이것은 나뿐이 아니라고 생각합니다. 노동당 안에 있는 모든 인간들이 다 그러했을 것입니다.

북한 노동당 문학예술 일꾼 여러분

그렇다면 분명히 북한은 문학예술로 하여 노동당의 혁명위업은 승리에 승리로 아로새겨져야 함이 옳은 것이였습니다. 그러나 그렇지 못한 것이 북한의 문학예술입니다. 말하자면 참다운 인간학을 그려내지 못한 것입니다. 문학예술을 접할 때에는 감정의 흥분과 함께 정신 세계는 분명 승화되어 그 작품이 요구하는 목적지에 달하게 됩니다. 그러나 현실 즉 인간의 삶속에 들어가면 북한 인간들의 삶과 문학예술은 일치되는 것이 아니라 괴리되어 있다는 것입니다. 늘 문학예술을 평가할 때에는 문학예술 부분일군들의 창작활동이 인간들의 삶을 따라 가지 못한다고 평가하는 것이 노동당입니다. 그러나 현실은 그 반대입니다. 당의 통제에 의하여 전형적인 인간을 그린다고 해서 초당적이며 비 현실적이며 인간의 삶속에는 없는 상상된 종자를 가지고 작품을 만들기 때문에 참다운 인간학이 못 된다는 것입니다. 예를 들면 북한 인민들의 삶은 몹시 고달픕니다. 수백만이 굶어 죽었습니다. 그리고 군인들 속에서도 영향실조로 젊은 군인 청년들이 죽습니다. 이것이 현실이면 있는 그대로를 그려내는 것이 인간학이며 참된 인간학이라면 삶과 일치되는 문학예술을 말하는 것이 아니겠습니까. 그러나 많은 경우 아니, 백프로 북한의 문학예술은 수령에 대한 거짓된 우상이 종자가 되다 보니 노예적 삶을 사는 인민들의 근본적인 삶과는 동 떨어질 수밖에 없는 것입니다. 여기서 노동당의 문학예술 부분 일군들은 사실상 양심이 가리키는 그 인간을 그리지 못하기 때문에 몹시도 괴로울 것입니다. 진실을 창작하지 못하는 것 때문에 말입니다. 인민들을 굶어죽인 김정일의 대 집단 살인죄에 대한 문제도 작품으로 창작되어야 합니다. 이것이 진리가 추구하는 시대의 요구가 아니겠습니까. 그래야 문학예술의 정신 사상적 추동력으로 인해 인민들은 진보에 이르게 되고 그 진보는 사회를 발전시켜 나가에 되어 있습니다. 물론 문학예술은 어느한 계급의 이익에 종속되어 순종하게 되어 있습니다. 솔직히 말해서 대한민국의 문학예술도 상업적 목적을 추구하기 때문에 시대적 사명을 다 하지 못하는 것은 사실입니다.

북한노동당 문학예술 부분일군 여러분

문학예술의 시대적 사명은 분명히 어느 시대를 막론하고 진리를 창작의 기초에 두고 그 진리를 사모하며 정의를 실현하기 위한 인간들의 정신 사상적 세계를 그린다면 그 문학예술 작품은 완전하고도 절대적인 성공작품일 것입니다. 그러한 문학예술 작품은 민족도 계급도 초월하여 인간들의 영원한 사랑 속에서 인간들을 진리와 정의를 이룩케 하는데 자기 사명을 다할 것입니다. 그렇다면 그 진리가 무엇인가 하는 것이 중요합니다. 바로 그 진리가 하나님이십니다. 하나님을 알고 예수그리스도를 구원의 주로 믿고 그리고 작품을 창작한다면 만민이 칭송하고 만민이 공감할 것이며 그것으로 인해 이 세상 인간들은 진리와 정의의 인간으로 변할 것입니다. 이럴 때 복을 받게 되는 것입니다.

오늘 주시는 하나님의 말씀에서 다윗왕이 바로 그런 왕이었습니다. 그는 이스라엘 왕이었고 시인었고 미학에 뛰어난 왕이 었습니다. 그의 창작의 기초는 늘 하나님이었고 하나님의 은혜와 살아서 역사하시는 그 하나님 그리고 보고 듣고 체험한 하나님을 종자로 하여 시를 쓰고 읊으며 탄원했습니다. 그 시를 받으신 하나님이 다윗 왕을 하나님 자신에게 합한 사람이라고 말씀했고 일평생 이스라엘 왕으로 삼으셨던 것입니다.

오늘 북한의 문학예술이 높은 사상예술성으로 황홀하고 여운이 길게 오래 남는 것 같지만 생명력이 없는 것은 바로 신이 아닌 인간 그것도 대 죄를 지은 수령들을 우상하는 작품들을 창작하여 세상에 내 놓기 때문에 자기의 사명을 다하지 못하고 오직 그 자체로만 존재하다 소멸하는 것입니다.

북한노동당 문학예술 일군 여러분

이제라도 북한이 소생하려면 진리를 기준으로 하고 기초로 하여 실제 인간들의 삶 속에서 호흡되는 그 숨결을 창작하십시오. 그렇지 않으면 어느 한 순간은 사람들의 정신세계를 현혹시킬 수 있을지 모르겠지만 인간의 정신세계는 한 곳에 머물러 있는 것이 아니기 때문에 진리를 사모하고 진리에 접근하는 과정에 북한의 문학예술이 허구에 불과하다는 것과 그 모든 것이 나를 속였구나 하는 결론과 함께 떠나게 된다는 것을 알아야 합니다. 오늘 말씀을 전하는 이 목사가 바로 그런 사람입니다. 하나님을 알고 나서야 참다운 문학예술을 접하게 되었고 그것이 주는 힘으로 오늘도 이 땅 위에 하늘의 뜻 진리와 정의를 구현하기 위해 모든 것을 다 바치고 있는 것입니다. 오늘은 이만 하겠습니다. 다음 시간에는 하나님의 말씀인 성경 잠언서 17장 8절 말씀을 가지고 '수령의 뇌물은 인민들의 고혈' 이라는 제목으로 말씀 드리겠습니다.

서른아홉번째

수령의 뇌물은 인민들의 고혈

– 북한 동포 여러분께

잠언 (17장 8절)
뇌물은 그 임자가 보기에 보석 같은즉 그가
어디로 향하든지 형통하게 하느니라

사랑하는 북한 동포 여러분

오늘은 하나님께서 잠언서를 통하여 주신 말씀을 가지고 북한 안에 고질화된 뇌물현상 그리고 그 뇌물 때문에 온 나라가 부패한 현상에 대하여 이야기를 하자고 합니다. 그러면 하나님의 말씀부터 여러분들에게 봉독해 드리겠습니다. 하나님께서는 하나님의 말씀인 성경 잠언서 17장 8절에서 다음과 같이 말씀하십니다.

"뇌물은 그 임자가 보기에 보석 같은 즉 그가 어디로 향하든지 형통하게 하느니라" 아멘

하나님의 이 말씀을 들으면 여러분 뇌물이 좋다는 것입니까 그렇지 않으면 나쁘다는 것입니까 긍정인지 부정인지 분별하기가 참 어려운 말씀으로 안겨 올 것입니다. 형통하다니 긍정해야 할 것 같고 뇌물이라니 부정해야 할 것 같고 바로 그렇지 않습니까. 분명히 결론적으로 말하건데 뇌물은 하나님께서 제일 싫어하시는 것이며 뇌물이 오고 가고 하는 곳에서는 정의와 공법이 살아 하수와 같이 흐를 수 없게 됩니다. 하나님께서 이렇게 말씀을 하신 것은 뇌물을 그 누구에게 주려고 준비한 자나 그리고 뇌물을 받은 자들의 마음을 표현한 것인데 뇌물을 준 자는 목적을 달성했으니 그 뇌물이 보석 같은 존재일 것이고 또 뇌물을 받은 자는 공짜로 뇌물이 생겼으니 마음이 흡족함에 보석 같은 존재가 될 것입니다. 그러나 이것은 다 죄인 것입니다. 뇌물을 마련하자니 그 자체가 불법이고 뇌물을 받는 자도 노력의 보수가 아니라 공짜로 생긴 것이니 불법인 것입니다.

이 세상에는 뇌물이 존재해서는 절대로 안됩니다. 뇌물과 선물은 별개의 문제이고 뇌물과 기념품은 별개의 문제이지만 이것도 잘 선택해야 하는 것입니다. 공로가 있는 사람들에게 선물로 줄 수도 있고 또 기념품으로 줄 수도 있기 때문입니다.

사랑하는 북한 동포 여러분

여러분들은 잘 아시는 바와 같이 오늘 북한은 뇌물 국가가 되었습니다. 뇌물 없이는 살아가지 못하는 국가가 바로 북한입니다. 이미 북한은 뇌물이 이제는 문화가 되었고 뇌물을 주고 받고 하는 것이 부끄럽거나 법을 위반하는 행위가 아니라 합법적으로 아주 당연한 것으로 자리 매김을 했다는 것입니다. 그러니 뇌물은 죄로 인정도 안 되는 것입니다. 뇌물은 최고 존엄이라고 하는 수뇌부부터 하부 말단 사람이 사는 곳이라면 다 통영되는 하나의 생활 수단으로 되었다는 것에 우리는 슬픔을 금할 수 없습니다. 사람이 사는 곳이라면 인간관계가 맺어지고 사회를 형성하게 됩니다. 그런데 그 모든 관계가 뇌물 없이는 안되게 되어 있는 곳이 북한이라는 것에 여러분들은 아무런 가책도 없을 것입니다. 이미 사회관계 인간관계에서 뇌물이 없으면 관계가 형성되지 않는 것이 북한이기 때문입니다. 그것이 국가적 일이든 사적인 일이든 간에 뇌물이 없으면 "맨 입에" 이런 말이 북한에서 태어난 것이 이미 오래 된 것입니다.

사랑하는 북한 동포 여러분

그러면 북한 땅 안에 가득 차 있는 뇌물의 역사와 그 뇌물이 마련되는 재정적 원천에 대하여 고찰해 보는 것이 중요할 것입니다.

북한의 역사를 고찰할 때 김일성 때부터 시작합니다. 예수님이 이 땅에 인간의 모습으로 오셨을 때를 기점으로 하여 지금의 년 호는 2014년입니다. 이 년 호는 세계가 다 공통으로 인정하고 쓰고 있는 세계 공통의 년 호입니다. 그런데도 불구하고 북한은 주체 년 호라는 것을 사용합니다. 바로 그것이 이 땅에 김일성이 태어난 날부터 쓰는 년 호입니다. 이것은 북한 밖에 세상에는 없습니다. 공산주의를 이념으로 하여 혁명을 하였다고 하는 나라들 중 노동계급의 수령이었다고 하는 사람들을 박제해 놓고 보존하는 나라들은 몇 나라가 됩니다. 러시아 중국 베트남 등 몇 나라가 있기는 하지만 그들에게도 주체의 년 호는 없습니다.

이러나 저러나 김일성 때에는 뇌물이 오고 가고 하는 것이 없었습니다. 경제적 삶이 괜찮지 않았다는데도 없었습니다. 한마디로 온 사회가 깔끔하였습니다. 천리마 운동 속에 공산주의 미풍이 잠재해 있어 집단을 먼저 생각하고 국가를 먼저 생각하고 남을 먼저 생각하고 어려워하는 사람들을 도와주고 남의 고통을 자기 고통으로 여기고 함께 하는 집단주의적 정신이 나래 쳤습니다. 그러므로 전 당, 전국에 부정과 부패가 없었고 진정으로 조국과 당을 위해 충성을 하는 충성 절대주의 밖에 없었습니다.

그러나 이 모든 것은 김정일 때에 끝이 났고 김정일이 김일성의 후계자가 되면서부터 깔끔하던 사회가 뇌물 사회로 변하고 말았습니다. 김정일은 후계자가 되면서 당의 기초를 쌓는다는 작업부터 시작했습니다. 당의 기초를 쌓는다는 것은 김정일의 정치적 기반을 튼튼히 마련한다는 것을 말합니다. 김정일의 정치적 기초를 쌓는다는 것은 당연합니다. 세대가 바뀌면 그렇게 해야 합니다. 그러나 방법은 혁명의 근본 원칙과 요구로부터 반드시 대를 이어 완성하여야 할 혁명 앞에 사심 없이 충실할 절대적인 사람들로 정치적 기반을 쌓아야 하나 김정일은 소이 선물이란 명목의 뇌물로 그 정치적 기반을 쌓기 시작했습니다. 바로 그때부터 명절이면 비서국 대상 간부들에게 많은 선물 명목으로 뇌물을 내려 보내기 시작했습니다. 보통 뇌물 하면 아래 사람이 위에 있는 사람에게 다양한 목적을 가지고 주는 것인데 김정일은 아래 사람들에게 나를 위해 목숨을 바치라는 목적을 가지고 뇌물을 위에서부터 아래로 내려 주기 시작했습니다. 한편 군대에서는 사단장 이상 단위 책임자들에게는 편제 군사칭호(계급장)에 한한, 군사칭호(계급장)를 단 하루에 육군 해군 공군 할 것 없이 수 백명의 사람들에게 장성 별을 달아주는 뇌물 별 놀이도 있었습니다.

바로 이때부터 북한은 뇌물국가가 되는 길을 걷기 시작했습니다. 비서국 대상 간부들은 명절이면 위에서 내려주는 뇌물로 명절을 즐기고 나머지 비서국 대상이 못 되는 간부들 그리고 인민들은 아무것도 없는 빈 손으로 명절을 지내야 하는 슬픈 국가로 만들어 놓았다는 것입니다. 그뿐 아니라 문화 예술인들은 김정일이 특별히 관리하다 보니 뇌물 대상이 되어 뇌물을 받고 기뻐했습니다. 인민들은 이런 현상을 보고 6.25때 목숨을 바쳐 싸운 사람들에게는 흙색 텔레비전 한 대도 안 주면서 문화 예술인들은 무대에 올라 노래 한 곡 불렀다고 칼라 텔레비전을 비롯한 각종 뇌물을 선물이라고 주니 인민들 속에서는 한숨밖에 나오는 것이 없었습니다. 죽은 김정일은 인민들의 속 깊은 생각을 알기나 했는지 그래도 통이 큰 지도자 인민의 지도자로 칭송을 해야 했으니 인민들의 마음은 억장이 무너지는 것이었습니다.

이러한 뇌물을 마련하는데 들어가는 재정도 보통이 아니었습니다. 남방과일을 비롯하여 값이 비싼 것들은 다 외화로 수입을 해야 하는 것입니다. 북한에는 유치원 아이들부터 어른 노인들에게까지 외화벌이 과제가 다 하달됩니다. 그것도 군중의 외화벌이 그리고 충성의 외화벌이 이렇게 두 가지로 지표가 떨어지는데 그 지표를 수행하지 못하면 배급표도 주지 않았습니다. 물론 지금은 배급표가 그렇게 중요한 것은 아니겠지 만은 배급제가 보장될 때 배급표를 주지 않는다는 것은 바로 쌀을 주지 않는다는 것입니다. 군중외화 벌이는 인민들의 삶에 필요한 것들을 외국에서 사오라고 해서 외화 벌이를 하는 것이고 충성의 외화 벌이는 김정일의 당 자금을 마련하는 외화벌이였습니다. 김정일은 명절 때 간부들에게 내려 보낼 뇌물을 외국에 가서 사와야 되는 재정을 항상 내각에 명령을 내립니다. 그러면 내각에서는 인민들의 삶을 위해 인민들이 벌어들인 군중 외화벌이 항목에서 외화를 지출 할 수 밖에 없는 것입니다. 결국은 인민들이 번 외화로 간부들에게 뇌물을 마련하여 하달하니 인민들이 열심히 외화를 벌어들이면 간부들이 다 쳐 먹는 것입니다. 이런 내막을 북한 인민들이 알고 있어야 할 것 같아 오늘 말씀을 드리는 것입니다. 때문에 김정일이 간부들에게 주는 뇌물은 인민들의 고혈이라는 것입니다.

옛날 전라도 남원에 춘향을 사랑하였던 이 몽룡이 변학도 앞에서 시 한편을 지어 읊을 때 금준미주는 천인 혈이요 즉 관료들의 술잔에 담긴 술은 인민들의 고혈이라는 것을 비꼬아 시를 썼지만 그 때에는 암행어사라도 있었지만 북한에는 김정일 자신이 암행어사보다 더 한 공포, 말 한마디에 죽여라 하면 죽어야 하는 살인 실세의 권력 밖에 없으니 북한 인민들의 혈을 빨아 먹는 흡혈귀가 바로 김정일 지금은 김정은을 비롯한 비서국 대상 간부들이라는 것을 북한 인민 모두는 알아야 합니다. 그렇게 마련된 뇌물을 한때 대한민국 위정자들에게도 송이 버섯을 선물이라고 하면서 내려 보냈으니 김정일은 한참 모자란 인간이었음에 틀림없습니다. 그렇게 함으로서 대한민국 위정자들과 국민들로부터 확실이 인민의 지도자가 다르다 라는 평을 듣고 싶었는지는 모르지만 이 대한민국에는 송이버섯이 너무 흔하다는 것을 김정일은 몰랐던 것 같습니다. 이미 대한민국 국민들은 김정일 하면 여자를 몹시 밝히는 인민들의 흡혈귀라는 것을 다 알고 있습니다. 몇몇의 북한의 지령을 받아 간첩놀이를 하는 자들을 제외하고는 말입니다.

사랑하는 북한 동포 여러분
이 말씀을 전하는 이 목사도 북한에 있을 때 김정일이 내려 보내는 뇌물을 받아 보았습니다. 물론 오늘에 와서 하나님 앞에 가슴과 마음을 찢는 회개를 했습니다. 뇌물은 확실이 보석 같고 형통한 것만은 사실입니다. 뇌물을 받는 간부들은 명절만을 기다리고 뇌물을 받지 못하는 간부들은 죽어라 당에 충실했지만 아무것도 없는 그들의 마음 김정일이 알기나 하고 죽었는지는 모르겠으니 아마도 김정일은 그 마음을 절대로 알지 못했을 것입니다. 만일 알았다면 수백만의 인민들을 절대로 굶어 죽게 하지 않았을 것입니다.

한편 뇌물 대상이 못 되는 간부들은 그때부터 다른 마음을 먹게 되는 것입니다. 그 마음은 너희들은 김정일이 주는 뇌물로 살아간다면 나는 아래 사람들로부터 노골적으로 뇌물을 받아 먹고 살 것이다. 바로 이것이 그들의 마음이었던 것입니다.
위로부터는 김정일 아래로부터는 인민들 문제는 위로부터 내려오는 뇌물도 인민들의 고혈 아래로부터 빨아먹는 먹는 뇌물도 인민들의 고혈 그러니 죽는 것은 인민들 밖에 없는 것입니다.

사랑하는 북한 동포 여러분
이것이 무슨 인민의 나라입니까. 일제 때 너무나 살기가 힘든 사람들은 고향을 등지고 저 북간도 말하자면 지금의 동북삼성 중국으로 갔다고 합니다. 그 때에는 그 누구도 막는 사람이 없었답니다. 그런데 지금은 살기 위해 중국으로 가면 총살이나 감옥, 정치범 수용소 그러니 늙은 노인들은 일제 때 보다 못한 것이 김정일 시대라고 이야기 하는 것입니다.

귀를 완전히 틀어막은 김정은과 그 측근들 그리고 비서국 대상 간부들 당신들은 그렇게 하지 않으면 살기가 힘이 드니 양심에 가책은 있으나 그렇게 할 수 밖에 없다는 것에 이해는 갑니다. 그러나 인간의 양심을 알아야 합니다. 그 양심은 바로 하나님께서 우리 인간들을 하나님의 형상과 모양으로 지을 때 하나님의 형상과 모양 안에 있는 아주 귀중한 진리의 속성입니다. 때문에 양심에 거스르는 일을 하지 말아야 합니다. 하나님을 믿고 인간답게 사는 여러분들이 되시기를 축원합니다. 오늘은 이만 하겠습니다. 다음 시간에는 로마서 8장 4절로 9절 말씀을 가지고 "육신의 일과 영의 일" 라는 제목으로 말씀을 드리겠습니다. 또 기다려 주십시오

마흔번째

육신의 일과 영의 일

– 북한 동포 여러분께

로마서 (8장 4-9절)

육신을 따르지 않고 그 영을 따라 행하는 우리에게 율법의 요구가 이루어지게 하려 하심이니라

육신을 따르는 자는 육신의 일을, 영을 따르는 자는 영의 일을 생각하나니

육신의 생각은 사망이요 영의 생각은 생명과 평안이니라

육신의 생각은 하나님과 원수가 되나니 이는 하나님의 법에 굴복하지 아니할 뿐 아니라 할 수도 없음이라

육신에 있는 자들은 하나님을 기쁘시게 할 수 없느니라

만일 너희 속에 하나님의 영이 거하시면 너희가 육신에 있지 아니하고 영에 있나니 누구든지 그리스도의 영이 없으면 그리스도의 사람이 아니라

사랑하는 북한 동포 여러분
인간은 육신이 있는가 하면 영적 존재이기 때문에 영혼을 가지고 있습니다. 인간이 영적 존재라는 것은 바로 하나님의 형상과 모양으로 지음을 받았기 때문입니다. 하나님 자신이 영적 존재이기 때문에 인간도 영적 존재가 되는 것입니다.
북한 노동당에서도 이와 같은 비슷한 논리로 사람을 평가 합니다. 김일성이 늘 이야기하였던 것처럼 사람의 육체는 부모들이 주었지만 정치적 생명은 수령이 준다고 했습니다. 여기서 정치적 생명이란 하나님께서 인간을 창조하실 때 영적 존재로 창조하신 것을 인정하고 그것을 몰래 훔쳐 하나님의 말씀 그대로 영적 존재라고는 말을 못하겠으니 정치적 생명이라는 말로 바꾸고 또 하나님께서 주신 영적 존재를 그들은 수령이 정치적 생명을 준다고 고집합니다. 이것은 하나님을 인정하면서도 그 하나님의 자리에 수령이라는 존재가 하나님의 주권을 가지고 군림하고자 정치적 생명을 수령이 준다고 한 것입니다.

수령이 준다는 정치적 생명은 육신과 같이 실체가 없으며 눈에는 보이지 않습니다. 때문에 이것을 사상으로 흔히 이야기 하며 사상론을 주장하게 되었던 것입니다.
이에 대하여 김정일은 다음과 같이 이야기 했습니다.
"우리는 혁명투쟁과 건설 사업에서 사람들의 사상이 기본이며 사람들의 사상에 의하여 모든 것이 결정된다". 김정일의 이 이야기는 혁명투쟁과 건설사업에서 사상의식이 차지하는 위치와 역할을 밝혀 준 것이 되는 것입니다. 사상의식은 사람들의 요구와 이해 관계를 반영한 의식인 것입니다. 그렇다면 사랑하는 북한 동포 여러분 여러분들의 요구는 과연 무엇이며 이해관계는 어떤 것입니까. 자주적이며 창조적인 그리고 자유롭고 유족한 물질 생활일 것입니다. 자주적이며 창조적이며 자유롭고 풍요로운 물질문화의 삶이 바로 여러분들의 마음속에 내주하고 있는 사상의 요구일 것입니다. 즉 여러분들이 주장하는 사상론은 자주적이며 창조적이며 자유롭고 풍요로운 물질문화 생활인데 여러분들의 현실은 여러분들이 주장하는 사상론과는 거리가 너무나도 멀게 괴리되어 있습니다. 그렇다면 조선혁명과 건설사업에서 주장하는 사상론은 없는가 하는 것입니다. 반드시 있습니다. 없을 수가 없습니다. 그것이 바로 김정일의 사상론이며 지금의 김정은의 사상론입니다. 노동당의 규약은 물론 또 위대하다고 하는 수령들의 사상을 잘 논리적으로 분석하여 볼 필요가 있습니다. 사람들의 사상은 눈에는 안 보이기 때문에 반드시 그들의 말과 행동에서 찾아보아야 하므로 역사적인 관점에서 수령들의 사상을 잘 분석하고 판단해야 합니다.

우리는 멀리 뒤 돌아볼 필요를 느끼지 않습니다. 수 천년 역사에서 처음으로 맞이한 수령이 김일성이라고 했으니 김일성때부터를 집약하여 이야기를 하는 것이 여러분들이 이해가 빠를 것 같습니다. 김일성의 역사를 큼직큼직하게 말씀을 드리면 대한민국까지를 통치해 보려던 욕심을 갖고 1950년 6월 25일 전쟁을 일으켰지만 뜻대로 되지 않고 다시 쫓겨간 전범자나 다름이 없는 사람이다 하는 것이 온 세상 사람들이 알고 있습니다. 물론 전쟁 후 사회주의 제도를 수립했고 낙후하였던 북한을 공업국가로 만들었다는 것에 북한노동당 자체가 당 5차 대회에서 평가를 내렸지만 그것은 자신들의 생각이고 온 세상은 그렇게 보지 않고 있다는 것에 대하여서도 여러분들은 알고 있어야 합니다. 한편 사상가라고도 하지만 주체사상도 성경에서 훔쳐 만든 것으로 김일성이 만들었다고 말할 수 없으며 기타 여러 가지 연설들과 로작들에서 남들이 써 준 것을 가지고 읽었지만 별도로 김일성이 내놓은 것은 별로 없습니다. 솔직히 말하면 그는 기독교의 기반에서 출생 성장하여 하나님을 바로 알았더라면 북한을 저렇게 만들어 놓지는 않았을 것입니다. 1970년대로 들어서면서 경제의 하락과 인민들의 생활이 점점 어려워 진다는 것을 알았다면 별도의 혁명이 있었어야 하는 것입니다. 말하자면 중국의 등소평처럼 말입니다. 물론 죽기 전에 약간의 진보적인 생각은 있었지만 아들인 김정일에게 눌리어 자기 뜻을 펼쳐보지도 못하고 죽었습니다.

김정일은 아버지로부터 가난으로 치닫는 나라를 넘겨 받았습니다. 그러나 김정일은 나라를 일으켜 세울 생각은 추호도 없었습니다. 물론 김일성 때도 그러했지만 오직 김정일은 미국 놈들과 남조선을 때려 부수고 대한민국 땅까지 통치하려는 것과 그 과정에 자신의 사상과 조금이라도 빗나가는 자들에 대해서는 가차 없이 죽이면 된다는 공포정치 철근 통치 방식을 선택한 그 였습니다. 김정일에게 있어서 인민들은 전혀 없었습니다. 단지 인민들은 김정일을 위한 노예였습니다. 김일성이 어느 한 탄광을 현지지도 한다고 할 때 따라갔던 김정일은 김일성이 안전모가 없어서 탄부들이 위험한 것을 걱정할 때 김정일을 김일성에게 "그까지거 사람 몇 명 죽는 거 걱정할 것 없습니다."라고 대답한 것이 김정일입니다. 김정일 자신이 이야기 한 것처럼 "내가 총알을 선택할 것인가. 아니면 식량을 선택할 것인가 물론 식량을 선택하면 인민들은 산다 그러나 나는 총알을 선택했다." 라고 말한 김정일은 극악무도한 살인자임에 틀림없습니다.

김정은 역시 어린 나이에 모든 권력을 장악하고 너무나 흥분되어 권력 무상을 느끼면서 어쩔줄 모르는 철부지 지도자에 불과합니다. 북한이 내세운 사상은 오직 유일 사상입니다. 누구의 유일 사상인가 수령의 유일 사상입니다. 바로 그것이 북한의 사상론입니다. 인민들의 사상론은 무시되고 오직 한 사람 수령이라는 존재의 사상론만이 인정되고 그 사상으로 통치되는 것이 바로 북한 사상론이며 모순입니다. 만일 모순이 아니었더라면 북한은 지금 세상에서 제일 잘 사는 나라가 되어야 옳은 것입니다.

사랑하는 북한 동포 여러분
우리가 알아야 할 것은 개개인 또는 민족이나 국가나 움직여 지는 것 그 뒤에 보이지 않는 영이 있다는 것을 알아야 합니다. 즉 여러분들의 이해를 위해 이 모든 것을 움직이는 사상이 있다는 것입니다. 그런데 이 모든 것을 움직이는 영은 두 가지입니다. 하나는 진리의 영이 있고 하나는 마귀와 사탄의 영이 있습니다.
여기에 대하여 하나님은 오늘 다음과 같이 말씀하십니다. 하나님께서 하신 말씀을 여러분들에게 봉독해 드리겠습니다. 하나님의 말씀인 성경 로마서 8장 4절로부터 9절까지에 기록된 하나님의 말씀을 그대로 봉독합니다.
"육신을 따르지 않고 그 영을 따라 행하는 우리에게 율법의 요구가 이루어지게 하려 하심이니라 육신을 따르는 자는 육신의 일을, 영을 따르는 자는 영의 일을 생각하나니 육신의 생각은 사망이요 영의 생각은 생명과 평안이니라 육신의 생각은 하나님과 원수가 되나니 이는 하나님의 법에 굴복하지 아니할 뿐 아니라 할 수도 없음이라 육신에 있는 자들은 하나님을 기쁘시게 할 수 없느니라 만일 너희 속에 하나님의 영이 거하시면 너희가 육신에 있지 아니하고 영에 있나니 누구든지 그리스도의 영이 없으면 그리스도의 사람이 아니라" 아멘

하나님은 하나님의 말씀에서 육신과 영에 대해서 말씀 하시는데 여기서 육신은 마귀와 사탄의 영에 의해 움직이는 것을 말하고 영에 대하여 말씀하신 것은 진리의 영인 하나님의 영을 말하는 것입니다. 사랑하는 여러분 여러분들이 생각할 때 북한의 역사 즉 수령들의 역사를 생각해 볼 때 과연 그 수령들은 누구의 영에 의해서 움직였을까라는 생각이 들지 않습니까. 인민들을 죽인 수령을 움직이는 영은 과연 어떤 영 이였을까 인민들은 굶어 죽는데 매일 기쁨조를 끼고 호화 방탕하게 살아가면서도 죄의식을 느끼지 못한 수령의 삶을 누가 이끌어 갔을까 수령의 생각과 조금이라도 달리하면 처형케 하는 수령을 누가 움직였을까 김정일 보다 그리고 김정은 보다 더 똑똑한 사람들이 많은데 그 사람들이 나라의 지도자가 되면 북한은 이제라도 잘 사는 나라가 될 수

있는데도 불구하고 백두 혈통이라고 하면서 김일성의 아들만 나라의 지도자가 되고 또 대를 물리며 나라의 지도자가 되도록 하는 수령을 누가 움직였을까 이 모든 것은 다름 아닌 마귀와 사탄의 영에 사로잡혀 그 영이 이끌어 가는 대로 끌려간 것이 북한의 김일성, 김정일, 김정은 이었습니다. 그러면서도 죄의식을 가지지 못하고 그 죄를 분별하지 못하도록 꽉 잡고 있는 마귀와 사탄의 영은 사망으로 이끌어가는 육신의 일입니다.

그러나 하나님의 영에 이끌리어 하나님의 영이 시키는 대로 삶을 사는 사람들은 그가 누구이든지 간에 다 형통합니다. 왜 그렇습니까 그것은 하나님은 전지전능하시기 때문입니다. 성경에 보면 그런 인물들이 많이 나옵니다. 이스라엘의 초대 왕이었던 사울 왕은 교만했습니다. 그는 하나님의 말씀을 절대적으로 순종하지 않았습니다. 어떤 문제가 생겨도 하나님께 기도하고 응답을 받아 왕의 직무를 수행하지 않고 점쟁이들을 찾아 다니곤 하였습니다. 이런 사람에 대하여서는 하나님은 추호도 용서하지 않습니다. 하나님은 초대 왕 이었던 사울 왕을 폐위 시키고 다윗이라는 왕을 세웁니다. 다윗 왕은 하나님의 뜻대로 하나님만 믿고 순종했습니다. 때문에 하나님은 다윗 왕을 하나님 마음에 합한 사람이라고 칭찬했고 하나님의 뜻을 다윗 왕을 통하여 다 이루었던 것입니다. 그 외에도 성경에서뿐만 아니라 이 대한민국의 역사에서도 찾아 볼 수 있습니다. 초대 대통령이었던 이승만 대통령이 대한민국의 정부를 수립할 때 국회에서 하나님께 기도하는 것으로 시작하였다는 것을 알기나 합니까. 그리고 신앙의 자유를 온 국민에게 주어 하나님께 기도하는 신앙인들이 많아 그 기도를 들으신 하나님께서는 북한의 끈질긴 도발 속에서도 세계에서 10번째로 잘 사는 나라로 만들어 주었습니다.

대한민국은 겉으로 보기에는 어수룩한 것 같고 북한은 겉으로 보기에 똘똘뭉치고 수령이라는 존재의 명령에 한결같이 모든 인민들이 움직이는 것 같지만 내용 깊이에 들어가서는 하나님께 기도하는 하나님의 진리의 영에 의해 움직이는 국가이고 국민이 아주 강하다는 것을 알아야 합니다.

사랑하는 북한 동포 여러분

여러분들은 노동당의 선전에 세뇌되어 하나님이 없다고 하면서 하나님을 믿는 행위는 미신행위라 하여 믿는 사람들은 다 잡아다 죽이고 수용소에 보내는 것이 곧 바로 마귀와 사탄의 영에 잡혀 움직이는 것입니다. 그런데 마귀와 사탄은 죄를 죄로 분별하지 못하게 하고 고집과 아집의 영을 집어 넣어 수령이라는 존재가 한 말을 다 진리라고 떠들게 만듭니다.

만일 김일성 김정일 김정은이 바로 진리의 영에 이끌려 정치를 하였다면 북한은 정말로 멋있는 나라가 되었을 것입니다. 이제라도 마귀와 사탄의 영이 무엇인지 그리고 하나님의 진리의 영이 무엇인지를 깨닫기를 바랍니다. 그렇게 하려면 하나님을 믿어야 합니다. 그리고 늘 하나님께 기도해야 합니다. 하나님과 함께 할 때 하나님의 영은 여러분들을 이끌어 가십니다. 그리고 김정은도 하나님을 믿으면 인민들을 굶어 죽이지 않습니다.

조선혁명이 잘 되고 건설이 잘 되는 방법은 하나님을 믿는 것 밖에 없습니다. 이 세상 인류가 가야 할 길은 공산주의도 아니며 그리고 자본주의 복지 사회도 아니며 하나님 절대주의라는 것을 깨닫는 여러분들이 되시길 바랍니다. 하나님 절대주의 안에 공산주의도 있고 자본주의 복지사회도 있습니다. 깨닫고 하나님만을 신앙하고 믿는 여러분들이 되시기를 축원 드립니다.

이 책은 2부, 3부로 연이어 출간됩니다.